Dinah Reuter & Stephanie Schuler

Vergleichen, Messen und Schätzen – Größen im Mathematikunterricht

Lernstandserhebungen und Unterrichtsmodule für die Grundschule

Klett | Kallmeyer

Unter **www.friedrich-verlag.de** finden Sie Materialien zum Buch als Download.
Bitte geben Sie den achtstelligen Download-Code in das Suchfeld ein:
d31540vs

Bibliografische Information der Deutschen Nationalbibliothek
Die Deutsche Nationalbibliothek verzeichnet diese Publikation in der Deutschen Nationalbibliografie; detaillierte bibliografische Daten sind im Internet über http://dnb.d-nb.de abrufbar.

Impressum

Dinah Reuter, Stephanie Schulen
Vergleichen, Messen und Schätzen – Größen im Mathematikunterricht
Lernstandserhebungen und Unterrichtsmodule für die Grundschule

2. Auflage

Friedrich Verlag GmbH
Luisenstraße 9
D-30159 Hannover

www.friedrich-verlag.de

Redaktion: Dirk Haupt, Leipzig
Druck: Beltz Grafische Betriebe GmbH, Am Fliegerhorst 8, 99947 Bad Langensalza
Printed in Germany

ISBN (print): 978-3-7727-1540-2
ISBN (E-Book): 978-3-7727-1541-9

Dinah Reuter & Stephanie Schuler

Vergleichen, Messen und Schätzen – Größen im Mathematikunterricht

Lernstandserhebungen und Unterrichtsmodule für die Grundschule

Klett | Kallmeyer

Danksagung

Wir bedanken uns bei allen Studierenden und Lehrkräften, die uns im Rahmen von Lehrerfortbildungen, Seminaren sowie Bachelor- und Masterarbeiten unterstützt haben: Frau Asinger, Frau Dr. Boll, Frau Cronauer, Frau Dettweiler, Frau Gassmann, Herr Geppert, Frau Geyer, Frau Gottschalk, Frau Hebel, Frau Hiry, Frau Junk, Frau Junkes, Frau Kimmes, Frau Klan, Frau Koch, Herr Ksoll, Frau Meiser, Frau Morio, Frau Müller-Herancourt, Frau Nebel, Frau Nieratzky, Frau Pampel, Frau Oberbeck, Frau Ohle, Herr Reinhardt, Herr Rojan, Herr Schaffrath, Frau Schembs, Frau Scherer, Frau Scheubeck, Frau Telatinski.

1 Einleitung

Größen und Messen ist eine der fünf Leitideen in den Bildungsstandards (KMK 2022) und steht für die Anwendungsorientierung der Mathematik in der Grundschule. Grundschulkinder sollen von Schulbeginn an Vergleichs- und Messerfahrungen sammeln, auf dieser Grundlage Stützpunktwissen, Stützpunktvorstellungen und Wissen über Messwerkzeuge erwerben und letztendlich in der Lage sein, begründete Schätzungen in Anwendungssituationen vorzunehmen, aber auch in Alltagssituationen vorgefundene Größenangaben auf der Basis von Größenvorstellungen zu bewerten und mit Größen verständig zu rechnen. So sollen Grundschulkinder Ende Klasse 4 einerseits „über Größenvorstellungen verfügen", „Größen messen und Maßangaben bestimmen" und „mit Größen in Kontexten umgehen" können (KMK 2022, S. 15).

Der Erwerb sogenannter Größenvorstellungen ist demnach ein langfristiger Prozess und muss für alle Größenbereiche spiralcurricular und für verschiedene Kinder zeitlich sehr unterschiedlich ausgedehnt gedacht werden. So ist das Messen von und das Rechnen mit Größen zwar durchaus an ein Zahlverständnis und an Rechenkompetenzen in bestimmten Zahlenräumen gebunden, dies gilt jedoch nicht für Vergleichserfahrungen, die auch schon vor einer Orientierung in den entsprechenden Zahlenräumen möglich sind. Vergleichserfahrungen sind zu allen für die Grundschule relevanten Größenbereichen also ganz grundsätzlich von Schulbeginn an möglich. Darüber hinaus wissen wir aufgrund von Untersuchungen in verschiedenen Schuljahren, dass die jeweiligen Vorkenntnisse in allen Größenbereichen sehr heterogen sind und in allen Klassenstufen über mehrere Schuljahre streuen. Um dieser Heterogenität gerecht zu werden, finden sich im vorliegenden Buch zu allen Größenbereichen diagnostische Aufgabenstellungen, sogenannte Lernstandserhebungen, zu den zentralen Bereichen Vergleichen, Messen, Stützpunkte und Schätzen. Diese Lernstandserhebungen dienen dazu, Vorerfahrungen zu erfassen und den nachfolgenden Unterricht darauf abstimmen zu können. Die Aufgaben sind den vier Bereichen zugeordnet und entsprechend gekennzeichnet (Abb. 1.1).

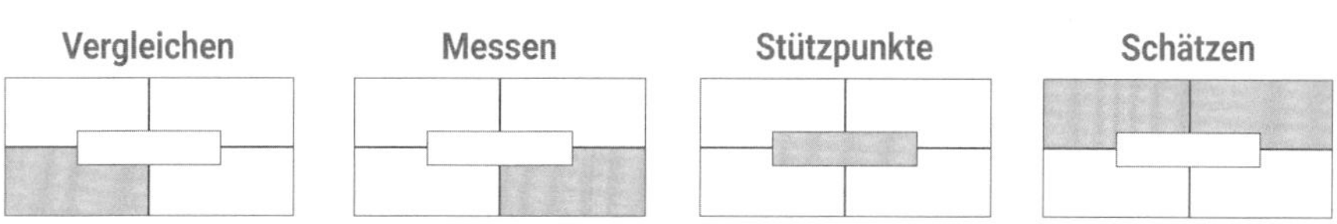

Abb. 1.1: Kernbereiche zum Aufbau eines Größenverständnisses

Wenn verschiedene Bereiche angesprochen sind, dann ist nur ein fokussierter Bereich als Schwerpunkt markiert, weitere angesprochene Bereiche werden ggf. im Text erwähnt. Alle Aufgaben zur Erhebung der Lernstände können in schriftlicher Form als Klassentest eingesetzt werden. Vorlagen finden sich im digitalen Anhang des Buches. Die meisten Aufgaben können ab Ende Klasse 1 bis Ende Klasse 4 in unveränderter Form eingesetzt werden. Die Aufgaben liegen alle als Worddokumente vor. Dies bietet die Möglichkeit, dass sie individuell abgewandelt bzw. in Abhängigkeit von den Klassenstufen gekürzt werden können. Um Lernstände zu einem früheren Zeitpunkt als Ende Klasse 1 zu erheben, sollten statt schriftlicher Klassentests mathematische Gespräche bzw. Interviews und keine schriftlichen Lernstandserhebungen eingesetzt werden (vgl. z. B. Wollring et al. 2011). Wenn die Lesekompetenz noch wenig ausgeprägt ist, können die Aufgaben der Lernstandserhebung in Klasse 2 auch vorgelesen werden.

Die beschriebenen Unterrichtsmodule folgen derselben Systematik wie die Lernstandserhebungen. Sie sind ebenfalls in die Bereiche Vergleichen, Messen, Stützpunkte und Schätzen gegliedert. Eine Ausnahme bildet der Größenbereich Geldwerte (Kap. 6). Aufgrund der spezifischen Besonderheiten weichen die Bereiche hier von der erwähnten Systematik ab. Die Unterrichtsmodule sind, wie auch die Lernstandserhebungen, in der Regel in verschiedenen Schuljahren einsetzbar. Mögliche Zuordnungen zu Klassenstufen werden vorgeschlagen. Die Module folgen dem Aufbau offener Lernangebote (z. B. Schütte 2008; Rathgeb-Schnierer, Schuler & Schütte 2022):

- *Gemeinsame Problemstellung:* Ausgangspunkt ist stets eine gemeinsame Problemstellung, die zum inhaltlichen Austausch anregt und so ein Lernen von- und miteinander ermöglicht. Durch den gemeinsamen Beginn wird das Unterrichtsthema allen verständlich und zugänglich, hat also keinen Schwellencharakter.
- *Erarbeitung:* Die Erarbeitung in Form einer eigenständigen Beschäftigung mit dem Lerngegenstand dient dem Erkunden, Erforschen, Entdecken und Sammeln von Lösungsideen. Sie kann in Einzel-, Partner- oder Gruppenarbeit erfolgen.
- *Austausch und Reflexion:* Diese Phase dient dem Austausch von Lösungswegen, der Präsentation von Eigenproduktionen und der Reflexion über Ideen und Vorgehensweisen.

Ideen für diese drei Unterrichtsphasen werden jeweils beschrieben und exemplarisch durch Schülerbeispiele und Fotos aus Unterrichtserprobungen illustriert. Für die Phase der Erarbeitung schlagen wir vor, dass die Kinder in ihrem Größenbuch arbeiten. Hier können sie ihre Erkundungen dokumentieren. Das Größenbuch kann ein Blankoheft oder ein Schnellhefter mit leeren Blättern sein, ggf. auch für jeden Größenbereich ein eigenes Heft, das über die Schuljahre hinweg geführt wird und in dem u. a. Stützpunktwissen über einen längeren Zeitraum festgehalten und angereichert wird (vgl. auch Rink 2014 und 2017). Wird ein Blankoheft verwendet, können Arbeitsaufträge von der Lehrperson auf Streifen ausgedruckt und von den Kindern eingeklebt werden. Teilweise empfiehlt es sich, den Kindern für die Dokumentation Tabellen zur Verfügung zu stellen. Auf das Erstellen von Arbeitsblättern wurde bis auf einzelne Ausnahmen bewusst verzichtet, da Vergleichs- und Messerfahrungen häufig auch auf die Gegebenheiten vor Ort angepasst werden müssen. Es finden sich aber stets Vorschläge für die Gestaltung des Größenbuchs.

Im Anschluss an die Überlegungen zu den drei Unterrichtsphasen finden sich Impulssammlungen für die Hand der Lehrperson. In der Arbeitsphase kann die Lehrperson diese Impulse nutzen, um die Kinder in ihrem Lernprozess zu unterstützen, in der Austauschphase können sie das Plenums- oder Kleingruppengespräch strukturieren.

In Kapitel 2 erfolgt nun zunächst eine Klärung zentraler Begrifflichkeiten, um eine gemeinsame Verständnisgrundlage für die Lernstandserhebungen und die Unterrichtsmodule zu schaffen. In Kapitel 3 bis 8 werden die sechs in der Grundschule relevanten Größenbereiche in den Blick genommen: Längen, Flächeninhalte, Rauminhalte, Geldwerte, Zeitspannen und Gewichte.

Am Ende jedes Kapitels finden sich Hinweise auf Literatur zu weiteren Unterrichtsbeispielen.

2 Grundlagen und begriffliche Klärungen

Kinder sollen in der Grundschule Erfahrungen zu verschiedenen Größenbereichen – Längen, Flächeninhalte[1], Rauminhalte, Geldwerte, Zeitspannen, Gewichte – machen, sodass sie Ende Klasse 4 „über Größenvorstellungen verfügen", „Größen messen und Maßangaben bestimmen" und „mit Größen in Kontexten umgehen" können (KMK 2022, S. 15), so die zentralen Kompetenzformulierungen der Bildungsstandards.

Doch was versteht man unter *Größenvorstellungen?* Der Begriff *Größenvorstellungen* taucht in der Literatur in vielfältigen Bedeutungsvariationen auf, was insbesondere damit einhergeht, dass der Begriff unterschiedlich umfassend verstanden wird (Heid 2018, S. 28): So finden sich Beiträge, in denen sich der Begriff *Größenvorstellungen* mit dem Begriff *Stützpunktvorstellungen* stark überschneidet oder sogar deckt (z. B. Grund 1992, S. 42), und damit sehr eng verstanden wird, als auch Beiträge, in denen *Größenvorstellungen* weiter gefasst werden, indem z. B. verschiedene Aspekte ausgeführt werden, die als grundlegend für den Aufbau von *Größenvorstellungen* angesehen werden (z. B. Frenzel & Grund 1991b; KMK 2022):

- Das Erkennen und Unterscheiden verschiedener Größenarten, also der verschiedenen Größenbereiche und welche Maßeinheiten dort jeweils verwendet werden;
- das Kennen von Repräsentanten zu wichtigen Standardgrößen;
- das Umrechnen bzw. Umwandeln von Größenangaben
- sowie grundlegende Fähigkeiten im Messen, Schätzen und Überschlagen.

Diese unterschiedlichen Begriffsfassungen sind mit gewissen Schwierigkeiten verbunden, die exemplarisch verdeutlicht werden sollen:

1 In den Lehr- und Bildungsplänen einiger Bundesländer wird der Größenbereich „Flächeninhalte" nicht unter der Leitidee „Größen und Messen", sondern unter der Leitidee „Raum und Form" angeführt. Dies liegt darin begründet, dass für diesen Größenbereich die Maßeinheiten (z. B. Quadratzentimeter oder Quadratmeter) noch keine Anwendung finden. Daher sind etliche Standards der Leitidee „Größen und Messen" wie „kennen Standardeinheiten", „entwickeln und nutzen Repräsentanten für Standardeinheiten", „benennen Größenangaben mit unterschiedlichen Einheiten und stellen diese in unterschiedlichen Schreibweisen dar" für den Größenbereich Flächeninhalte noch nicht relevant (KMK 2022, S. 15). In der Grundschule können aber durchaus Flächen im Hinblick auf ihren Flächeninhalt verglichen und durch Auslegen gemessen werden, z. B. mit Zentimeterquadraten oder mit Meterquadraten. Deswegen wurde dieser Größenbereich ebenfalls mit in dieses Buch aufgenommen.

- Bei einer weiten Begriffsfassung tragen Schätzaktivitäten zum Aufbau von Größenvorstellungen bei, sind also eine Voraussetzung;
- bei einer engen Begriffsfassung im Sinne von Stützpunktvorstellungen sind Größenvorstellungen hingegen die Voraussetzung, um schätzen zu können.

Aus diesem Grund verzichten wir im Folgenden auf den Begriff *Größenvorstellungen.* Stattdessen verwenden wir die Begriffe **Größenverständnis**, **Stützpunktvorstellungen** und **Stützpunktwissen**, deren Bedeutungen im weiteren Verlauf des Kapitels geklärt werden.

2.1 Größen und Größenbereiche

Größen sind, in der Regel, objektiv messbare Eigenschaften von Objekten oder Vorgängen und die Ergebnisse von Messprozessen (Baireuther 1999, S. 94). Größen als Eigenschaften von Objekten sind, bis auf den Geldwert von Waren, sinnlich wahrnehm- und erfahrbar. Längen, Flächen- und Rauminhalte sind visuell wahrnehmbar, das Gewicht von Objekten ist taktil, die Zeitdauer von Vorgängen ist beispielsweise über Bewegung erfahrbar. Die sinnliche Erfahrbarkeit gilt aber nur für gewisse Bereiche, z. B. nicht für sehr kleine oder sehr große Längen- oder Gewichtsangaben, was Auswirkungen auf den Aufbau von Stützpunktvorstellungen hat. Im Rahmen der Unterrichtsmodule liegt der Schwerpunkt auf der Auseinandersetzung mit sinnlich erfahrbaren Repräsentanten.

Grundsätzlich ist also zwischen Objekten, den sogenannten Repräsentanten, und ihren Eigenschaften, den Größen, zu unterscheiden. Eine Größe ist ein Element eines Größenbereichs und umfasst eine ganze Klasse von Repräsentanten. So umfasst die Größe 5 cm alle tatsächlichen und denkbaren Gegenstände, die 5 cm lang, breit, hoch oder groß sind.

W

Anregung zur Weiterarbeit

Suchen Sie nach geeigneten Repräsentanten für folgende Größen: 100 cm, 100 g, 100 ml, 100 ct, 100 s.

Größenbereiche, die in der Grundschule behandelt werden, sind Längen, Flächeninhalte, Rauminhalte, Geldwerte, Zeitspannen und Gewichte. Die ersten drei Größenbereiche können auch als geometrische Größenbereiche bezeichnet werden, da sie innerhalb der Leitidee *Raum und Form* eine wichtige Rolle spielen. So werden z. B. Längen, Flächeninhalte und Rauminhalte von geometrischen Flächen und Körpern verglichen, gemessen und bestimmt. Da Längen als Vorstellung für alle anderen Größenbereiche herangezogen werden (Ruwisch 2019a und b), z. B. bei Skalen auf Messwerkzeugen wie Messbechern, analogen Waagen und Uhren, gilt der Größenbereich Längen als grundlegend (vgl. auch Lorenz 2005). Abgesehen vom Größenbereich Geldwerte handelt es sich außerdem durchgängig um sogenannte physikalische Größen bzw. Messgrößen. Der Größenbereich *Geldwerte* stellt dagegen eine Ausnahme dar – hier spricht man von einer Zählgröße. So können Geldeinheiten im Unterschied zu physikalischen Größen nicht beliebig klein gewählt werden und es gibt keine standardisierten Maßeinheiten, sondern weltweit verschiedene Währungen, deren Werte von den Schwankungen der Wechselkurse abhängen (Franke & Ruwisch 2010, S. 232). Der Wert eines Gegenstandes ist abhängig von Angebot und Nachfrage, manchmal ist er auch subjektiv. Daher lässt sich der Wert von Gegenständen nicht objektiv messen, auch Messwerkzeuge gibt es in dem Sinne nicht.

Größen eines Größenbereichs kann man stets eindeutig vergleichen. Es gilt für zwei Größen aus einem Größenbereich immer einer der folgenden drei Fälle:

- Größe 1 ist kleiner als Größe 2,
- Größe 1 ist größer als Größe 2 oder
- Größe 1 ist gleich Größe 2.

B

Marlene ist größer als Tom, Marlene ist kleiner als Tom oder Marlene ist gleich groß wie Tom.

Anschaulich bedeutet dies, dass Größen auf einer Skala angeordnet werden können. Entsprechend gilt innerhalb eines Größenbereichs auch die Transitivitätsrelation: Wenn Größe 1 größer ist als Größe 2 und Größe 2 größer ist als Größe 3, dann kann hieraus geschlussfolgert werden, dass Größe 1 auch größer ist als Größe 3.

B

Wenn Marlene größer ist als Tom und Tom größer ist als Luise, dann ist Marlene auch größer als Luise.

Größen zeichnen sich weiter dadurch aus, dass eine Veränderung in Form oder Lage ohne Auswirkung ist. Ein Faden behält seine Länge unabhängig davon, ob er gerade ausgelegt oder aufgewickelt wird. Man spricht in diesem Zusammenhang von der sogenannten Invarianz – der Unveränderlichkeit der

Größeneigenschaft. Diese Unveränderlichkeit gilt auch für die anderen Größenbereiche, so für den Flächeninhalt z. B. in Bezug auf das Zerschneiden einer Fläche, für den Rauminhalt im Hinblick auf das Umschütten einer Füllmenge oder für Geldwerte im Hinblick auf das Wechseln von Geldbeträgen. Des Weiteren kann man zwei Größen des gleichen Größenbereichs addieren und subtrahieren, man kann eine Größe vervielfachen und teilen sowie eine Größe mit einer zweiten ausmessen (Franke & Ruwisch 2010, S. 201 f.). So kann man z. B. durch die Vervielfachung (wiederholte Addition) des Gewichts für eine Mehlpackung das Gesamtgewicht eines Kartons mit zwölf Mehlpackungen ermitteln: 12*1 kg = 12 kg. Dagegen führt die Multiplikation zweier Gewichtsangaben nicht zu einem entsprechend „sinnvollen" Ergebnis. So macht die Multiplikation 3kg*3 kg keinen Sinn. Bei der Multiplikation von zwei Längen ergibt sich eine Flächeninhaltsangabe, man verlässt also den Größenbereich *Längen.*[2]

Die Benennung von Größen setzt sich aus Maßzahl und Maßeinheit zusammen und ist, mit Ausnahme des Größenbereichs *Geldwerte* (Kap. 6), das Ergebnis eines Messvorgangs. Dieser erfolgt mit größenbereichsspezifischen Messwerkzeugen (z. B. Maßband, Lineal, Zollstock im Größenbereich Längen).[3] Die Maßzahl einer Größenangabe eines Repräsentanten ist jedoch nicht eindeutig festgelegt, sondern hängt von der Wahl der Maßeinheit ab. So kann man die Größe 5 cm auch durch die Schreibweise 50 mm oder 0,05 m darstellen. Je nach Wahl der Maßeinheit ändert sich die Maßzahl entsprechend – man spricht von Verfeinern und Vergröbern. Die Maßzahl ist also in Abhängigkeit zur gewählten Maßeinheit zu verstehen.

2.2 Größen im Mathematikunterricht der Grundschule

Für die unterrichtliche Behandlung von Größen wird häufig auf das didaktische Stufenmodell verwiesen. Der Unterricht gliedert sich nach diesem Modell in verschiedene aufeinander aufbauende Stufen vom Leichten zum Schweren mit dem Ziel, ein Größenverständnis aufzubauen (z. B. Radatz & Schipper 1983, S. 125; Franke & Ruwisch 2010, S. 184 ff.; Schipper et al. 2017,

2 Diese Aussagen gelten für die in diesem Buch behandelten Größenbereiche und lassen sich nicht in jeder Hinsicht generalisieren. So ist z. B. die Addition von Temperaturen nicht vergleichbar mit der Addition von Längen.

3 Nührenbörger (2002, S. 29 ff.) unterscheidet zwischen normierten, gegenständlichen und körpereigenen Messwerkzeugen. Körpereigene Messwerkzeuge, sogenannte Körpermaße, können für das Messen von Längen (z. B. Elle, Schritt), Flächeninhalten (z. B. Handfläche) und ggf. Zeitspannen (z. B. regelmäßiges Klatschen) verwendet werden. Für das Messen von Rauminhalten und Gewichten eignen sich körpereigene Messwerkzeuge nicht.

S. 229). Ein solches kleinschrittiges Vorgehen wurde in der Mathematikdidaktik lange Zeit für sinnvoll erachtet, um mögliche Verständnisschwierigkeiten bei den Lernenden zu vermeiden (Krauthausen 2018). Man ging insbesondere davon aus, dass die Kinder genau dann ein Größenverständnis aufbauen, wenn sie die kulturgeschichtliche Entwicklung der Maßsysteme in vorgegebenen Schritten, ausgehend vom direkten Vergleichen über das Messen mit nicht-standardisierten Einheiten zum Messen mit standardisierten Einheiten, selbst durchlaufen. Nach Winter (1992, S. 17) ist es allerdings „Krampf, wenn man glaubt, man müsse in der Schule das Messen gemäß der geschichtlichen Genese ab ovo entwickeln; die Kinder haben doch schon Erfahrungen mit Metern, Sekunden und Kilogramms usw." Entsprechend knüpft ein Vorgehen nach dem Stufenmodell weder an die Vorerfahrungen der Lernenden zum jeweiligen Größenbereich an noch orientiert es sich am individuellen Lernweg des Einzelnen (vgl. zur Kritik am kleinschrittigen Vorgehen nach dem Stufenmodell auch Nührenbörger 2004). Darüber hinaus weiß man mittlerweile, dass sich das Verständnis zum Vergleichen sowie zum Messen nicht nacheinander, sondern in Form von zwei Denkstrukturen simultan entwickelt (Battista 2012). Darüber hinaus belegen Studien, dass ein Unterricht, der einem kleinschrittigen Aufbau folgt, nur in einem geringen Maße zum Aufbau eines Größenverständnisses bei den Lernenden führt (Nührenbörger 2002).

> „Um einen kontinuierlichen Aufbau von Größenvorstellungen [bzw. eines Größenverständnisses, d. Verf.] über die Schuljahre hinweg zu ermöglichen, ist [dagegen, d. Verf.] ein Aufbau nach dem Spiralprinzip notwendig, um auf der Basis des Vorwissens der Kinder eine zunehmende Vertiefung und damit inhaltliche Ausdifferenzierung der Thematik und der Konzepte anzubahnen." (Rechtsteiner 2018, S. 8)

Die Idee des Spiralprinzips geht auf Bruner (1973, S. 44) zurück. Es steht für ein wiederkehrendes Aufgreifen und Vertiefen von zu lernenden Inhalten. Das

> „Spiralprinzip verlangt, dass im Unterricht fundamentale Ideen des fraglichen Fachs im Vordergrund stehen. Das Lernen soll „spiralig" organisiert sein, wobei die wesentlichen Begriffe schon früh aufgeworfen und behandelt werden und dann immer wieder aufgegriffen und mit zunehmender Mathematisierung, Systematisierung und mit wachsendem Abstraktionsgrad vertieft werden." (Bruder et al. 2015, S. 42)

Ein Größenverständnis in allen Größenbereichen wird somit in einem kontinuierlichen Prozess über mehrere Schuljahre hinweg – unter Berücksichtigung der jeweiligen alterstypischen Vorkenntnisse – entwickelt und vollständig ausgebildet (Grund 1992, S. 43; Franke & Ruwisch 2010, S. 183).

2.3 Aufbau eines Größenverständnisses: Vergleichen, Messen und Schätzen

Wie kann im Unterricht nun ein Größenverständnis aufgebaut werden? Welche Aktivitäten sind zentral? Wesentlich sind drei Tätigkeiten: das Vergleichen, das Messen und das Schätzen (Heid 2018, S. 18; KMK 2022, S. 11; Ruwisch 2014b), wobei Handlungserfahrungen zum Vergleichen und Messen die Grundlage für das Schätzen bilden. Das folgende Modell (Abb. 2.1) stellt in Anlehnung an Ruwisch (2014b) die Beziehungen dieser drei Kerntätigkeiten untereinander sowie enthaltene Teilaspekte dar. Die Pfeile verweisen dabei auf vorhandene wechselseitige Beziehungen (⟷) bzw. Voraussetzungen (↑), die gestrichelten Linien visualisieren vorhandene fließende Übergänge zwischen den Tätigkeiten.

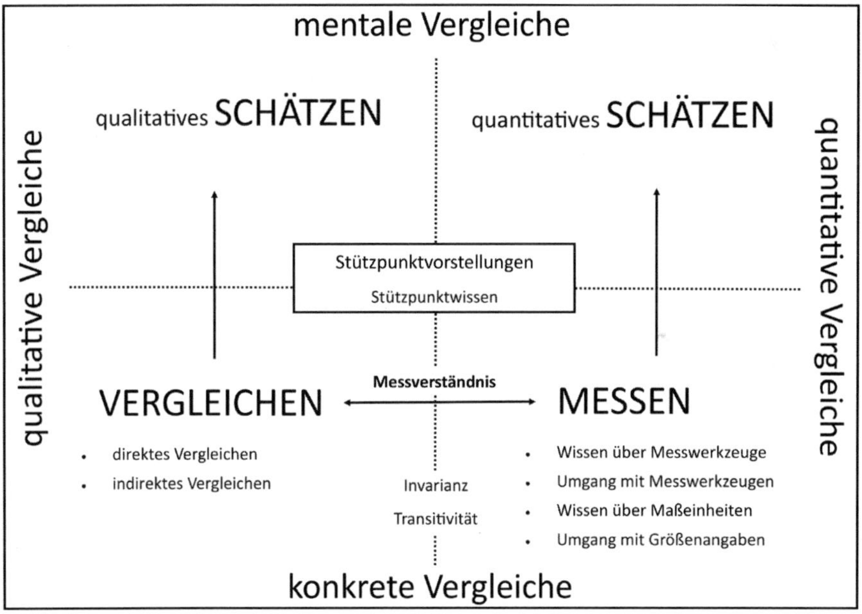

Abb. 2.1: Kerntätigkeiten zum Aufbau eines Größenverständnisses (in Anlehnung an Ruwisch 2014b, S. 41)

2.3.1 Konkrete Vergleiche

Konkrete Vergleiche

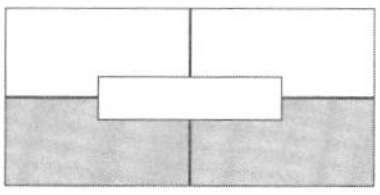

Betrachten wir zunächst die *konkreten Vergleiche* (untere Hälfte), also den Vergleich konkret vorliegender Repräsentanten (i. U. zu mentalen Vergleichen). Konkrete Vergleiche können sowohl bei Tätigkeiten des Vergleichens als auch des Messens auftreten: So können zwei Gegenstände z. B. in Bezug auf ihre Länge qualitativ oder quantitativ miteinander verglichen werden.

Vergleichen

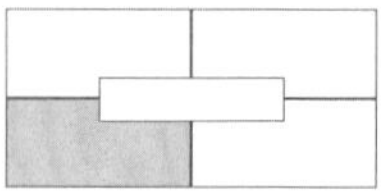

Qualitative Vergleiche kommen ohne Zahlen aus (Battista 2012): Gegenstand A ist länger/kürzer als bzw. gleich lang wie Gegenstand B. Qualitative Vergleiche können direkt oder indirekt vorgenommen werden.

Beim direkten Vergleich werden zwei Gegenstände in Hinblick auf den zugehörigen Größenbereich durch gleichzeitiges Wahrnehmen der Größeneigenschaft – z. B. bei den Längen durch das Nebeneinanderlegen zweier Stäbe – miteinander verglichen. Verbale Beschreibungen greifen auf Adjektive und ihre zugehörigen Komparative und Superlative zurück (z. B. lang, länger, am längsten, leicht, leichter, am leichtesten) (Ruwisch 2019a). Inwieweit ein direkter Vergleich erfolgreich ist, hängt einerseits von den zu vergleichenden Objekten und andererseits vom ausgewählten Größenbereich ab. Während der direkte Vergleich für die Größenbereiche *Längen, Flächen- und Rauminhalte* in Form eines visuellen Vergleichs für die Objekte in Abb. 2.2 (links) als erfolgsversprechend eingeschätzt werden kann, ist der direkte Vergleich für die Objekte in Abb. 2.2 (rechts) deutlich schwieriger vorzunehmen.

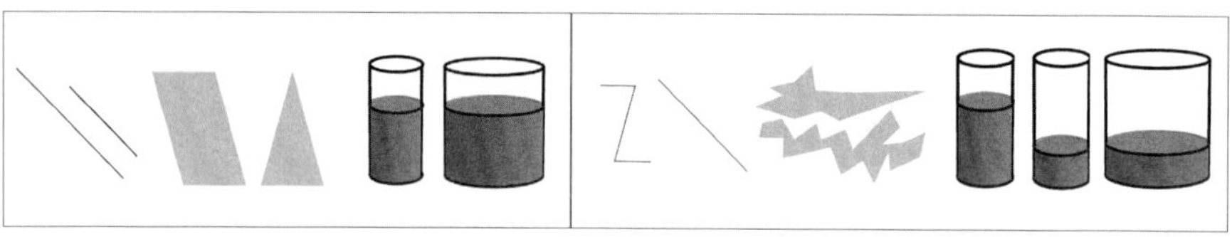

Abb. 2.2: Repräsentanten visuell vergleichen
(in Anlehnung an Ruwisch 2019, Vortrag an der PH Freiburg)

Anregung zur Weiterarbeit

Suchen Sie nach Beispielen für direkte Vergleiche in den verschiedenen Größenbereichen. In welchen Situationen ist der direkte Vergleich erfolgreich durchführbar, in welchen Situationen fällt eine Entscheidung schwer?

Wie an den Beispielen in Abb. 2.2 deutlich wurde, ist ein direkter Vergleich manchmal nur schwer möglich, da das erforderliche Zerlegen und Umstrukturieren hohe kognitive Anforderungen stellen. Manchmal ist ein direkter Vergleich auch gar nicht möglich, nämlich dann, wenn die Repräsentanten z. B. zu groß oder nicht beweglich sind. Dann kann nur ein indirekter Vergleich durchgeführt werden. Bei einem indirekten Vergleich wird ein Mittler benötigt, der entweder die Länge eines der Repräsentanten hat und dann an den anderen Repräsentanten angelegt wird (qualitativer Vergleich) oder beide Repräsentanten werden mit einem kleineren Mittler ausgemessen (quantitativer Vergleich: Gegenstand A ist dreimal so lang wie Gegenstand B, oder Gegenstand A ist zwei Zentimeter länger als Gegenstand B ...). Im letzteren Fall spricht man von Messen als indirektem mittelbaren Vergleich (Schipper 2009, S. 232).

Messen

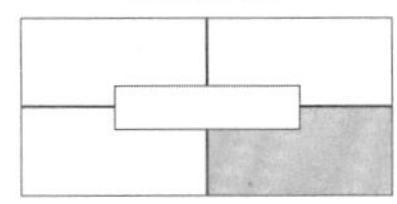

Das *Messen* kann als Herzstück des Aufbaus eines Größenverständnisses bezeichnet werden und ist somit von besonderer Bedeutung (Winter 1992, S. 16; Ruwisch 2019b). Die Basis zur Ausbildung eines Messverständnisses bilden zahlreiche Erfahrungen der Schülerinnen und Schüler zum direkten und indirekten Vergleichen von Repräsentanten einer Größe (Nührenbörger 2002). Beim *Messen* muss der Mittler, wenn er nicht genau in den Repräsentanten passt, systematisch (in kleinere Einheiten) untergliedert werden.

> „Der Vorgang des Messens basiert demnach – und das ist der wesentliche Unterschied zur qualitativen Bestimmung [...] mittels [direktem, d. Verf.] Vergleichen – auf der Idee des Vervielfältigens, Zerlegens und Zählens von konstant großen linearen Einheiten."
> (Nührenbörger 2002, S. 23)

Unabhängig davon, um welchen Größenbereich es sich handelt, liegen dem Prozess des Messens also drei ineinandergreifende Kernideen zugrunde, deren Verinnerlichung für den Aufbau eines *Messverständnisses* notwendig ist (Nührenbörger 2002; Peter-Koop & Nührenbörger 2008; Ruwisch 2019b; Schipper 2009):

1. Auswahl einer geeigneten Einheit

Bei jedem Messvorgang muss eine passende Maßeinheit ausgewählt werden. Diese Einheit ist sinnvollerweise kleiner als das zu messende Objekt. Verschiedene Messwerkzeuge können hierbei miteinander verglichen werden, um deren Unterschiede in Abhängigkeit zur Messsituation zu verstehen. Dadurch wird das *Wissen über Messwerkzeuge* bei den Lernenden erweitert. Auch *Wissen über Maßeinheiten* eines Größenbereichs und über ihre Beziehungen zueinander werden hierdurch aufgebaut.

2. Mehrfaches und sachgerechtes Verwenden dieser Einheit

Durch das mehrfache Anlegen der Maßeinheit (Vervielfachen) und paralleles Mitzählen dieses wiederholten Anlegens wird der Messvorgang vollzogen. Dabei muss darauf geachtet werden, dass er sachgerecht erfolgt: Dies impliziert ein lückenloses und überlappungsfreies Anlegen. Wichtig zu beachten ist, dass der Startpunkt beim Messen als Anfangspunkt kenntlich gemacht werden muss. Beim Messen mit normierten Messwerkzeugen ist der Startpunkt der Einfachheit halber in der Regel die Null auf der Skala, dies ist aber kein Muss. So kann auch mit einem abgebrochenen Zollstock noch gemessen werden. Es geht also um den sachgerechten *Umgang mit Messwerkzeugen.*

3. Zerlegen der Einheit in eine Untereinheit

Ist es nicht möglich, das zu messende Objekt als natürliche Maßzahl der zuerst ausgewählten Einheit zu erfassen, muss eine systematische Untergliederung der Maßeinheit erfolgen. In diesem Zusammenhang erwerben Kinder einerseits *Wissen über Maßeinheiten* sowie Kompetenzen im *Umgang mit Größenangaben* (Verfeinern, Vergröbern, Darstellung in gemischter Schreibweise und in Kommaschreibweise, Rechnen mit Größenangaben). Das Zerlegen in Untereinheiten findet sich – z. B. durch unterschiedlich lange Striche – auch auf den Skalen von Messwerkzeugen wieder. Um Wissen über Maßeinheiten und die Untergliederung in Untereinheiten verständnisbasiert aufzubauen, können im Unterricht normierte Messwerkzeuge selbst hergestellt werden. Dies ist sinnvoll möglich zu Längen (Kap. 3), Rauminhalten (Kap. 5) und Zeitspannen (Kap. 7). Die Untergliederung in Untereinheiten hat das Ziel, die Messgenauigkeit zu erhöhen. Gleichzeitig bleibt jedoch für jede Größenmessung – in Abhängigkeit der gewählten kleinsten Einheit – eine Restungenauigkeit (Nührenbörger 2002, S. 28).

Für das Vergleichen und Messen ist außerdem das Verständnis von *Invarianz und Transitivität* grundlegend. Bei der Anwendung der Transitivitätsregel gibt es Übergangsstadien, in denen die Kinder die Transitivitätsrelation intuitiv anwenden, jedoch noch nicht verbalisieren können (Ruwisch 2008). Das Invarianzverständnis entwickelt sich bei Kindern für die einzelnen Größenbereiche zeitlich unterschiedlich. Außerdem zeigen sich Übergangsstadien, in denen das Erkennen der Invarianz noch nicht stabil erfolgt. Darüber hinaus gibt es nach Piaget und Inhelder (1969) drei unterschiedliche Begründungslinien, über die Kinder – abhängig von ihrem Verständnisstand – argumentieren:

Beispiel für den Größenbereich *Rauminhalte:* Ein mit Wasser gefülltes Glas wird in eine flache Schale geschüttet. Ist es immer noch die gleiche Menge Wasser?

- *Identität des Materials:* Es ist immer noch die gleiche Menge Wasser, es wurde kein Wasser hinzugefügt oder weggeschüttet.
- *Reversibilität:* Man kann den Schüttvorgang rückgängig machen, das Wasser also wieder zurück in das Glas schütten, sodass die Wassermenge wieder genauso wie vorher aussieht.

- *Kompensation:* Veränderungen haben immer Auswirkungen auf mehr als eine Dimension, sodass eine Veränderung in einer Dimension mindestens durch die Veränderung in einer anderen Dimension ausgeglichen wird. Die Füllhöhe in der flachen Schale ist zwar niedriger als im Glas, dafür ist die Schale aber breiter und tiefer.

W

Anregung zur Weiterarbeit
Überlegen Sie: Wie sehen die entsprechenden Begründungen für die anderen Größenbereiche aus?

Zum Aufbau eines umfassenden *Messverständnisses* sind also auf der Ebene der konkreten Vergleiche folgende Aspekte von Bedeutung (Abb. 2.1):
- direktes und indirektes Vergleichen;
- Invarianz;
- Transitivität;
- Kernideen des Messens verbunden mit
  - Wissen über Messwerkzeuge,
  - Umgang mit Messwerkzeugen,
  - Wissen über Maßeinheiten,
  - Umgang mit Größenangaben.

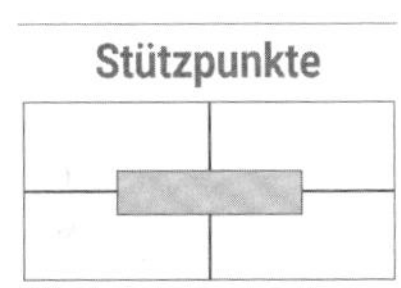

Das Ziel konkreter Vergleiche ist aber nicht nur der Aufbau eines Messverständnisses, sondern auch der Aufbau von Stützpunktwissen und Stützpunktvorstellungen. Beides wird für das Durchführen mentaler Vergleiche benötigt. Stützpunkte stellen also das Bindeglied zwischen den konkreten und den mentalen Vergleichen dar.

2.3.2 Mentale Vergleiche

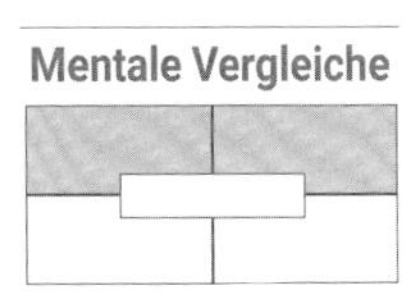

Betrachten wir nun die *mentalen Vergleiche* (obere Hälfte), also den Vergleich gedanklich vorgestellter Repräsentanten (i. U. zu konkreten Vergleichen vorliegender Repräsentanten). Mentale Vergleiche werden als Schätzen bezeichnet. Werden zwei Repräsentanten mental qualitativ miteinander verglichen, wird in der Literatur von qualitativem Schätzen gesprochen. Wird ein Objekt mittels eines anderen Objekts gedanklich ausgemessen, ist von quantitativem Schätzen die Rede (Weiher & Ruwisch 2018).

Schätzen stellt eine grundlegende Alltagskompetenz dar (Ruwisch 2014a). Es handelt sich um „das Ermitteln einer ungefähren Größenangabe durch gedankliches Vergleichen mit eingeprägten Repräsentanten als Stützpunkten“ (Franke & Ruwisch 2010, S. 248). Schätzen zeichnet sich demnach dadurch aus:

- Es findet ein mentaler Vergleichs- oder Messprozess statt;
- dieser Vergleichs- oder Messprozess greift auf Stützpunktvorstellungen zurück.

Eine Schätzung ist somit nicht mit richtig oder falsch zu bewerten, sondern mit angemessen oder brauchbar. Ob sie angemessen oder brauchbar ist, hängt beispielsweise davon ab, wie vorgegangen wurde, auf welche Stützpunkte zurückgegriffen wurde und ob passende Maßeinheiten gewählt wurden. Entscheidend ist das gedankliche In-Beziehung-Setzen mit passenden Repräsentanten; dies unterscheidet das Schätzen vom Raten (Bönig 2001, S. 43; Weiher & Ruwisch 2018).

Abhängig von der Schätzsituation kann das zu schätzende Objekt, das Vergleichsobjekt, beide oder keines vorliegen (vgl. zu verschiedenen Schätzsituationen Bönig 2001, S. 45). Wenn beide Objekte „vorliegen“, also die zu schätzende sowie die Vergleichsgröße unmittelbar erfahren und damit wahrgenommen werden können, ist das Schätzen einfacher, als wenn nur eines der Objekte oder keines vorliegt. Der Vergleichs- oder Messvorgang muss aber in jedem Fall mental vorgenommen werden, sonst sprechen wir nicht von Schätzen, sondern von Vergleichen oder Messen. Im internationalen Vergleich zeigen sich in Bezug auf die Sichtweise, was unter Schätzen verstanden wird, jedoch durchaus Unterschiede. So ist es beispielsweise im asiatischen Raum üblich, auch das Messen mit körpereigenen Messwerkzeugen als Schätzen einzuordnen, was nah an der bei uns üblichen (alltäglichen) Verwendung des Begriffs „(Ab-)Schätzen“ ist (z. B. Hoth et al. 2020).

Beim Schätzen sind verschiedene Schätzstrategien beobachtbar (Weiher & Ruwisch 2018; Heid 2018, S. 136 ff.). So greift das Schätzen insbesondere bei den visuell wahrnehmbaren Größen häufig auf ein *Zerlegen* und *Zusammensetzen* – ggf. mit einer Neuanordnung – zurück. Alternativ findet ein sogenanntes *Einschachteln* statt: hierbei wird die zu schätzende Größe in einen nach oben und unten abgegrenzten Größenbereich eingeordnet (z. B. „... wiegt zwischen 100 g und 500 g, weil es schwerer als eine Tafel Schokolade, aber leichter als eine Packung Nudeln ist.“). Daneben gibt es noch ein Vorgehen, das sich an einer *globalen bzw. visuellen Auffassung einer oder mehrerer Dimensionen orientiert* (z. B. „..., weil es so groß ist.“). Hierbei findet nicht in jedem Fall ein In-Beziehung-Setzen zu Stützpunkten statt, weswegen dieses Vorgehen nicht unbedingt das enge Verständnis von Schätzen erfüllt.

Stützpunktvorstellungen bilden entsprechend dieser Begriffsbestimmung die Basis für einen erfolgreichen Schätzvorgang. Stützpunktvorstellungen

Stützpunkte

geht nach Reuter (2011) sogenanntes *Stützpunktwissen* voraus, welches sich ausschließlich auf theoretisches und auswendig gelerntes Wissen bezieht (vgl. auch Heid 2018, S. 71). Darunter fällt beispielsweise das Wissen, dass eine Zuckerpackung 1 kg wiegt bzw. dass eine handelsübliche Zuckerpackung ein Repräsentant für die Größe 1 kg ist (Weiher & Ruwisch 2018, S. 15). Ein solches Wissen ist zwar notwendig, Frenzel und Grund (1991a) bezeichnen es allerdings als noch sehr formal und inhaltsleer, denn solches Wissen ist noch mit keinem Vorstellungs„bild" über die (wahrnehmbare) Größeneigenschaft verbunden (z. B. Wie schwer fühlt es sich an?). Dies geschieht erst durch konkrete Handlungserfahrungen, wodurch das theoretische Wissen mit der erfahrbaren Größeneigenschaft (z. B. bei Längen die visuell wahrgenommene Länge, bei Gewichten ein gefühltes Gewicht) in Zusammenhang gebracht wird (Reuter 2011). Vorstellungen entstehen also aus Sinneswahrnehmungen, „wobei von der Art, von der Häufigkeit und insbesondere von der Bewußtheit der Wahrnehmung der einzelnen Objekte die Qualität der Vorstellungen entscheidend geprägt wird" (Grund 1992, S. 42). Bei Stützpunktvorstellungen handelt es sich demnach um mental gespeicherte Repräsentanten, bei denen das Stützpunktwissen durch die zusätzlich gespeicherte Größeneigenschaft – z. B. ein visuell gespeichertes Bild der Länge oder ein mental gespeichertes gefühltes Gewicht – erweitert wird (Reuter 2011, 2015; Weiher & Ruwisch 2018).

Stützpunktvorstellungen lassen sich in unmittelbare und mittelbare Vorstellungen einteilen (Grund 1992, S. 42). Unter unmittelbaren Stützpunktvorstellungen werden solche verstanden, die sich aufgrund konkreter Erfahrungen bilden lassen. Dies ist möglich für Größen, die sinnlich wahrnehmbar sind. Zu kleine (z. B. 1 µg) oder zu große Größen (z. B. 1 t) können nicht unmittelbar wahrgenommen werden. Daher spricht man in diesem Zusammenhang von mittelbaren Stützpunktvorstellungen. Grundlage für den Aufbau mittelbarer Stützpunktvorstellungen sind tragfähige Zahlvorstellungen sowie Wissen über die Beziehungen zwischen Maßeinheiten.

W

Anregung zur Weiterarbeit

Fertigen Sie zu allen Größenbereichen eine umfassende Tabelle mit möglichen Stützpunkten an. (vgl. z. B. Franke & Ruwisch 2010, S. 236 f.; Peter-Koop & Nührenbörger 2008, S. 107; Schipper et al. 2017, S. 240, 255, 264, 280; Schipper et al. 2018, S. 284)

Bietet man den Schülerinnen und Schülern die Möglichkeit, vor dem Schätzen ausreichende Messerfahrungen zu sammeln, entwickeln diese zum einen ein Messverständnis. Zum anderen erhalten sie dadurch die Gelegenheit, Repräsentanten kennenzulernen, von denen sie sich ausgewählte als mentale Repräsentanten, sogenannte Stützpunktvorstellungen, einprägen können, um diese als mentale Vergleichsobjekte zum sinnvollen und realistischen Schätzen einer Größe heranzuziehen. Daher ist ein Unterricht unverzichtbar, in welchem grundlegende (Standard-)Repräsentanten hervorgehoben und bei den Lernenden im Gedächtnis verankert werden (Reuter 2015; Hinze 2012; Peter-Koop & Nührenbörger 2008). Dazu eignen sich vor allem Aufgaben, bei welchen die Schülerinnen und Schüler typische Repräsentanten zu Standardeinheiten sammeln, z. B.: Finde Gegenstände, die 1 kg wiegen. Ein Vorteil dieser Vorgehensweise ist, dass alle von den Lernenden gefundenen Repräsentanten aus ihrer Erfahrungswelt stammen und durch diese subjektive Bedeutsamkeit besonders einprägsam sind.

Sind Stützpunktvorstellungen aufgebaut, folgen im Unterricht Aufgaben zum Schätzen. Dabei werden sowohl grundständige als auch eingebettete Schätzaufgaben eingesetzt (Franke & Ruwisch 2010, S. 251 ff.). Unter grundständigen Schätzaufgaben versteht man Aufgaben, bei denen Größen geschätzt werden sollen, z. B.: Wie hoch ist das Klassenzimmer? Bei eingebetteten Schätzaufgaben sind vorzunehmende Schätzungen Teil eines komplexeren Problemlöseprozesses. Sie stellen notwendige Zwischenergebnisse dar, die rechnerisch weiterverarbeitet werden. Dies ist beispielsweise der Fall bei der Bearbeitung von Fermi- oder sogenannten Kann-das-stimmen-Aufgaben wie „Das Toilettenpapier, das in deiner Schule im Jahr verbraucht wird, wiegt mehr als 1 000 Kilogramm. Kann das stimmen?“ (Ruwisch & Schaffrath 2009). Bei eingebetteten Schätzaufgaben ist „das Schätzen nicht von außen, sondern durch die Inhaltlichkeit der Situation motiviert“ (Bönig 2001, S. 45). In Schulbüchern dominieren grundständige Schätzaufgaben oft als „Vorschritt zum Messen“ (Heid 2018, S. 31): Schätze zuerst, miss dann. Diese Aufgabenstellungen sind (nur) dann als problematisch einzuordnen, wenn

- Kinder noch nicht über ausreichende Stützpunktvorstellungen auf der Basis von Vergleichs- und Messerfahrungen verfügen, und in der Folge nicht geschätzt, sondern geraten wird;
- und wenn für die Kinder im Vordergrund steht, dass Schätz- und Messergebnis möglichst wenig voneinander abweichen dürfen und die Schätzung in der Folge nur dann „gut“ ist, wenn sie möglichst nahe am Messergebnis liegt.

Sowohl grundständige als auch eingebettete Schätzaufgaben bedürfen also einer fundierten Basis im Vergleichen und Messen sowie einer Thematisierung des Sinns des Schätzens sowie des Unterschieds zum Raten.

2.4 Zusammenfassung

Der Aufbau eines tragfähigen Größenverständnisses kann gelingen, wenn Kinder im Unterricht ausreichend und wiederholt Vergleichs-, Mess- und Schätzerfahrungen sammeln können. Diese drei Kerntätigkeiten sind die wesentliche Grundlage. Stützpunktwissen und Stützpunkvorstellungen sind das Bindeglied, das den Übergang von den konkreten zu den mentalen Vergleichen, also vom Vergleichen und Messen zum Schätzen ermöglicht. Vergleichs- und Messerfahrungen zielen also auf den Aufbau von Stützpunktwissen und Stützpunktvorstellungen und schaffen damit die Voraussetzungen für angemessene bzw. brauchbare Schätzungen. Aktivitäten zum Umwandeln bzw. Umrechnen von sowie zum Rechnen mit Größenangaben finden insofern Berücksichtigung, als sie in die Lernangebote zu den drei Kerntätigkeiten eingebunden sind. Sie werden im Rahmen der Module also nicht separat thematisiert. Lernangebote zur Leitidee *Größen und Messen* im dargestellten Sinn sind materialintensiv, benötigen eine umfassende Vorbereitung und eine entsprechende Unterrichtsorganisation. Deswegen ist es für Lehrkräfte durchaus herausfordernd, Erfahrungen zum Vergleichen, Messen und Schätzen im Unterricht spiralcurricular, also über die gesamte Grundschulzeit hinweg, zu ermöglichen. Durch dieses Buch wird (exemplarisch) dargestellt, wie dies dennoch gelingen kann.

3 Längen

Dem Größenbereich *Längen* kommt im Mathematikunterricht der Grundschule eine besondere Bedeutung zu, da er die Kernideen des Messens besonders deutlich werden lässt (Kap. 2.3.1). Bereits im ersten Schuljahr können Kinder Vergleichs- und Messerfahrungen sammeln. Die explizite Behandlung des Größenbereiches *Längen* mit den Einheiten Zentimeter und Meter erfolgt allerdings erst im zweiten Schuljahr, da dann der Zahlenraum bis 100 erweitert wird. Dem Spiralprinzip folgend wird der Größenbereich *Längen* wiederholt thematisiert und entsprechend der jeweiligen Zahlraumerweiterung vertieft. So folgen mit der Erweiterung des Zahlenraums bis 1000 in Klasse 3 die Einführung der Einheiten Millimeter und Kilometer, was in Klasse 4 weiter ausgebaut wird. Schülerinnen und Schüler können so die strukturellen Gemeinsamkeiten von Zahlenräumen und Größen erfahren (Bräunling & Reuter 2022, S. 51; Rink & Mirwald 2021).

3.1 Besonderheiten

Der Größenbereich *Längen* ist Kindern vertrauter als andere Größenbereiche. So stellt beispielsweise das Ausmessen der eigenen Körpergröße bei Kinderarztbesuchen oder auch zu Hause für viele Kinder eine bekannte Erfahrung dar. Dabei spielen sowohl qualitative Vergleiche – „Wer ist größer?" – als auch quantitative Vergleiche – „Wie viel bin ich gewachsen?" – gemessener Körpergrößen eine Rolle. Neben dem unmittelbaren Lebensweltbezug gibt es aber noch weitere Gründe für die Vielzahl an Vorerfahrungen, die Kinder speziell zu diesem Größenbereich mitbringen (z. B. Schmidt & Weiser 1986).

- Die physikalische Eigenschaft der *Länge* ist in einem Bereich zwischen ungefähr einem Millimeter und 100 Metern unmittelbar wahrnehmbar und lässt sich – im Unterschied zu anderen Eigenschaften wie beispielsweise dem Gewicht oder der Zeitdauer – visuell erfassen. Dies erleichtert den Vorstellungsaufbau im Größenbereich *Längen.*
- Größenvergleiche und Messvorgänge sind aufgrund der Eindimensionalität im Unterschied zu den zusammengesetzten Größen wie Flächen- oder Rauminhalte besonders einfach vorzunehmen (Schipper 2009).
- Durch die strukturelle Nähe zwischen den Darstellungen – Maßband und Zahlenstrahl – gibt es zahlreiche Berührungspunkte zur Leitidee *Zahlen und Operationen,* was den Aufbau von Vorstellungen wechselseitig unter-

stützen kann. So werden Zahlbeziehungen häufig durch Längen dargestellt (Franke & Ruwisch 2010), z. B. „die Hälfte einer Zahl“ als ein halb so langer Stab oder als Mitte zwischen der Zahl und der Null auf dem Zahlenstrahl. Diese bereits erworbenen Zahlvorstellungen können auf Längen übertragen werden.

- Längenvorstellungen fließen in die anderen Größenbereiche mit ein. So spricht man bei Zeitangaben davon, wie lange etwas dauert: „Wie lange ist es noch bis zu den Ferien?“ oder „Die Ferien waren zu kurz.“. Auch Messskalen anderer Größenbereiche basieren auf Längendarstellungen (z. B. analoge Waagen, Thermometer, Messbecher) und bei Zeitdarstellungen greift man auf Zeitleisten zurück (Franke & Ruwisch 2010; Peter-Koop & Nührenbörger 2008). Die erworbenen Längenkonzepte der Kinder haben folglich einen maßgeblichen Einfluss darauf, wie sie die Messskalen anderer Größenbereiche verstehen.

Aus den angeführten Gründen kommt der unterrichtlichen Behandlung von Längen in vielerlei Hinsicht ein beispielhafter und grundlegender Charakter zu (Schipper 2009).

3.2 Vorkenntnisse in unterschiedlichen Schuljahren

Kinder bringen bereits zu Schulbeginn und vor der unterrichtlichen Behandlung Vorerfahrungen zu Längen mit (z. B. Schmidt & Weiser 1986). Diese Erfahrungen implizieren jedoch nicht, dass sie beispielsweise bereits Stützpunktvorstellungen oder ein Messverständnis aufgebaut haben (z. B. Bräunling & Reuter 2022).

So zeigen verschiedene Studien, dass Kinder am Ende der Grundschulzeit Objekte meist problemlos der Länge nach ordnen können, verschiedene Maßeinheiten kennen und durchaus über technische Fähigkeiten im Umgang mit Messwerkzeugen verfügen, sie aber – wie auch viele Erwachsene – selten ausreichende Stützpunktvorstellungen oder ein grundlegendes Messverständnis besitzen (Schmidt & Weiser 1986; Winter 1992; Grassmann 2001; Nührenbörger 2002; Lobemeier 2005; Becker 2009; Reuter 2010).

Vergleichen

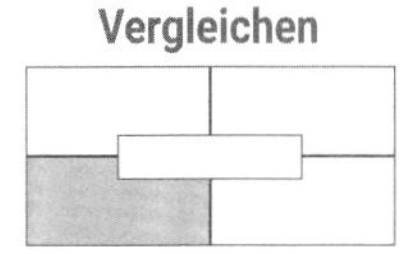

Die Studie von Schmidt und Weiser (1986) macht beispielsweise deutlich, dass bereits Schulanfängerinnen und Schulanfänger Gegenstände der Länge nach ordnen können. Allerdings ist das Gelingen des *direkten Vergleichs* abhängig von der Art der Repräsentanten (Battista 2012, S. 22 ff.; Nührenbörger 2002; Ruwisch 2003). Bei nicht gekrümmten bzw. geknickten Repräsentanten zeigen Kinder kaum Schwierigkeiten (Nührenbörger 2002, S. 337; Becker 2009). Dies ändert sich bei Repräsentanten, bei denen ein Längenvergleich eine (gedankliche) Umstrukturierung erforderlich macht (Abb. 2.2, Kap. 2). Die sprachliche Beschreibung des Vergleichs bereitet in beiden Fällen Schwierigkeiten.

Messen

Die Vorerfahrungen von Kindern beschränken sich aber nicht nur auf das Vergleichen von Längen. So gelingt ungefähr der Hälfte der von Schmidt und Weiser (1986) befragten Schulanfängerinnen und Schulanfänger auch das *Messen* mit einem standardisierten Messwerkzeug ohne weitere Anleitung. Auch andere Studien bestätigen den häufig problemlosen technischen Umgang mit dem Lineal, d.h. dem Zeichnen und dem Messen von Zentimeterstrecken (Boulton-Lewis, Wilss & Mutch 1996; Nührenbörger 2002; Peter-Koop 2008; Becker 2009). Allerdings werden die Messergebnisse häufig ohne oder mit einer falschen Einheit notiert (Boulton-Lewis et al. 1996). Weitere Schwierigkeiten zeigen sich, wenn das zu messende Objekt nicht an einer Zentimeterzahl endet, länger als das Messwerkzeug oder nicht geradlinig ist, also Kurven oder Knicke aufweist. Grundsätzlich sind den Kindern vor der unterrichtlichen Behandlung vor allem die Maßeinheiten Zentimeter und Meter bekannt (Nührenbörger 2002, S. 334 ff.). Zum Messen bevorzugen Kinder standardisierte Messwerkzeuge, insbesondere das Lineal (Boulton-Lewis et al. 1996; Nührenbörger 2002; Peter-Koop 2008) und sind damit beim Messen auch erfolgreicher als mit nicht-standardisierten Einheiten wie beispielsweise mit einem oder mehreren Holzstäben (Nunes, Light & Mason 1993). So zeigen Schulanfängerinnen und Schulanfänger Schwierigkeiten beim akkuraten Anlegen von Stäben an das zu messende Objekt (Schmidt & Weiser 1986).

Obwohl viele Kinder im Grundschulalter also den technischen Umgang mit dem Lineal beherrschen, bedeutet dies nicht zwingend, dass sie auch ein *Messverständnis* erworben haben. Ein Messverständnis umfasst die Auswahl einer geeigneten Einheit, das sachgerechte Vervielfachen der Einheit sowie das Zerlegen in Untereinheiten (Nührenbörger 2002; Kap. 2.3.1). Beim Zeichnen von Linealbildern aus der Erinnerung (Kap. 3.3) zeigt sich eine große Heterogenität in Bezug auf die Kenntnisse über Maßeinheiten, deren Beziehungen zueinander und die Auffassung über die konventionelle Messskala. Vielen Kindern fehlt insbesondere die Einsicht in die Beziehung zwischen den Einheiten.

In vielen Studien zeigen sich außerdem bei Befragten aller Altersklassen nur gering ausgeprägte Kompetenzen im *Schätzen* (Ale 1989; Corle 1960; Crawford & Zylstra 1952; für eine Zusammenfassung vgl. Heid 2018, S. 75 ff.). In Bezug auf das Schätzen von Längen wird auf die Abhängigkeit des erfolgreichen Schätzens von dem zu schätzenden Objekt verwiesen (Winter 1992; Grassmann 2000; Heid 2018; Lobemeier 2005). Während die Länge eines Bleistiftes von knapp 75 % der befragten Viertklässlerinnen und Viertklässler richtig geschätzt wurde, wurde die Körpergröße eines Mannes von 60 % (Winter 1992, S. 19) und die Höhe eines Raumes nur von knapp 55 % korrekt geschätzt (Lobemeier 2005). Dabei lagen die Schätzergebnisse für die Körpergröße eines Mannes zwischen 26 und 1840 Zentimetern (Winter 1992, S. 19). Des Weiteren schätzten 40 % der Schülerinnen und Schüler die Länge eines Parkplatzes auf unter 3 m. Dabei wurden auch 3 cm, 4 cm und 10 cm genannt (Winter 1992, S. 19). Nach Lörcher (2000) werden Objekte im Bereich der visuell wahrnehmbaren Längen, also Zentimeter-, Dezimeter- und Meterangaben von Kindern erfolgreicher geschätzt als andere. Einzelne neuere Studien belegen, dass das Schätzen im Größenbereich *Längen* besser gelingt als in anderen Größenbereichen, da für das erfolgreiche Schätzen häufig Stützpunktvorstellungen verwendet werden, das Schätzen sehr kleiner Objekte besonders schwerfällt und Längenangaben von Kindern häufiger unter- als überschätzt werden (Heid 2018).

Stützpunkte

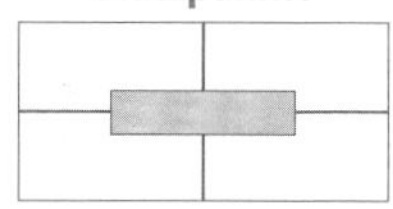

Die Untersuchungen von Reuter (2011) und von Heid (2018) machen außerdem deutlich, dass zwingend zwischen *Stützpunktwissen* und *Stützpunktvorstellungen* zu unterscheiden ist. So können Grundschulkinder Längen (oder auch Gewichte) nicht immer angemessen schätzen, selbst wenn sie über *Stützpunktwissen* verfügen, also beispielsweise Repräsentanten zur Länge 1 Meter oder 1 Zentimeter nennen können (Heid 2018). Grund ist vermutlich eine nicht stattgefundene Verknüpfung zwischen dem *Stützpunktwissen* und einer konkreten Vorstellung der Länge des genannten Gegenstandes, es also nicht zur Ausbildung von *Stützpunktvorstellungen* kommt. Können Kinder mentale Vergleiche durchführen, dann zeigen Studien, dass sie auch über ein größeres Repertoire an *Stützpunktwissen* verfügen (Heid 2018, S. 200 ff.). Umfangreiches *Stützpunktwissen* ist für das Schätzen jedoch nicht hinreichend, aber sehr wohl notwendig, weil es Ausgangspunkt für den Aufbau von *Stützpunktvorstellungen* ist. Grund für erfolgreiches Schätzen scheinen also hinreichend ausgebildete *Stützpunktvorstellungen* zu sein. Auch der Einsatz körpereigener Messinstrumente beim Schätzen ist dem Erfolg zuträglich.

3.3 Lernstandserhebungen

Vergleichen

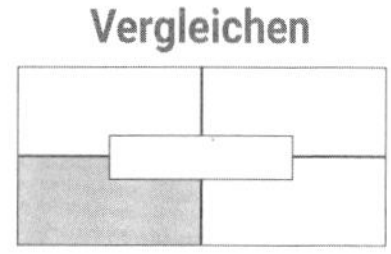

Die folgenden Aufgaben geben einen Einblick in die im Anhang befindlichen Aufgaben zur Lernstandserhebung. Es werden alle Bereiche des Modells exemplarisch abgedeckt: Vergleichen, Messen, Stützpunkte und Schätzen.

Bei der Aufgabe in Abb. 3.1 wird die Fähigkeit zum Vergleichen erhoben. Die Kinder sollen immer zwei Stifte der gleichen Länge in der gleichen Farbe anmalen. Der *Vergleich* der Längen kann visuell erfolgen oder mithilfe der Finger abgetragen, also indirekt vorgenommen werden. Ein direkter Vergleich durch Nebeneinanderlegen ist nicht möglich, da die Stifte nicht bewegt werden können.

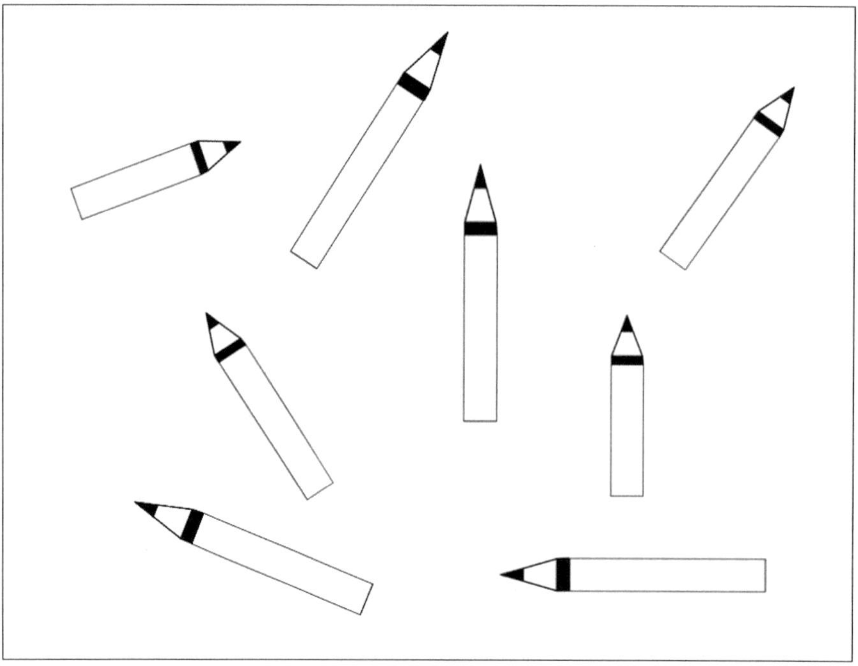

Abb. 3.1: Immer zwei Stifte sind gleich lang. Male sie in der gleichen Farbe an. (in Anlehnung an Nührenbörger 2002, S. 146)

Bei den Aufgaben in Abbildung 3.2 und 3.3 sollen die Kinder die Länge von jeweils zwei Strecken miteinander vergleichen. Es soll herausgefunden werden, welche Strecke länger/kürzer ist oder ob die Strecken gleich lang sind. Der *Vergleich* der Länge kann bei diesen Strecken nicht durch bloßes Hinsehen vorgenommen werden, da manche Strecken Krümmungen bzw. Knicke aufweisen oder der Startpunkt nicht identisch ist. Der Vergleich kann mithilfe der Finger, also indirekt vorgenommen werden. Die Kinder können die Strecken auch mental strecken oder die Anzahl und Länge der Teilstrecken zueinander in Beziehung setzen. Ein direkter Vergleich durch Nebeneinanderlegen ist nicht möglich, da die Strecken nicht bewegt werden können. Die Aufgabe erfasst daher auch die Einsicht in die Längeninvarianz.

Abb. 3.2: Welcher Käfer hat den kürzeren Weg zu den Trauben? Oder sind beide Wege gleich lang? (in Anlehnung an Lafrenz & Eichler 2004)

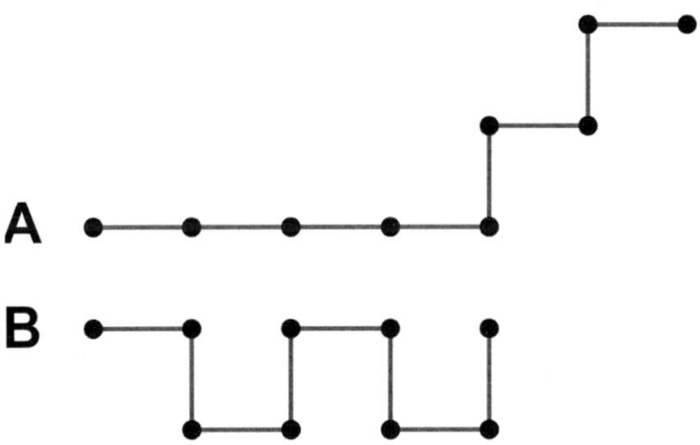

Abb. 3.3: Welcher Draht/Welche Strecke ist länger oder sind beide gleich lang? (in Anlehnung an Battista 2012, S. 293)

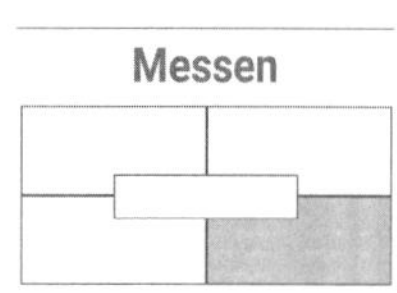

Die Aufgabe in Abbildung 3.4, in der die Kinder dazu aufgefordert sind, das Bild eines Lineals zu vervollständigen, gibt einen Einblick in das Skalenwissen der Kinder und erhebt damit *Wissen über Messwerkzeuge.*

Abb. 3.4: Hier siehst du ein Lineal. Zeichne ein, was noch fehlt. (in Anlehnung an Nührenbörger 2002, S. 365)

Nührenbörger (2001; 2002) identifiziert vier Typen von Linealbildern bei Zweitklässlern: (1) Zahlen-Lineal bzw. Striche-Lineal, (2) Zahl-Zwischenstriche-Lineal, (3) Zahl-Strich-Lineal und (4) Einheitslineal. Eigene Befunde zu diesem Aufgabenformat zeigen, dass auch im vierten Schuljahr bis auf das Strichelineal alle Typen auftreten, also nicht alle Kinder in der Lage sind, Einheitslineale zu zeichnen (Abb. 3.5 bis Abb. 3.8).

Beim Zahlen-Lineal stellen die Zahlen das zentrale Kennzeichen für die Kinder dar. Das Lineal wird also lediglich arithmetisch interpretiert, ohne dass auf die Kernideen des Messens geachtet wird (Abb. 3.5) (Franke & Ruwisch 2010; Nührenbörger 2002). Sind lediglich Striche sichtbar, spricht man von einem Striche-Lineal (Nührenbörger 2002).

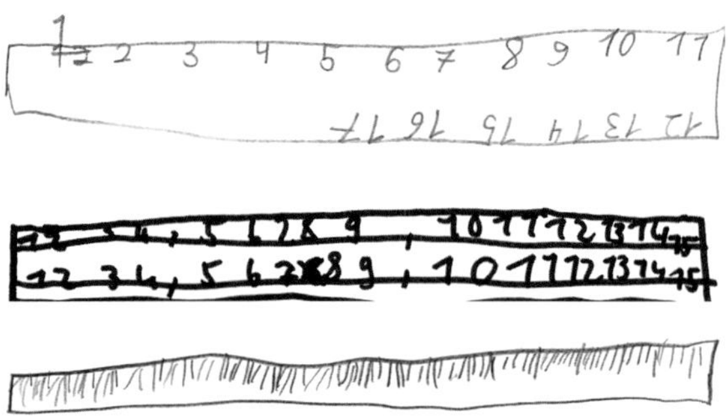

Abb. 3.5: Zahlen- und Striche-Lineale Klasse 2 und Klasse 4

Das Zahl-Zwischenstriche-Lineal weist auf eine Einsicht in die Messskala hin, die ausschließlich äußere Merkmale erfasst und noch nicht das Verhältnis zwischen den Zeichen beachtet. Kennzeichen dieses Typs ist, dass die Striche in der Regel zwischen den Zahlen positioniert werden, sodass sie keine Grenzen linearer Einheiten darstellen (Abb. 3.6) (Nührenbörger 2002). Auch hinter diesen Bildern steht eine arithmetische Interpretation des Lineals (Franke & Ruwisch 2010).

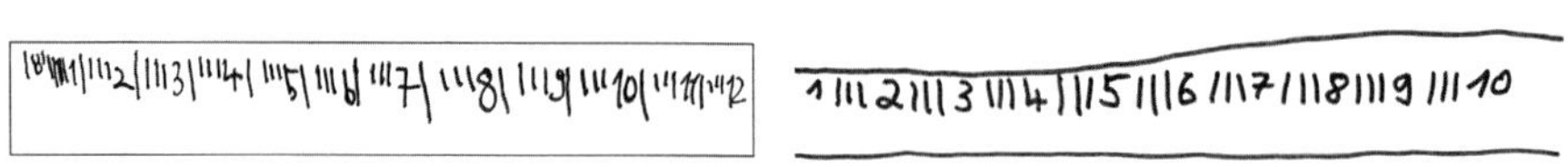

Abb. 3.6: Zahl-Zwischenstriche-Lineal Klasse 2 und Klasse 4

Beim Zahl-Strich-Lineal werden die Zahlen und Striche auf dem Linealbild so angeordnet, dass sie deutlich voneinander abgetrennte Segmente hervorheben (Abb. 3.7) (Nührenbörger 2002). Jedoch kann auch hinter diesen Bildern noch eine ausschließlich arithmetische Interpretation stehen. Anfängliche Kenntnisse über das Messen sind möglich, doch es fehlt die zentrale Vorstellung der Unterteilung einer Einheit in Untereinheiten (cm und mm) (Franke & Ruwisch 2010; Peter-Koop & Nührenbörger 2008).

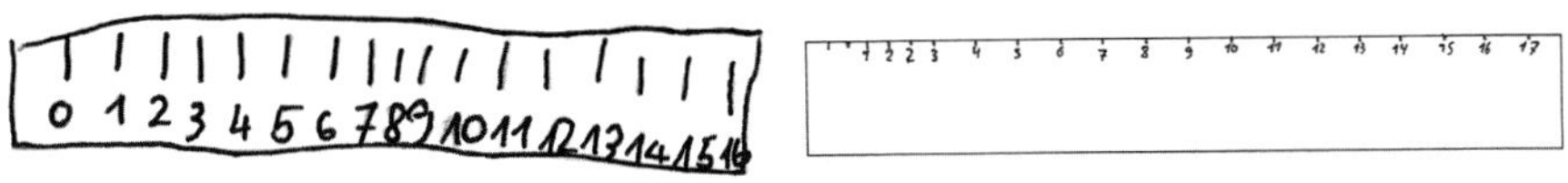

Abb. 3.7: Zahl-Strich-Lineal Klasse 2 und Klasse 4

Das Einheitslineal besteht aus Zahlen, die entsprechend der formellen Messskala an längeren Strichen positioniert werden. Zwischen diesen Strichen befindet sich eine festgelegte Anzahl kürzerer Striche, sodass die Striche auf unterschiedliche, in Bezug zueinander stehende Einheiten hinweisen (Abb. 3.8). Somit wird bei diesem Typ sowohl das Vervielfachen der Zentimetereinheit als auch die Millimeterzerlegung strukturiert dargestellt (Nührenbörger 2002). Daher kann angenommen werden, dass die Kinder die Kernideen des Messens verstanden haben (Franke & Ruwisch 2010). Nührenbörger (2002) weist jedoch darauf hin, dass auch bei diesem Typ noch Unsicherheiten in Bezug auf ein ausgebildetes Messverständnis bestehen können.

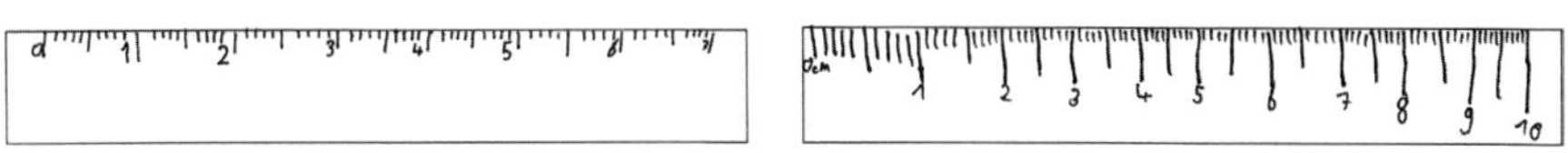

Abb. 3.8: Einheitslineal Klasse 2 und Klasse 4

Weiterhin können Linealbilder dahingehend voneinander unterschieden werden, ob die Null als Startpunkt erkannt wird oder nicht, und ob die Abstände zwischen den Strichen gleichmäßig sind (Nührenbörger 2002).

Mit der Aufgabe in Abbildung 3.9 wird der *Umgang mit dem Messwerkzeug* Lineal überprüft: Können die Kinder mit dem Lineal Strecken (Zentimeter und Millimeter) mit einer vorgegebenen Länge zeichnen? Wie groß sind die Abweichungen? Anhand der gezeichneten Längen lässt sich auch feststellen, ob zwischen Zentimetern und Millimetern unterschieden wird und ob die Strecken von der Nullmarkierung oder von der Markierung der Eins an gezeichnet wurden.

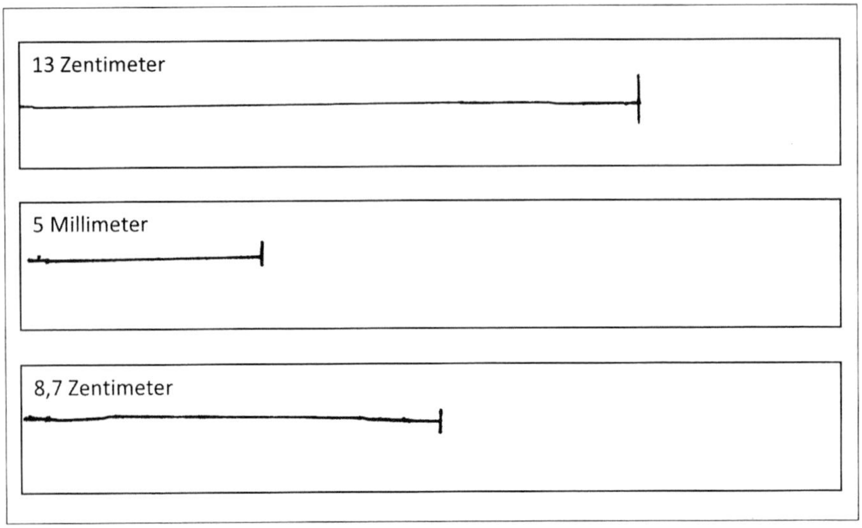

Abb. 3.9: Zeichne in den Kasten eine Linie mit der Länge ... (in Anlehnung an Nührenbörger 2002, S. 148)

Auch bei diesen Aufgaben (Abbildung 3.10) wird der korrekte *Umgang mit dem Messwerkzeug Lineal* überprüft. Die Kinder sollen die Länge des abgebildeten Gegenstandes mithilfe des angelegten Lineals bestimmen. Dabei wird auch überprüft, ob die Kinder wissen, dass für den Startpunkt ein beliebiger Punkt der Skala gewählt werden kann und sie die Länge durch Differenzbildung von Start- und Endpunkt bestimmen können.

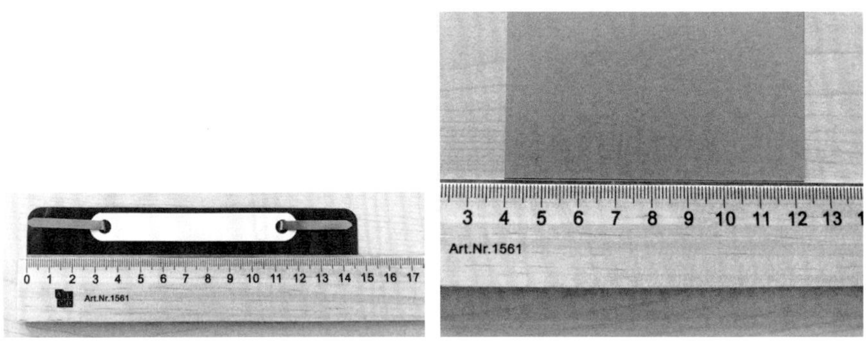

Abb. 3.10: Wie lang ist der Gegenstand? Schreibe auf.

Mit Aufgaben dieser Art (Abb. 3.11) wird *Wissen über Einheiten* überprüft. Wissen die Kinder, in welchen Einheiten verschiedene Objekte gemessen werden, und können sie abhängig von der angegebenen Maßzahl die passende Einheit zuordnen? Aufgaben dieser Art geben darüber hinaus auch einen Einblick in den Bereich *Stützpunkte.*

a) Eine Tür ist ungefähr 2 ______ hoch.
b) Ein Floh ist ungefähr 3 ______ lang.
c) Ein Autobus ist ungefähr 14 ______ lang.
d) Annas Vater ist 185 ______ groß.

Abb. 3.11: Trage die passende Einheit ein. (in Anlehnung an VERA 2013 und Emmrich 2008)

Auch mit der Aufgabe in Abbildung 3.12 wird *Wissen über Einheiten* erhoben: Können Kinder Umrechnungen (Verfeinern und Vergröbern) auch von gemischten Größenangaben vornehmen?

100 cm = ______ m	1 m 50 cm = ______ cm
148 cm = ____ m ____ cm	1 m 3 cm = ______ cm
102 cm = ____ m ____ cm	1 m 25 cm = ______ cm

Abb. 3.12: Rechne um. (in Anlehnung an VERA 2013)

An den Lösungen der Kinder wird deutlich (Abb. 3.13), dass es zum Teil erhebliche Unsicherheiten beim Umwandeln in andere Einheiten gibt, insbesondere wenn gemischte Größenangaben verfeinert werden sollen wie in der rechten Spalte. Hier treten typische Fehler wie das Weglassen von (Zwischen-)Nullen und die Addition von Maßzahlen zu unterschiedlichen Maßeinheiten auf.

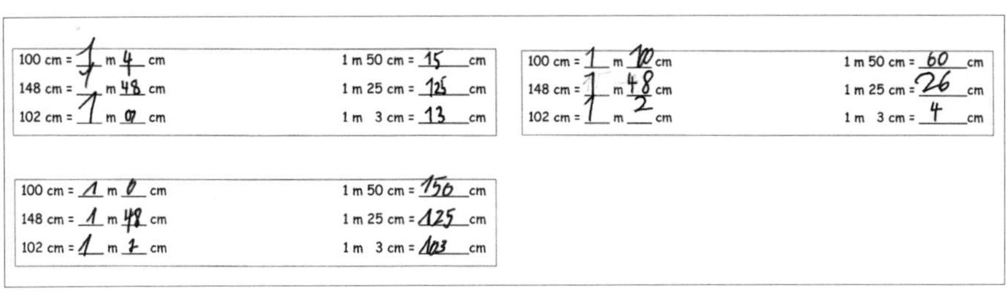

Abb. 3.13: Schülerdokumente Klasse 2

Stützpunkte

Aufgaben wie in Abbildung 3.14, in denen die Kinder dazu aufgefordert sind, Gegenstände zu benennen, die eine vorgegebene Länge haben, geben Einblick in das *Stützpunktwissen* des Kindes.

Das ist ungefähr *1 cm* lang:	Das ist ungefähr *10 cm* lang:	Das ist ungefähr *1 m* lang:	Das ist ungefähr *1* **km** lang:

Abb. 3.14: Schreibe immer drei Dinge auf.

An den Schülerdokumenten wird deutlich (Abb. 3.15 und 3.16), dass die ungefähre Größenordnung der genannten Objekte meist passend ist. Für eine Schätzung sind aber nicht alle genannten Stützpunkte geeignet. So ist bei den kleinen Objekten teilweise nicht klar, welche Dimension der jeweiligen

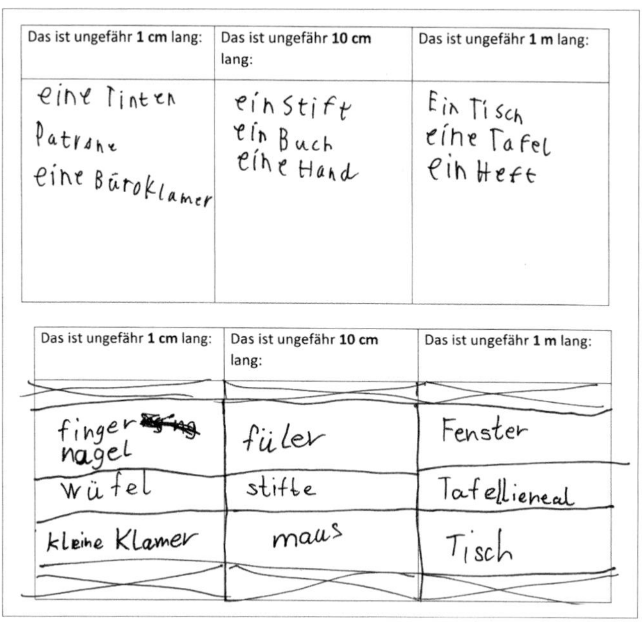

Das ist ungefähr **1 cm** lang:	Das ist ungefähr **10 cm** lang:	Das ist ungefähr **1 m** lang:
eine Tinten Patrone eine Büroklamer	ein Stift ein Buch eine Hand	Ein Tisch eine Tafel ein Heft

Das ist ungefähr **1 cm** lang:	Das ist ungefähr **10 cm** lang:	Das ist ungefähr **1 m** lang:
finger nagel	füler	Fenster
wüfel	stifte	Tafellieneal
kleine Klamer	maus	Tisch

Abb. 3.15: Schülerdokumente Klasse 2

Objekte der Länge 1 cm entspricht. Ein Stift ist in der Regel eher 20 cm lang und Fenster können ganz unterschiedliche Maße aufweisen. Vergleichbares gilt auch für die anderen genannten Stützpunkte mit Ausnahme des Textmarkers, des Tafellineals und der Tafel (Dimension hier auch unklar). Es gibt aber auch Kinder, die nur einen oder keinerlei Repräsentanten nennen können oder Repräsentanten nennen, bei denen die Größenordnung unpassend ist (vgl. Heft oder Ranzen als Repräsentant für 1 m).

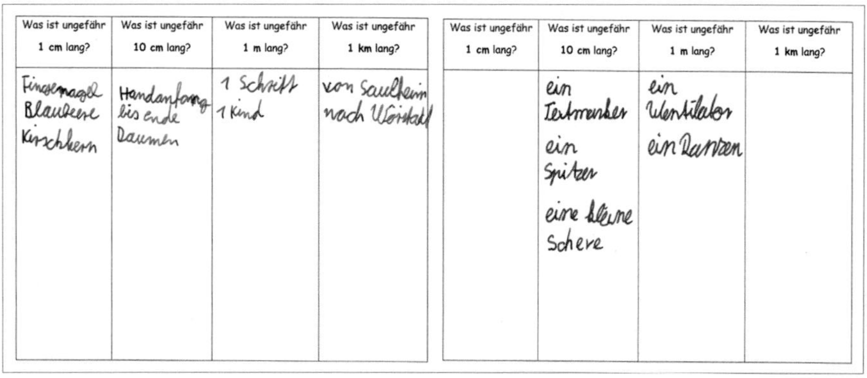

Was ist ungefähr 1 cm lang?	Was ist ungefähr 10 cm lang?	Was ist ungefähr 1 m lang?	Was ist ungefähr 1 km lang?
Fingernagel Blaubeere Kirschkern	Handanfang bis ende Daumen	1 Schritt 1 Kind	von Saulheim nach Wörrstadt

Was ist ungefähr 1 cm lang?	Was ist ungefähr 10 cm lang?	Was ist ungefähr 1 m lang?	Was ist ungefähr 1 km lang?
	ein Textmarker ein Spitzer eine kleine Schere	ein Ventilator ein Ranzen	

Abb. 3.16: Schülerdokumente Klasse 4

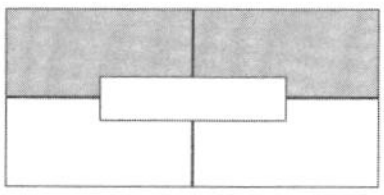
Schätzen

Bei Aufgaben der folgenden Art (Abb. 3.17 und 3.18) müssen die Kinder unter Rückgriff auf Stützpunktwissen und -vorstellungen *qualitative Schätzungen* durchführen, indem sie die Länge von Objekten mental miteinander vergleichen. Die beiden Aufgabentypen unterscheiden sich im Hinblick auf die Anzahl der zu vergleichenden Gegenstände sowie den abgedeckten Längenbereich.

ein Zahnstocher	☐
ein Stück Tafelkreide	☐
eine Nagelschere	☐
ein Strohhalm	☐

Abb. 3.17: Welcher Gegenstand ist am längsten?

	stimmt	stimmt nicht
Ein Kinderriegel ist genau so lang wie ein 10 € Schein.	☐	☐
Eine Kinderschere ist kürzer als eine Gabel.	☐	☐

Abb. 3.18: Kann das stimmen?

Bei Aufgaben zum *quantitativen Schätzen* kann zwischen Aufgaben unterschieden werden, in denen nach einer Längenangabe gefragt wird und eine Begründung gegeben werden soll (Abb. 3.19), und solchen, bei denen eine gegebene Längenangabe dem Objekt passend zugeordnet werden soll (Abb. 3.22). Bei Aufgaben des ersten Typs kann man durch die Begründung einen Einblick in verfügbares Stützpunktwissen und -vorstellungen erhalten. Beim zweiten Typ wird zusätzlich *Wissen über Maßeinheiten* (Messen) erfasst.

Wie lang ist ein Kinderriegel ungefähr? ____________________
Begründe:

Abb. 3.19: Schätze und begründe.

Die befragten Zweitklässler notieren oftmals nur eine Längenangabe, teilweise auch ohne Einheit und geben keinerlei Begründung an. Wenn eine Begründung notiert wird, dann wie in den Beispielen in Abbildung 3.20 ohne Rückgriff auf einen Stützpunkt (links) oder unter Nutzung einer vorliegenden Standardeinheit (Lineal, rechts). Die meisten Größenangaben liegen sowohl bei den Zweit- als auch den befragten Viertklässlern zwischen 6 cm und 15 cm, aber es finden sich auch stark abweichende Angaben wie 2 cm, 75 cm oder 2 m. Die Begründungen nehmen in Klasse 4 zu, aber auch hier greifen nicht alle Kinder auf Stützpunkte zurück. Wenn Bezug auf Stützpunkte genommen wird, dann sind diese sowohl gegenständlich (Kleber) als auch körpereigen (Finger, Hand). Auch bei einer Referenz auf einen Stützpunkt ist die Größenangabe nicht immer akzeptabel (2 cm, Finger; Abb. 3.21).

Wie lang ist der Kinderriegel ungefähr? 10
Begründe: Weil ich schon mal einen gegesen Habe

Wie lang ist der Kinderriegel ungefähr? 8cm
Begründe: weil ich auf meit Lineal ~~eckukt~~ habe gekuckt

Abb. 3.20: Schülerdokumente Klasse 2

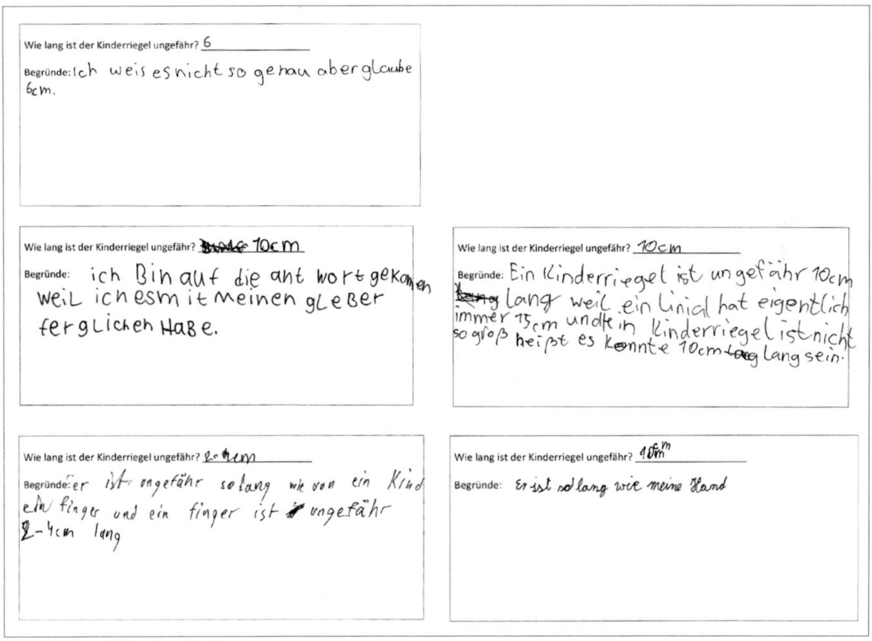
Wie lang ist der Kinderriegel ungefähr? 6
Begründe: Ich weis es nicht so genau aber glaube 6cm.

Wie lang ist der Kinderriegel ungefähr? 10cm
Begründe: ich Bin auf die ant wort gekomen weil ich esm it meinen gleber fergLichen Habe.

Wie lang ist der Kinderriegel ungefähr? 10cm
Begründe: Ein Kinderriegel ist ungefähr 10cm lang weil ein Linial hat eigentlich immer 15cm und kein Kinderriegel ist nicht so groß heißt es konnte 10cm lang sein.

Wie lang ist der Kinderriegel ungefähr? 8cm
Begründe: er ist ungefähr so lang wie von ein Kind ein finger und ein finger ist ungefähr 2-4cm lang

Wie lang ist der Kinderriegel ungefähr? 10cm
Begründe: Er ist so lang wie meine Hand

Abb. 3.21: Schülerdokumente Klasse 4

2 m	☐
2 cm	☐
20 m	☐
0,2 m	☐

200 cm	☐
200 000 mm	☐

Abb. 3.22: Welche der angegebenen Längen kann die Höhe eines großen Baumes sein?

3.4 Unterrichtsmodule

Die vorgestellten *Unterrichtsmodule* folgen derselben Systematik wie die Aufgaben zur Erhebung von Lernständen. In jedem Bereich – Vergleichen, Messen, Stützpunkte und Schätzen – finden sich Unterrichtsvorschläge, die in verschiedenen Schuljahren durchgeführt werden können. Es werden Empfehlungen in Bezug auf die bevorzugte Klassenstufe gegeben. Jedes Modul hat damit einen Schwerpunkt im Hinblick auf eine der Kerntätigkeiten – Vergleichen, Messen, Stützpunkte und Schätzen. Neben dem Schwerpunkt können aber auch andere Bereiche eine Rolle spielen.

3.4.1 Vergleichen

Vergleichen

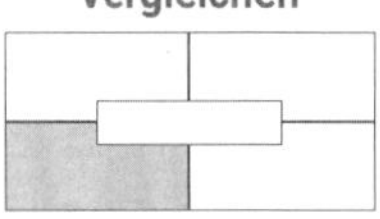

Mit den folgenden Unterrichtsmodulen (Modul 1 und 2) sammeln Kinder Erfahrungen zum direkten Vergleichen von Längen und dem Ordnen von Repräsentanten.

Erste Vorstellungen von Kindern zu Längen von Objekten sind noch nicht relational: Ein Mensch ist „groß“ oder „klein“, ein Gegenstand „lang“ oder „kurz“. Erst nach und nach entwickelt sich ein Verständnis dafür, dass zwischen Größen des gleichen Größenbereichs (hier: Längen) Beziehungen bestehen (größer/kleiner, länger/kürzer, dicker/dünner, höher/tiefer, breiter/schmaler). Erfahrungen, die zum Aufbau relationaler Vorstellungen beitragen, können Kinder durch das Ordnen von Gegenständen nach der Länge oder Größe gewinnen. Durch das Ordnen mehrerer Objekte nach ihrer Länge wird das Transitivitätsverständnis angesprochen.

Modul 1: Körpergrößen vergleichen (ab Klasse 1)

Problemstellung: An der Tafel hängt ein Bild, auf dem verschieden große Kinder an die Keksdose auf einem Schrank gelangen wollen. Neben dem Schrank steht ein Stuhl. Mit den Kindern wird diskutiert, wie das gelingen kann. Hierbei können verschiedene Fragen in den Blick genommen werden:

- „Wer kommt an die Keksdose, die auf dem Schrank steht?"
- „Wie kann man die Keksdose erreichen, auch wenn alle Kinder zu klein sind?"
- „Welches Kind sollte auf den Stuhl steigen? Und warum?"
- „Welches Kind ist das größte?"
- „Wie wäre das in unserer Klasse? Wer ist in unserer Klasse der Größte? Wer ist der Kleinste?"

Die Kinder äußern Vermutungen. In Gruppen von 4 bis 6 Kindern sollen die Kinder sich der Größe nach ordnen.

Erarbeitung: „Überlegt gemeinsam, wie ihr herausfinden könnt, wer (in eurer Gruppe/in der ganzen Klasse) der Größte ist. Wer ist der kleinste? Gibt es Kinder, die gleich groß sind? Wie sieht eine Ordnung der Größe nach aus?"

„Haltet eure Ordnung in eurem Größenbuch fest. Verwendet dazu die folgenden Satzbausteine: ist größer als, ist kleiner als, ist gleich groß wie, ist am größten, ist am kleinsten."

Austausch: Die Gruppen beschreiben, was sie jeweils herausgefunden haben und wie sie dabei vorgegangen sind. Sie verwenden dabei Satzbausteine wie „ist größer als", „ist kleiner als", „ist gleich groß wie", „sind gleich groß", „ist der Größte". Wenn in allen Gruppen das jeweils größte/kleinste Kind ermittelt wurde, kann im gemeinsamen Austausch auf dieselbe Weise das größte/kleinste Kind der Klasse aus den Gruppengrößten/-kleinsten gefunden werden.

Impulse zum Entdecken, Beschreiben, Erklären, Begründen und Argumentieren:

- „Wie kann man herausfinden, wer von zwei oder mehr Personen größer/kleiner/der Größte/der Kleinste ist?"
- „Wie kann man mehrere Kinder nach der Größe ordnen und wie muss man beim Vergleichen vorgehen?"

Mögliche Anschlussaktivität: Beschäftigung mit anderen Körpermaßen: Die Kinder können sich nach der Länge der Armspanne oder der Füße ordnen und diese Ordnung mit der Ordnung nach der Körpergröße vergleichen.

Modul 2: Längen von Gegenständen vergleichen (ab Klasse 1)

Problemstellung: In der Mitte des Sitzkreises liegen verschiedene Gegenstände im kleinen (oder mittleren) Längenbereich (z. B. Utensilien aus dem Federmäppchen, Abb. 3.23 oder Seile verschiedener Länge[4]). Je nachdem, welche Dimension betrachtet wird, können auch verschiedene Ordnungen erstellt werden. Die Verwendung von Seilen zielt auch auf die Längeninvarianz, da diese gerollt werden können. Die Lernenden vergleichen die Längen der Gegenstände miteinander und ordnen sie der Länge nach. Dabei verwenden sie Satzphrasen wie „ist länger als“, „ist kürzer als“, „ist gleich lang wie“, „ist am längsten“, „ist am kürzesten“.

Vergleichen

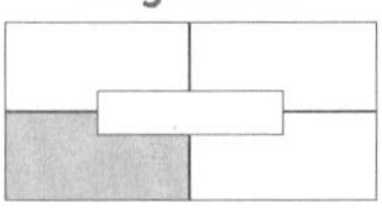

Abb. 3.23: Gegenstände aus dem Federmäppchen der Länge nach ordnen

Erarbeitung: „Ordnet die Gegenstände aus eurem Mäppchen (z. B. Stifte, Klebestift, Schere, Lineal, Patronen, Spitzer, Radiergummi) nach der Länge: Welches ist der längste/breiteste/höchste Gegenstand? Welches ist der kürzeste/am wenigsten breite/niedrigste Gegenstand? Gibt es Gegenstände, die gleich lang/breit/hoch sind?

4 Bei Betzold gibt es ein Seilset mit verschiedenen Längen (60 cm bis 200 cm); https://www.betzold.de/prod/E_33551/ (Zugriff: 13.09.2022).

Haltet eure Ordnung im eurem Größenbuch fest. Verwendet dazu auch die folgenden Satzbausteine: ‚ist länger als', ‚ist kürzer als', ‚ist gleich lang wie', ‚ist am längsten', ‚ist am kürzesten'. Gebt auch an, ob ihr nach der Länge, Breite oder Höhe geordnet habt."

Austausch: Die Gruppen beschreiben, was sie jeweils herausgefunden haben und wie sie dabei vorgegangen sind.

Impulse zum Entdecken, Beschreiben, Erklären, Begründen und Argumentieren:

- „Wie kann man herausfinden, welcher von zwei oder mehr Gegenständen länger/breiter/der längste/der breiteste ist?"
- „Wie habt ihr Anfang und Ende der Gegenstände beim Messen festgelegt?"
- „Gibt es Gegenstände, die fast gleich lang waren? Wie habt ihr eine Entscheidung getroffen?"
- „Gibt es Gegenstände, bei denen ihr euch nicht einig wart?"

3.4.2 Messen

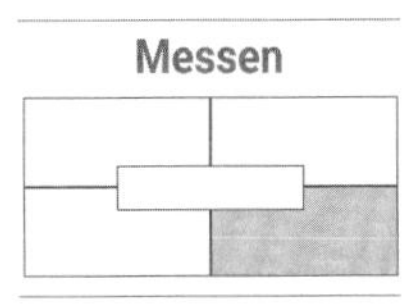

Mit den folgenden Modulen (Modul 3 bis 11) erwerben die Kinder *Wissen über Messwerkzeuge,* sie sammeln Messerfahrungen mit gegenständlichen, körpereigenen und normierten Messwerkzeugen und erlernen so den Umgang mit diesen. Durch die Thematisierung von Beziehungen zwischen den verschiedenen Längeneinheiten erwerben sie außerdem Wissen zu Einheiten. In manchen Modulen ist auch das Schätzen bereits mit angesprochen, bildet aber nicht den Schwerpunkt des Moduls.

In Modul 3 lernen die Kinder unterschiedliche Messwerkzeuge für Längen kennen. In den Modulen 4 bis 7 wird primär nach Repräsentanten zu den Standardgrößen 1 Meter, 1 Zentimeter und 10 Zentimeter und deren Vielfachen gesucht. In den Modulen 8 bis 11 sollen die Kinder weitere Messerfahrungen sammeln, indem sie mit dem Lineal und anderen standardisierten Messwerkzeugen unterschiedliche Objekte genau messen und ihre Messergebnisse notieren. Durch die eigene Herstellung eines 1-Metermaßbandes wird das Wissen über den Aufbau und die Untergliederung in Zentimeter weiter vertieft. Durch die Vermessung des eigenen Körpers werden körpereigene Stützpunkte erarbeitet.

Messerfahrungen mit standardisierten Messwerkzeugen sollen die Kinder in allen Schuljahren immer wieder sammeln. Besonders prägnante Repräsentanten können auf einem Ausstellungstisch gesammelt und im Größenbuch notiert werden (vgl. auch Modul 11). Gemeinsames Ziel der Aktivitäten ist eine sichere Handhabung verschiedener Messwerkzeuge sowie das möglichst genaue Messen.

Modul 3: Messwerkzeuge kennenlernen (ab Klasse 2)

Für dieses Modul sollen die Kinder von zu Hause verschiedene Messwerkzeuge mitbringen (vgl. auch Peter-Koop 2008).

Problemstellung: In der Mitte des Stuhlkreises liegen verschiedene Messwerkzeuge zum Messen von Längen (Abb. 3.24). Gemeinsam werden die Namen der Messwerkzeuge geklärt.

Es werden verschiedene Gegenstände in den Stuhlkreis gelegt. Welches Messwerkzeug ist geeignet, um die jeweilige Länge zu bestimmen? Für das Sportmaßband und das Messrad werden mögliche Repräsentanten wie die Länge des Klassenzimmers, des Schulflurs, des Schulhofs ... genannt und auf Karten notiert.

Möglicher Zusatz für Klasse 3 und 4: „Recherchiert nach Bildern von Messwerkzeugen zum Messen von Längen, die ihr nicht zu Hause habt. Denkt dabei auch an Messwerkzeuge für sehr kleine und sehr große Längen. Überlegt auch oder findet heraus, wer diese Messwerkzeuge wozu benutzt und wie lang sie jeweils sind.“

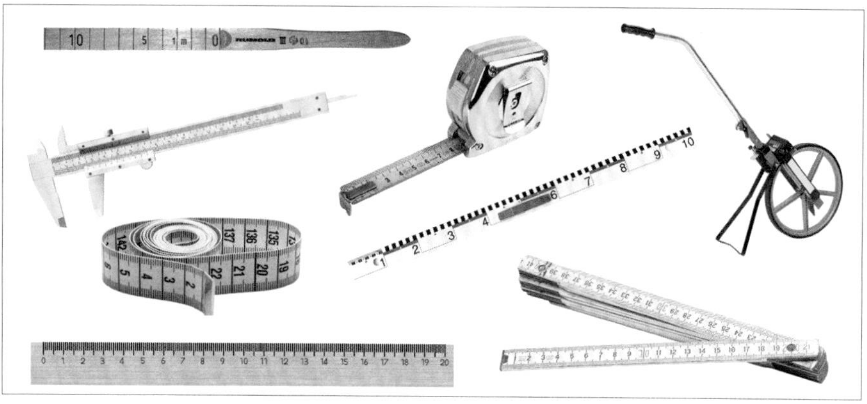

Abb. 3.24: Übersicht über verschiedene Messwerkzeuge: Lineal[5] (20 cm, auf Millimeter genau), ausziehbares Maßband[6] (150 cm, auf Millimeter genau), Zollstock[7] (1 m, 2 m, auf Millimeter genau), Tafellineal (1 m, 10dm, auf Zentimeter genau), Schneider-/Tuchelle[8] (1 m, auf Millimeter genau), Maßband[9] (30 bis 50 m, auf Zentimeter genau), Messrad/Hodometer[10] (für längere Wege), Schiebelehre[11] (mit Nonius bis auf 0,1 mm genau)

5 © evgenica/stock.adobe.com
6 © Gabi Günther/stock.adobe.com
7 © Shawn Hempel/stock.adobe.com
8 © Schlemming GmbH
9 © kameel/stock.adobe.com
10 © PRILL Mediendesign/stock.adobe.com
11 © Miquel/stock.adobe.com

Die Lehrperson kann eher ungewöhnliche Messwerkzeuge wie eine Tuchelle, ein Maßband aus dem Sportunterricht oder ein Messrad ergänzen.

Erarbeitung 1: Allen Gruppen stehen dieselben Gegenstände bzw. auf Karten notierte Gegenstände/Objekte sowie verschiedene Messwerkzeuge (Lineal, Maßband, Zollstock) zur Verfügung.

„Bestimmt die Länge der Gegenstände mit den verschiedenen Messwerkzeugen. Dokumentiert in eurem Größenbuch, wie lang die Gegenstände sind und überlegt, welches Messwerkzeug ihr jeweils am geeignetsten findet."

Zwischenaustausch: Die Kinder tauschen sich über ihre Erfahrungen aus. Dabei kann thematisiert werden, welche Messwerkzeuge für welchen Messbereich besonders gut geeignet sind. Es kann auch darüber gesprochen werden, wie es zu unterschiedlichen Messergebnissen in den verschiedenen Gruppen zu ein und demselben Gegenstand kommen kann.

Erarbeitung 2: In Gruppen werden arbeitsteilig Plakate zu je einem Messwerkzeug erstellt: „Erstellt ein Infoplakat zu ‚eurem' Messwerkzeug:
- Wie heißt das Messwerkzeug?
- Wie nutzt man es?
- Für welche Gegenstände ist das Messwerkzeug besonders gut geeignet?"

Den Kindern sollte neben dem Messwerkzeug auch eine Auswahl an unterschiedlichen Bildern zur Verfügung stehen, die in das Infoplakat integriert werden können.

Austausch: Die Kinder stellen sich gegenseitig die einzelnen Messwerkzeuge mithilfe der Plakate vor. Dabei kann auch noch einmal für jedes Messwerkzeug geklärt werden, wie man damit misst. Es besteht die Möglichkeit für Rückfragen, Ergänzungen und eventuelle Korrekturen.

Impulse zum Entdecken, Beschreiben, Erklären, Begründen und Argumentieren:
- „Wozu werden verschiedene Messwerkzeuge benutzt?"
- „Wie misst man mit den verschiedenen Messwerkzeugen und wie kann die Länge eines Gegenstandes bestimmt werden?"
- „Welche Gegenstände oder Objekte kannst du besonders gut mit einem Lineal/einem Maßband/einem Zollstock/einem Sportmaßband/Messrad … bestimmen?"

Modul 4: Der 1-Meterstab (ab Ende Klasse 1)[12]

Problemstellung: Zum Einstieg kann das Bilderbuch „Der 99-Zentimeter-Peter"[13] vorgelesen werden (Bönig & Thöne 2011). Peters Mama sagt darin: „99 Zentimeter sind schon fast ein Meter". Es wird gemeinsam überlegt, wie groß Peter ungefähr ist: „Wer kann zeigen, wie groß Peter ist?" Der 1-Meterstab wird gezeigt, dessen Länge mit einem Maßband oder Zollstock überprüft werden sollte. Peter ist fast so groß, er ist also ungefähr einen Meter groß. Es wird darüber gesprochen, wie man weitere Gegenstände finden kann, die ungefähr einen Meter lang, breit oder hoch sind.[14]

Das korrekte Anlegen des Stabes wird an verschiedenen Beispielen durchgeführt: Dieser Gegenstand ist länger/kürzer als ein Meter, dieser Gegenstand ist genau einen Meter lang. Wichtig ist es auch, in diesem Zusammenhang zu klären, ab wann ein Gegenstand noch ungefähr einen Meter misst und wann nicht mehr, die Abweichung also zu groß ist. Hier sollen die Kinder Vorschläge machen. Eine mögliche Vereinbarung wäre, dass die Länge nicht mehr als eine Handbreite von der Länge des 1-Meterstabes abweichen darf.

Erarbeitung: „Findet Dinge, die ungefähr einen Meter lang, breit oder hoch sind und notiert die Ergebnisse in eurem Größenbuch (Abb. 3.25)." Es hat sich bewährt, die jeweilige gemessene Dimension mit einem (farbigen) Pfeil zu kennzeichnen.

Austausch: Die Kinder beschreiben ihre Entdeckungen, die sie in ihrem Größenbuch festgehalten haben: „Das Fenster ist ungefähr einen Meter **hoch**, ein Tafelflügel ist genau einen Meter **breit**, die Tafel ist genau einen Meter **hoch**, das Tafellineal ist genau einen Meter **lang**." Hier sollte auf die sprachlichen Unterschiede geachtet werden, je nachdem welcher Gegenstand bzw. welche Dimension jeweils betrachtet wird (Breite, Länge, Höhe, Tiefe). Bei den Unterrichtsmodulen zu Stützpunktwissen und Stützpunktvorstellungen (vgl. Modul 12) können ein Ausstellungstisch oder ein Plakat erstellt werden (Fotos, Zeichnungen).

---

12 Für die Module 4 bis 7 kann auf vorhandenes Material (Zehnersystemmaterial: Einerwürfel, Zehnerstange, Cuisenairestäbe: Einerwürfel, Zehnerstab) zurückgegriffen werden. Für die Länge 1 m sollten Schnüre bzw. Seile oder im Baumarkt zugesägte 1-m-Stäbe aus Holz verwendet werden. Wenn man Schnüre bzw. Seile verwendet, sollte darauf geachtet werden, dass diese nicht dehnbar sind, da dadurch das Messen erschwert und deutlich ungenauer wird. (Anmerkung: kein Wollfaden)

13 Das Bilderbuch ist vergriffen. Es gibt aber einen Nachdruck in „Die Grundschulzeitschrift" (Friedrich-Verlag) als Beilage des Heftes 319 aus dem Jahr 2019.

14 Wenn das Bilderbuch nicht zur Verfügung stehen sollte, kann der Einstieg auf folgende Art erfolgen (vgl. auch Wittmann & Müller 2012, S. 45): Wer kennt Dinge, die ungefähr einen Meter lang, breit oder hoch sind? Gibt es im Klassenzimmer solche Dinge? Die Kinder äußern Vermutungen. Es wird darüber gesprochen, wie man solche Gegenstände finden kann.

Abb. 3.25: Schülerdokumente aus dem Größenbuch

Impulse zum Entdecken, Beschreiben, Erklären, Begründen und Argumentieren:

- „Welche Dinge hast du gefunden, die **ungefähr** einen Meter lang/breit/hoch/groß sind?“
- „Welche Dinge hast du gefunden, die **genau** einen Meter lang/breit/hoch/groß sind?“

Hausaufgabe und Weiterarbeit:

- „Finde zu Hause Dinge, die (ungefähr) einen Meter lang/breit/hoch sind. Du kannst dazu den 1-Meterstab oder einen Zollstock nutzen. Du kannst dir auch eine 1-Meter-Schnur oder einen 1-Meter-Papierstreifen herstellen.

Zeichne die Dinge, die du gefunden hast, in dein Größenbuch oder mache Fotos und klebe diese ein."

Die gefundenen Gegenstände können in Modul 12 weiterverwendet werden.

Modul 5: Messen von Längen mit dem 1-Meterstab (ab Ende Klasse 1)
Problemstellung: Im Klassengespräch wird daran erinnert, dass im Klassenzimmer bereits zahlreiche Dinge gefunden wurden, die (ungefähr) 1 Meter lang, breit oder hoch sind. Daran anknüpfend sollen im Weiteren mithilfe des 1-Meterstabes Dinge gesucht werden, die länger als ein Meter sind, z. B. ungefähr 2 Meter, 5 Meter oder noch länger. Es wird zunächst geklärt, wie man dies mit einem 1-Meterstab herausfinden kann: mehrfaches Anlegen, für ungefähr 2 Meter zweimal hintereinander, für ungefähr 5 Meter fünfmal hintereinander. Es wird gemeinsam überlegt, welche Dinge im Klassenzimmer (in der Schule) ungefähr 2, 4, 5, 10, 15 oder 20 Meter lang sein könnten, also der 1-Meterstab wohl zweimal, viermal ... hineinpasst. Erst nach diesen Überlegungen wird an ein paar Beispielen geprüft, ob diese Vermutungen (Schätzungen) zutreffend waren. Dabei sollte auch das korrekte mehrfache Anlegen thematisiert werden. Dazu kann es hilfreich sein zu zeigen, wie man nicht vorgehen darf (schräges Ansetzen) und warum dies nicht zulässig ist (falsches/ungenaues Messergebnis). Auch hier ist wieder zu vereinbaren, wann ein Gegenstand noch ungefähr die gefragte Länge misst.

Erarbeitung: „Überlegt, welche Dinge im Klassenzimmer (in der Schule) ungefähr 2, 4, 5, 10, 15 oder 20 Meter lang, breit oder hoch sein könnten. Notiert eure Vermutungen in eurem Größenbuch. Überprüft eure Vermutungen und schreibt auf, wie oft der 1-Meterstab tatsächlich hineingepasst hat. (Abb. 3.26). Bei welchen Dingen lagt ihr mit eurer Vermutung richtig, wo habt ihr euch verschätzt?"

Die Kinder messen in Gruppen unterschiedliche Längen, Höhen und Breiten von Räumen (z. B. Klassenzimmer, Flur) und von Gegenständen (z. B. Tisch, Schrank, Tür, Regal) und notieren diese in ihrem Größenbuch. Aufgrund der Messerfahrungen mit dem 1-Meterstab in Modul 4 sollen die Kinder die Längen vorab schätzen: Wie oft passt der 1-Meterstab in den zu messenden Gegenstand? Abschließend soll der Unterschied zwischen Schätzung und Messung ermittelt werden.

Schätze, wie oft der 1-Meterstab in die Länge und Breite der Räume und Gegenstände passt. Miss dann nach.

	Geschätzt	Gemessen	Unterschied
die Länge des Klassenzimmers	6 mal	9 mal	3 m
die Breite des Klassenzimmers	4 mal	6 mal	2 m
die Länge eurer Bank	1 mal	1 mal	0 m
die Länge des Flures	20 mal	47 mal	27 m
die Breite des Flures	3 mal	2 mal	1 m
die Länge des Bistros der FGTS	10 mal	9 mal	1 m
die Breite des Bistros	9 mal	9 mal	0 m
die Länge des Schrankes	2 mal	2 mal	0 m
die Länge der Bank	2 mal	2 mal	0 m

Schätze, wie oft der 1-Meterstab in die Höhe der Räume und Gegenstände passt. Miss dann nach.

	Geschätzt	Gemessen	Unterschied
Höhe der Fensterbank	1 mal	1 mal	0 m
Höhe der Tür	2 mal	2 mal	0 m
Höhe des Regals	3 mal	2 mal	1 m

Abb. 3.26: Längen schätzen und messen

Austausch: Die Kinder stellen vor, welche Vermutungen sie angestellt haben, an welcher Stelle es große Abweichungen zur Messung gab und wo nicht und warum dies so ggf. war. Es kann außerdem bereits darüber gesprochen werden, dass der 1-Meterstab nicht immer genau in die Länge, Breite oder Höhe des zu messenden Gegenstandes passt und man hier noch genauer messen könnte. Möglicherweise notieren manche Kinder auch Angaben wie der 1-Meterstab hat 1,5-mal oder mehr als 2-mal reingepasst.

Impulse zum Entdecken, Beschreiben, Erklären, Begründen und Argumentieren:
- „Warum ist eine Tür in der Regel ungefähr 1 Meter breit und ungefähr 2 Meter hoch?“
- „Warum ist die Türklinke in der Regel auf ungefähr 1 Meter Höhe angebracht?“
- „Warum ist ein Raum mehr als 2 Meter hoch?“
- „Warum ist das Klassenzimmer mehr als 4 Meter breit?“
- …

Modul 6: Der 1-Zentimeterwürfel (ab Klasse 2)

Problemstellung: Wer kennt Dinge, die ungefähr einen Zentimeter lang, breit oder hoch sind? Gibt es im Klassenzimmer solche Dinge? Die Kinder äußern Vermutungen. Es wird darüber gesprochen, wie man solche Gegenstände finden kann. Der 1-Zentimeterwürfel wird gezeigt (Einerwürfel des Zehnersystemmaterials). Die Kantenlängen des 1-Zentimeterwürfels werden mit dem Lineal ausgemessen (Abb. 3.27). Für viele Kinder ist es überraschend, dass die Kantenlängen tatsächlich genau 1 cm lang sind. Hier kann bereits thematisiert werden, dass die Kantenlängen auch ungefähr der Breite des kleinen Fingers von Kindern entsprechen. Der häufig abgebildete Daumen ist in der Regel breiter. Das Anlegen des Würfels wird an verschiedenen Beispielen gezeigt: Dieser Gegenstand ist länger/kürzer als einen Zentimeter, dieser ist genau einen Zentimeter lang. Wichtig ist es, in diesem Zusammenhang zu klären, ab wann ein Gegenstand noch ungefähr einen Zentimeter misst und wann nicht mehr, die Abweichung also zu groß ist. Hier sollen die Kinder Vorschläge machen.

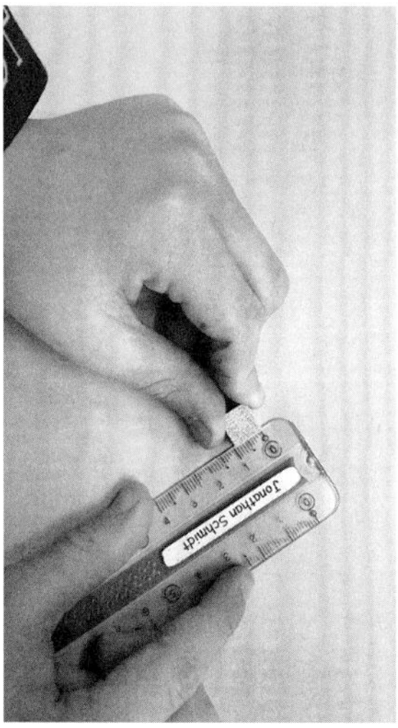

Abb. 3.27: Kantenlänge des Einerwürfels messen

Erarbeitung: „Findet Dinge, die (ungefähr) einen Zentimeter lang, breit oder hoch sind und notiert die Ergebnisse in eurem Größenbuch (Abb. 3.28)." Es hat sich bewährt, die jeweilige gemessene Dimension mit einem (farbigen) Pfeil zu kennzeichnen. Es empfiehlt sich, dies für den 1-Zentimeterwürfel an der Tafel exemplarisch für alle drei Dimensionen zu zeigen und festzuhalten.

An den Notationen in Abb. 3.29 wird deutlich, dass Kinder den 1-Zentimeterwürfel teilweise auch eher im Sinne des Messens einer Fläche verwendet haben (Spitzer, Stift, Türschloss), was in der Literatur auch beschrieben wird (Franke & Ruwisch 2010, S. 206). Im Austausch sollte daher in jedem Fall darauf eingegangen werden, welche Dimension des Gegenstandes jeweils gemessen wurde bzw. gemeint ist.

Abb. 3.28: Schülerprodukte aus dem Größenbuch

Abb. 3.29: Schülerprodukte aus dem Größenbuch

Austausch: Die Kinder beschreiben ihre Entdeckungen: „Der Ohrring und die Perle sind ungefähr einen Zentimeter **lang und breit**. Das Buch und der Legostein sind ungefähr einen Zentimeter **breit**. Die Hunderterplatte ist einen Zentimeter **hoch**." Hier sollte auf die sprachlichen Unterschiede geachtet werden, je nachdem welcher Gegenstand bzw. welche Dimension jeweils betrachtet wird. Bei den Unterrichtsmodulen zu Stützpunktwissen und Stützpunktvorstellungen (vgl. Modul 12) können ein Ausstellungstisch oder ein Plakat erstellt werden (Fotos, Zeichnungen).

Impulse zum Entdecken, Beschreiben, Erklären, Begründen und Argumentieren:

- „Welche Dinge hast du gefunden hast, die **ungefähr** einen Zentimeter lang/breit/hoch sind?"

- „Welche Dinge hast du gefunden, die **genau** einen Zentimeter lang/breit/hoch sind (Abb. 3.30)?“

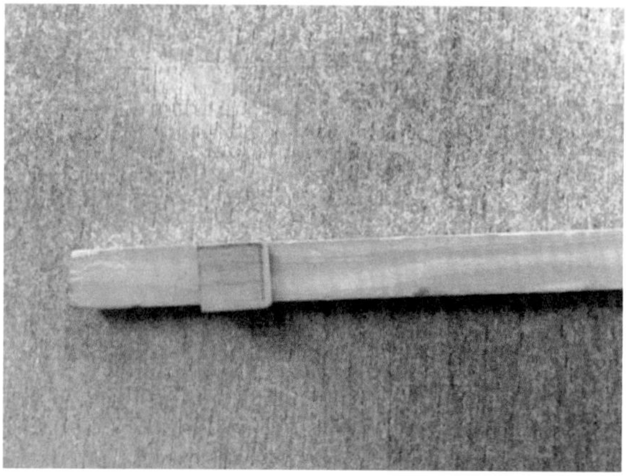

Abb. 3.30: Die Zehnerstange ist genau einen Zentimeter breit und hoch

Hausaufgabe und Weiterarbeit:
- „Finde zu Hause Dinge, die (ungefähr) einen Zentimeter lang, breit, hoch sind. Du kannst dazu den 1-Zentimeterwürfel nutzen. Wenn du keinen 1-Zentimeterwürfel hast, kannst du auch die Breite deines kleinen Fingers/Daumens nutzen. Zeichne die Dinge, die du gefunden hast, in dein Größenbuch oder mache Fotos und klebe sie ein.“

Die gefundenen Gegenstände können in Modul 12 weiterverwendet werden. Analog zum Messen mit dem 1-Meterstab (vgl. Modul 5) kann ein Modul zum Messen mit dem 1-Zentimeterwürfel durchgeführt werden. Auch hier sollte zunächst geschätzt und dann gemessen werden. Zum Messen verschiedener Zentimeterlängen (1 bis 10 cm) eignen sich auch Cuisenairestäbe.

Modul 7: Die 10-Zentimeterstange (ab Klasse 2)

Problemstellung: „Wer kennt Dinge, die ungefähr/genau zehn Zentimeter lang, breit oder hoch sind? Gibt es im Klassenzimmer solche Dinge?“ Die Kinder äußern Vermutungen. Es wird darüber gesprochen, wie man solche Gegenstände finden kann. Die 10-Zentimeterstange wird gezeigt (Zehnerstange des Zehnersystemmaterials). Die Länge der 10-Zentimeterstange wird mit dem Lineal ausgemessen. Hier kann bereits thematisiert werden, dass die Länge der 10-Zentimeterstange auch ungefähr der Handbreite eines Kindes entspricht. In diesem Zusammenhang sollte auch die Beziehung zum 1-Zentimeterwürfel herausgestellt werden: „Wie viele 1-Zentimeterwürfel braucht man, um eine Stange zu erhalten?" Daraus ergibt sich, dass die Stange 10 Zentimeter lang oder auch zehnmal so lang wie eine Würfelkante ist (Abb. 3.31). Das Anlegen der Stange wird an verschiedenen Beispielen gezeigt: Dieser Gegenstand ist länger/kürzer als zehn Zentimeter, dieser ist genau zehn Zentimeter lang. Wichtig ist es, in diesem Zusammenhang zu klären, ab wann ein Gegenstand noch ungefähr zehn Zentimeter misst und wann nicht mehr, die Abweichung also zu groß ist. Hier sollen die Kinder Vorschläge machen. Eine mögliche Vereinbarung wäre, dass die Länge nicht mehr als eine Fingerbreite von der Länge der 10-Zentimeterstange abweichen darf.

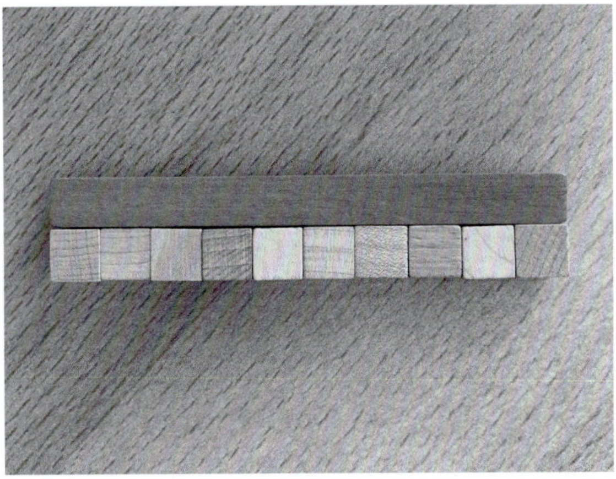

Abb. 3.31: Die Länge der 10-Zentimeterstange entspricht zehn 1-Zentimeterwürfeln

Erarbeitung: „Findet Dinge, die (ungefähr) zehn Zentimeter lang, breit oder hoch sind und notiert die Ergebnisse in eurem Größenbuch (Abb. 3.32)." Es hat sich bewährt, die jeweilige gemessene Dimension mit einem (farbigen) Pfeil zu kennzeichnen.

Austausch: Die Kinder beschreiben ihre Entdeckungen: Der Griff des Tafellineals ist genau zehn Zentimeter **breit**, der Tafelschwamm ist ungefähr zehn Zentimeter **breit**, die Leertaste ist zehn Zentimeter **breit**, die Schublade ist ungefähr zehn Zentimeter **hoch**, der Textmarker, der Holzbaustein, der Stift, das Snickers sind ungefähr 10 Zentimeter **lang**. Hier sollte auf die sprachlichen Unterschiede geachtet werden, je nachdem welcher Gegenstand bzw. welche Dimension jeweils betrachtet wird. Bei den Unterrichtsmodulen zu Stützpunktwissen und Stützpunktvorstellungen (vgl. Modul 12) können ein Ausstellungstisch oder ein Plakat erstellt werden (Fotos, Zeichnungen).

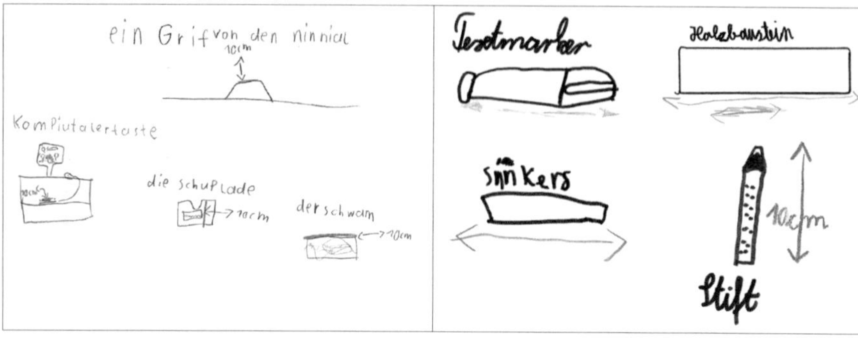

Abb. 3.32: Schülerprodukte aus dem Größenbuch

Impulse zum Entdecken, Beschreiben, Erklären, Begründen und Argumentieren:

- „Welche Dinge hast du gefunden, die **ungefähr** zehn Zentimeter lang/breit/hoch sind?“
- „Welche Dinge hast du gefunden, die **genau** zehn Zentimeter lang/breit/hoch sind (Abb. rechts)?“

Hausaufgabe/Weiterarbeit:

- „Finde zu Hause Dinge, die (ungefähr/genau) zehn Zentimeter lang/breit/hoch sind. Du kannst dazu die 10-Zentimeterstange nutzen (Abb. 3.33). Wenn du keine 10-Zentimeterstange hast, kannst du auch deine Handbreite benutzen. Damit kannst du allerdings nur Dinge finden, die ungefähr zehn Zentimeter lang, breit oder hoch sind. Zeichne die Dinge, die du gefunden hast, in dein Größenbuch oder mache Fotos und klebe sie ein.“

Die gefundenen Gegenstände können in Modul 12 weiterverwendet werden. Analog zum Messen mit dem 1-Meterstab (vgl. Modul 5) kann ein Modul zum Messen mit der 10-Zentimeterstange durchgeführt werden. Auch hier sollte zunächst geschätzt und dann gemessen werden.

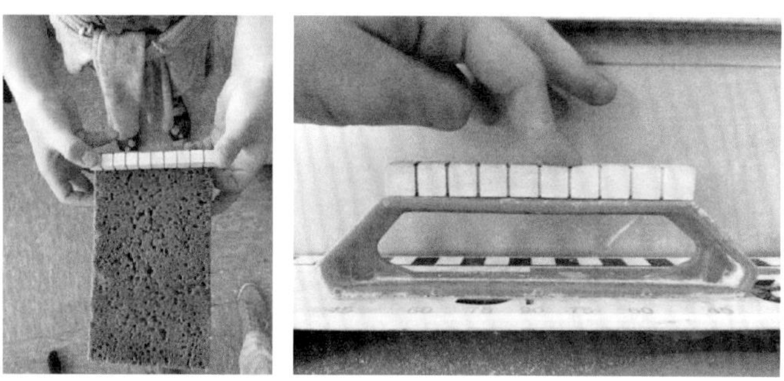

Abb. 3.33: Messen mit der 10-Zentimeterstange

Modul 8: Messen mit dem Lineal (ab Klasse 2)

Problemstellung: Im Stuhlkreis wird das Spiel *Knopfboccia* gespielt, bei dem zwei Gruppen (blau und grün) gegeneinander antreten (in Anlehnung an Schütte 2004, S. 67). Nachdem beide Gruppen alle ihre Knöpfe abwechselnd geschnipst haben, wird – wie auch beim regulären Boccia – zunächst nach Augenmaß entschieden (qualitatives Schätzen), welcher Knopf am nächsten und welcher am zweitnächsten am roten (dunklen) Knopf liegt (Abb. 3.34). Wenn dies nach Augenmaß nicht abschließend zu entscheiden ist, werden die Abstände mithilfe eines Lineals bestimmt. Das Messen des Abstandes mit dem Lineal wird thematisiert und durchgeführt. Es sind verschiedene Vorgehensweisen denkbar, es muss aber stets auf die gleiche Art und Weise gemessen werden. Die Gruppe mit dem nächstliegenden Knopf erhält zwei Punkte, die Gruppe mit dem zweitnächsten Knopf erhält einen Punkt. Die Gewinnergruppe darf in der nächsten Runde mit dem Schnipsen beginnen.

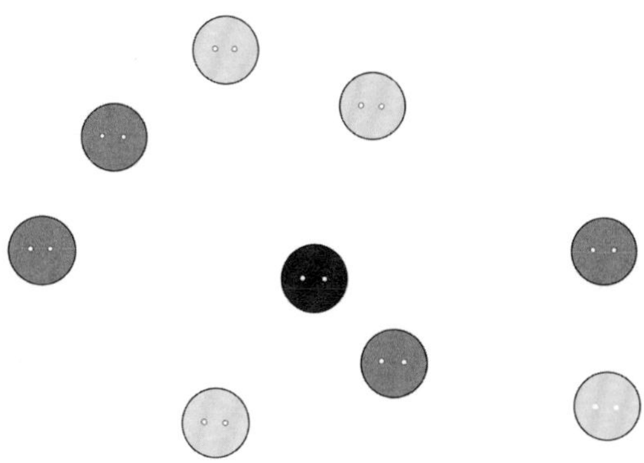

Abb. 3.34: Knopfbocchia (in Anlehnung an Schütte 2005, S. 67)

Erarbeitung: „Spielt zu zweit (zu viert) fünf (oder eine andere Anzahl an) Runden Knopf-Boccia. Notiert jeweils die Gewinnerpunkte in einer Tabelle im Größenbuch."

Austausch: Die Kinder beschreiben, wer gewonnen hat und wie sie den Gewinner ermittelt haben und welche Schwierigkeiten ggf. aufgetreten sind.

Impulse zum Entdecken, Beschreiben, Erklären, Begründen und Argumentieren: „Worauf muss man beim Messen mit dem Lineal achten, wenn man möglichst genaue Messergebnisse erhalten möchte?"

Modul 9: Messen mit standardisierten Messwerkzeugen (ab Klasse 2)

Problemstellung: Es stehen verschiedene Messwerkzeuge zur Verfügung (vgl. Modul 3). Die Kinder sollen mit einem jeweils geeigneten Messwerkzeug die Länge, Breite und Höhe verschiedener Objekte im Klassenzimmer messen und ihre Messergebnisse in Zeichnungen festhalten. Während in Klasse 2 die Kinder ggf. auf Zentimeter genau messen, sollten Kinder in Klasse 3 und 4 zum genauen Messen auf Millimeter angeregt werden. Dies schließt nicht aus, dass Kinder in Klasse 2 nicht auch schon teilweise auf Millimeter genau messen.

Erarbeitung: „Messt im Klassenzimmer die Länge, Breite und Höhe verschiedener Gegenstände und notiert eure Ergebnisse in eurem Größenbuch. Fertigt Zeichnungen der gemessenen Gegenstände an und/oder schreibt sie auf.“ Die Kinder messen verschiedene Gegenstände im Klassenzimmer und notieren die Ergebnisse in ihrem Größenbuch (Abb. 3.35). Auch hier hat es sich bewährt, die jeweils gemessene Dimension zu kennzeichnen.

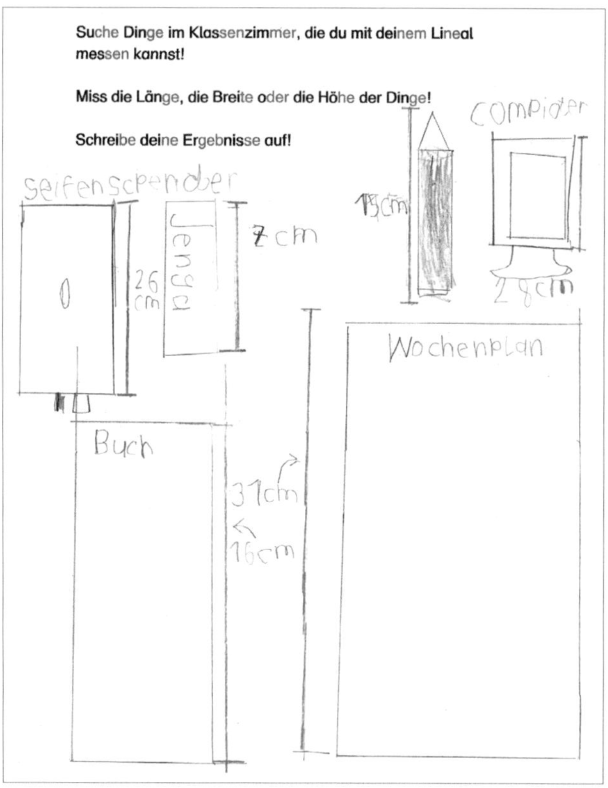

Abb. 3.35: Schülerprodukte aus dem Größenbuch

Impulse zum Entdecken, Beschreiben, Erklären, Begründen und Argumentieren:

- „Wann hast du welches Messwerkzeug gewählt und verwendet?“
- „Welche Dinge kannst du mit dem Lineal (mit dem Zollstock ...) messen?“
- „Welche Dinge kannst du *nicht* mit dem Lineal (mit dem Zollstock ...) messen?“
- „Wie kann es sein, dass zu demselben Gegenstand unterschiedliche Messergebnisse gefunden werden?“
- „Woher weißt du, dass du genau gemessen hast?“
- „Welche Abweichungen sind akzeptabel?“

Modul 10: Ein 1-Metermaßband herstellen (ab Klasse 2)

Um die Skalen von Messwerkzeugen und ihre Unterteilung in Einheiten besser zu verstehen, sollen Kinder auch eigene Messwerkzeuge herstellen (in Anlehnung an Wittmann et al. 2017, S. 40; Wollring 2011). In diesem Prozess wird einerseits deutlich, wie eine gleichmäßige Unterteilung vorgenommen werden kann (z. B. Falten des Streifens) und dass die Herstellung eines genauen Messwerkzeugs nicht einfach, aber zugleich ungemein wichtig ist.

Wie viele Zentimeter-Würfel müssen hintereinandergelegt werden, um eine Meterstange zu erhalten? Die Kinder vermuten und begründen ihre Vermutungen. Da ein Legen von 100 1-Zentimeterwürfeln sehr aufwendig ist, kann auf das Legen von 10-Zentimeterstangen (Zehnerstange des Zehnersystemmaterials) zurückgegriffen werden (Abb. 3.31).

Problemstellung: Im Stuhlkreis wird besprochen, wie man ein eigenes 1-Meter langes Maßband aus einem Papierstreifen herstellen kann. Als Impuls wird das Maßband zweimal durch Falten halbiert und wieder aufgefaltet und der 1-Meterstab, die 10-Zentimeterstange und der 1-Zentimeterwürfel bereitgelegt. Es wird gemeinsam erarbeitet, welche Zahlen an die markierten Faltlinien zu notieren sind und wie eine weitere Unterteilung mithilfe der 10-Zentimeterstange erfolgen kann (Abb. 3.36).

Erarbeitung: „Stellt aus einem Papierstreifen (genau 1 Meter lang) ein 1-Metermaßband her. Ihr könnt dafür z. B. die 10-Zentimeterstange nutzen. Vergleicht eure Maßbänder mit einem käuflichen Maßband.“

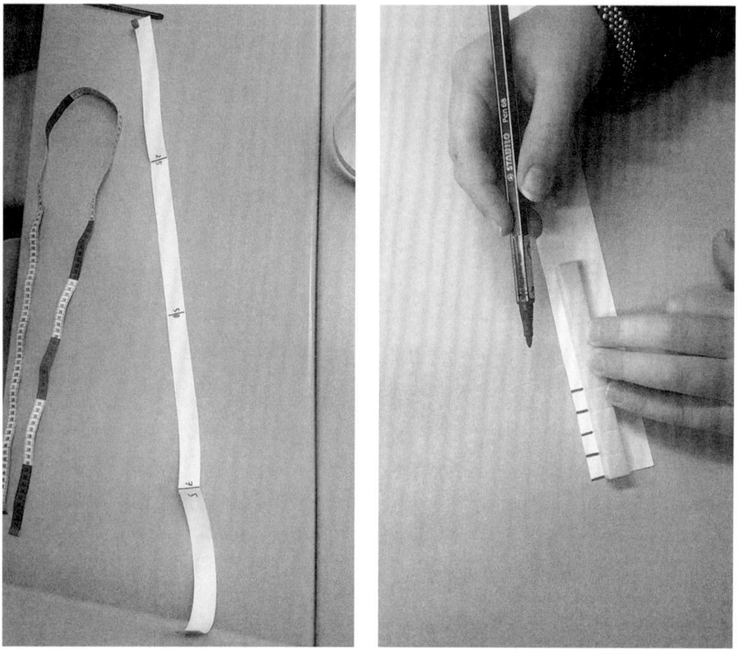

Abb. 3.36: Ein eigenes Maßband herstellen

Austausch: Die Kinder tauschen sich über Schwierigkeiten beim Herstellen eines genauen Messwerkzeugs aus. Es sollte auch thematisiert werden, dass mit diesem Maßband nur auf Zentimeter genau gemessen werden kann.

Impulse zum Entdecken, Beschreiben, Erklären, Begründen und Argumentieren: „Auf was musst du achten, um ein gutes Metermaßband zu erhalten?"

Modul 11: Mit dem Körper messen und den Körper vermessen (ab Klasse 3)

Das Vermessen des eigenen Körpers ist für Kinder eine wichtige Erfahrung, da sie dadurch nicht nur weitere Messerfahrungen sammeln, sondern auch Stützpunktwissen aufbauen können, wenn sie beispielsweise wissen, wie breit ihr Daumen, wie lang ihre Fingerspanne, ihre Handbreite, ein kleiner Schritt oder ein großer Schritt ist. Dieses Wissen kann dann für das Schätzen genutzt werden. Das Messen mit Körpermaßen ist also kein Selbstzweck und geht nicht dem Messen mit standardisierten Messwerkzeugen voraus, sondern ist immer in Verbindung mit dem Einsatz standardisierter Messwerkzeuge zu sehen. Nur so kann auch eine Vorstellung davon aufgebaut werden, wie lang beispielsweise der eigene Schritt ist, um diese Vorstellung dann zum Schätzen zu nutzen. Ein Vorteil ist, dass körpereigene Messwerkzeuge immer verfügbar sind. Dadurch können sie auch dann genutzt werden, wenn kein standardisiertes Messwerkzeug zur Verfügung steht.

Problemstellung: Früher hatten die Menschen nicht immer Messwerkzeuge zur Hand. Stattdessen haben sie mit ihrem eigenen Körper gemessen. Aus dieser Zeit kommen die Einheiten Klafter (Armspanne), Doppelschritt, Elle, Fuß, Handspanne, Handbreite und Fingerbreite (Daumen). Da nicht alle Kinder wissen, wie diese Körpermaße zu verstehen sind, müssen diese demonstriert und im Gespräch geklärt werden, insbesondere von wo bis wo sie reichen. Darüber hinaus hatten die Menschen früher auch noch keine einheitlichen (standardisierten) Maße wie wir heute. So hatte jedes Fürstentum seine eigenen Festlegungen bspw. wie lang eine Elle zum Abmessen von Stoff ist. Diese Vereinbarungen wurden häufig an der Kirchenfassade auf dem Marktplatz in Stein gemeißelt.[15] Auch heute kann man noch mit dem eigenen Körper messen.

Historische Längenmaße

Die menschliche Elle – in der Regel die eines ausgewachsenen Mannes – ist das erste Längenmaß, von dem berichtet wird. Die gewöhnliche Elle wurde als die Länge des Armes vom Ellbogen bis zur Spitze des Mittelfingers angesehen. Sie entspricht heute ungefähr der Länge von einem halben Meter (ca. 48 cm). Sie wurde unterteilt in die Spanne (Spannweite der Hand, eine halbe Ellenlänge), die Handbreite (eine Sechstel Elle) und den Finger (Fingerbreite, eine vierundzwanzigstel Elle).
Die Einheit „Fuß“ kam aus Ägypten über die Griechen und Römer zu uns. Der römische Fuß wurde in sechzehn Finger unterteilt. Die Römer führten auch die Einheit Meile ein. Diese entspricht tausend Doppelschritten, wobei jeder Doppelschritt fünf römischen Fuß entsprach. Als Längenmaß geht das Klafter auf die Spanne zwischen den ausgestreckten Armen eines erwachsenen Mannes zurück und wurde traditionell mit 6 Fuß definiert, entsprach also etwa 1,80 m.

Erarbeitung: „Miss die Breite deines Schultisches mit verschiedenen Körpermaßen und notiere deine Ergebnisse in einer Tabelle in deinem Größenbuch. Vergleiche deine Messergebnisse mit denjenigen von zwei oder drei Mitschülerinnen und Mitschülern. Was fällt euch auf? Messt außerdem mit einem Maßband oder Zollstock, wie lang eure Armspanne, Schritt, Elle, Fuß, Handspanne, Handbreite und Fingerbreite (Daumen) sind und notiert auch dies in einer Tabelle.“ (Abb. 3.37)

15 Der historische Bezug kann durchaus ausgebaut und sollte auf die Bedingungen vor Ort angepasst werden.

Austausch: Die Messergebnisse der Kinder zur Breite des Tisches mit Körpermaßen werden an der Tafel in einer Tabelle gesammelt. Dabei wird deutlich, dass die Ergebnisse auch bei der Verwendung eines Körpermaßes durchaus unterschiedlich sein können. Bei manchen Kindern wird die Tischbreite ungefähr 13, bei manchen 14 oder auch 15 Handbreiten entsprechen. Mit den Kindern wird über die Gründe für diese unterschiedlichen Messergebnisse gesprochen (unterschiedliche Länge von Körperteilen bei verschiedenen Personen). Dabei kann auch auf die Bedeutung von standardisierten Maßeinheiten eingegangen werden. Wichtig ist, dass anschließend ausführlich auf die Messergebnisse der Kinder zu ihren Körpermaßen Bezug genommen wird: „Wie lang sind verschiedene Handbreiten in unserer Klasse? Wessen Handspanne ist ungefähr 10 cm lang? Wessen Schritt ist ungefähr einen halben Meter, wessen Fuß ungefähr 20 cm lang?"

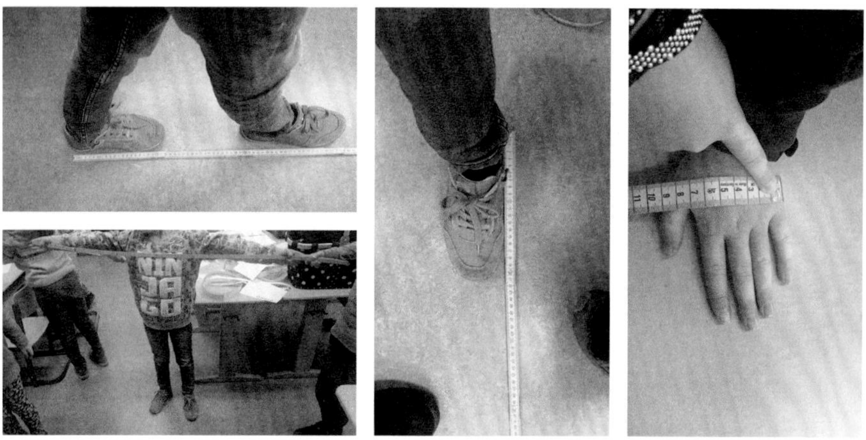

Abb. 3.37: Länge von Körpermaßen bestimmen

Impulse zum Entdecken, Beschreiben, Erklären, Begründen und Argumentieren:

- „Wie lang ist deine Armspanne/dein Doppelschritt/deine Elle/deinFuß/deine Handbreite/Fingerspanne/Daumenbreite ungefähr?"
- „Wie viele Armspannen/Schritte/Ellen/Füße/Handbreiten/Fingerspannen/Daumenbreiten brauchst du ungefähr, um einen 1 Meter auszumessen?"
- „Was fällt euch auf, wenn ihr eure Körpergröße mit der Länge eurer Armspanne vergleicht?"

3.4.3 Stützpunkte

Stützpunkte

Stützpunktwissen und Stützpunktvorstellungen sind zentrale Voraussetzungen, um Schätzungen (mentale Vergleiche, mentale Messvorgänge) vornehmen zu können. Bei den Modulen zum Messen (Modul 3 bis 11) wurden bereits Repräsentanten für die Standardgrößen 1 cm, 10 cm, 1 m und zu verschiedenen Vielfachen gefunden: Gegenstände und Objekte im Klassenzimmer, in der Schule, zu Hause, Körpermaße. Um diese für Schätzprozesse dauerhaft sowohl als Wissen als auch in der Vorstellung verfügbar zu machen, werden diese in Modul 12 in Form von Repräsentanten-Tischen oder Plakaten gesammelt und ausgestellt und darüber hinaus im Größenbuch (Rink 2014), das über die gesamte Grundschulzeit geführt wird, festgehalten. Ziel ist es, dass jedes Kind sich bewusst entscheidet, welche Repräsentanten es sich für verschiedene Standardgrößen und ggf. Vielfache dauerhaft merken will.

Modul 12: Repräsentanten-Tische (ab Klasse 2)

Problemstellung: In der Schule und zu Hause wurden bereits Gegenstände gesucht, die (ungefähr) 1 Meter, 1 Zentimeter und 10 Zentimeter lang sind. Mit diesen Gegenständen werden in diesem Modul drei Ausstellungstische gestaltet. Im Stuhlkreis liegen die 1-Meter-Stange, der 1-Zentimeterwürfel und die 10-Zentimeterstange sowie Karten, auf denen die drei Standardgrößen notiert sind. Es können noch weitere Maße wie z. B. 2 cm, 5 cm oder 50 cm hinzugenommen werden.

Erarbeitung: „Sucht Dinge, Gegenstände, Körpermaße, die (ungefähr) 1 cm, (2 cm, 5 cm), 10 cm, (20 cm, 50 cm), 1 m lang sind. Überprüft die Länge mit einem geeigneten Messwerkzeug (Abb. 3.38). Wenn die Länge passt, legt den Gegenstand auf euren Tisch. Notiert die gefundenen Gegenstände in eurem Größenbuch. Beschriftet im Größenbuch alle Gegenstände und zeichnet mit einem Pfeil ein, welche Länge gemeint ist. Markiert mit einem farbigen Stift die Dinge, die ihr euch unbedingt merken wollt."

Die Kinder arbeiten arbeitsteilig in Gruppen zu einer der vorgegebenen Größen.

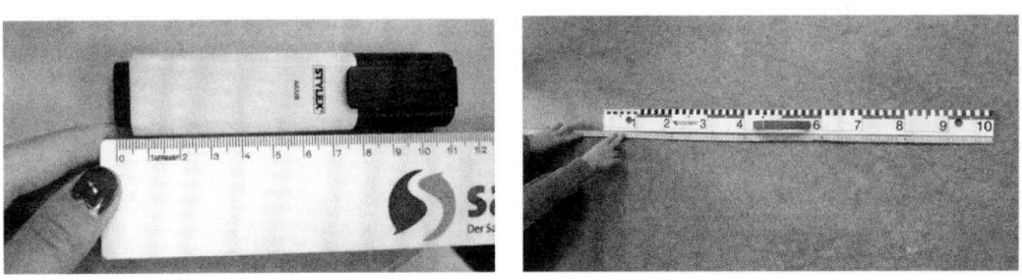

Abb. 3.38: Repräsentanten überprüfen

Austausch: Die Gruppen stellen sich ihre Repräsentanten-Tische gegenseitig vor. Dabei sollten sie auch die Repräsentanten nennen, die sie sich unbedingt merken wollen (Lieblingsrepräsentanten).

Impulse zum Entdecken, Beschreiben, Erklären, Begründen und Argumentieren:
- „Wie habt ihr eure Gegenstände gefunden?“
- „Welche Dinge wollt ihr euch zu den Längen 1 cm, 10 cm, 1 m ... unbedingt merken?“

Mögliche Anschlussaktivitäten:
- Jedes Kind hält im Größenbuch auf einer Seite ganz hinten zu verschiedenen Standardgrößen fest, welche Dinge es sich dauerhaft merken will (Lieblingsrepräsentanten).
- Die Kinder suchen zu Hause nach weiteren Repräsentanten und bringen sie in die Schule mit, um sie ebenfalls auf die Repräsentanten-Tische zu legen.

Modul 13: Repräsentanten-Plakate (ab Klasse 3)

Problemstellung: Um für große und sehr kleine Längen, die nicht auf Repräsentanten-Tischen gesammelt werden können, Vorstellungen aufzubauen, bietet es sich an, Plakate zu gestalten, die einen Überblick über entsprechende Repräsentanten geben. Hier gibt es zwei Möglichkeiten:
- Plakate zu weiteren Größen wie 1 mm, 5 mm, 5 m, 10 m, 50 m, 100 m, 500 m, 1 km;
- Plakate zu Längenbereichen wie kleiner/kürzer als 5 mm, 5 bis 10 mm, 5 bis 10 m, 10 bis 50 m, 50 bis 100 m, 100 bis 500 m, 500 m bis 1 km, länger als 1 km.

Gemeinsam wird überlegt, nach welchen Repräsentanten gesucht werden kann: Länge/Größe von Tieren, Höhe von Bäumen, Sprungweiten/-höhen von Tieren, Flügelspannweiten von Tieren, Längen von Strecken bei Sportwettkämpfen, Länge/Höhe von Gebäuden, Wegstrecken im Alltag usw.

Erarbeitung: „Recherchiert in Büchern oder im Internet, welche Gegenstände, Strecken, Objekte so lang sind, dass sie zu eurem Plakat passen. Druckt Bilder aus, klebt sie auf das Plakat und beschreibt sie kurz. Notiert auch die jeweilige Länge.“

Austausch: Die Gruppen stellen sich gegenseitig die Plakate vor.

Impulse zum Entdecken, Erklären, Begründen und Argumentieren:
- „Wie seid ihr bei eurer Suche vorgegangen?“
- „Welche Längen haben euch überrascht?“

Mögliche Anschlussaktivität:
Es können weitere thematische Plakate entstehen, z. B. „Die größten/kleinsten Tiere der Welt“, „Weitsprungrekorde“, „Die höchsten Bauwerke der Welt“. Die Vorstellungen zu den jeweiligen Längenangaben können durch das In-Beziehung-Setzen zu anderen Längen ausgebaut werden.

3.4.4 Schätzen

Schätzen

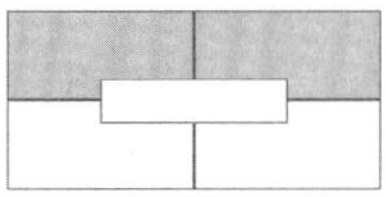

Es wird zwischen qualitativem und quantitativem Schätzen unterschieden. Beim qualitativen Schätzen werden zwei Längen mental verglichen (länger, kürzer, gleich lang): Unser Klassenzimmer ist höher als mein Zimmer zu Hause, da über der Tür noch mehr Platz ist. Beim quantitativen Schätzen wird eine Länge durch mentales Messen durch eine ungefähre Längenangabe bestimmt: Unser Klassenzimmer ist ungefähr dreieinhalb Meter hoch, da über der Türe nicht ganz so viel Platz ist, dass noch eine zweite Türe hineinpassen würde. Dabei kann das zu schätzende Objekt (Raumhöhe Klassenzimmer), das Vergleichsobjekt (Türhöhe, Zimmer zu Hause), beide oder keines für die Kinder sichtbar sein. Wenn beide Objekte sichtbar sind, also auch in ihrer Gesamtlänge für die Kinder visuell wahrnehmbar sind, dann ist das Schätzen einfacher, als wenn nur eines der Objekte oder keines sichtbar ist. Der Vergleichs- oder Messvorgang muss aber in jedem Fall mental vorgenommen werden, sonst sprechen wir nicht von Schätzen, sondern von Vergleichen oder Messen. Wird beim qualitativen und quantitativen Schätzen nicht auf Stützpunkte (Höhe der Tür, Höhe über der Tür, Zimmer zu Hause) zurückgegriffen, handelt es sich um Raten.

In Modul 5 zum Messen mit dem 1-Meterstab (dem 1-Zentimeterwürfel, der 10-Zentimeterstange) haben die Kinder bereits erste Erfahrungen im Schätzen unter Rückgriff auf Stützpunkte gemacht. Diese werden nun weiter ausgebaut. Dazu ist es wichtig, dass die Kinder dazu angeregt werden, sich ihre Lieblingsrepräsentanten (vgl. Modul 12) beim Schätzen mental vorzustellen.

In den folgenden Modulen (vgl. Modul 14 bis 16) werden grundständige und eingebettete Schätzaufgaben vorgestellt.

Modul 14: Längen schätzen 1 (ab Klasse 2)

Dieses Modul sollte wiederholt mit verschiedenen Gegenständen angeboten werden.

Problemstellung: Es stehen verschiedene Gegenstände im Längenbereich bis 1,5 m zur Verfügung. Es sollte darauf geachtet werden, dass die Gegenstände in einer Dimension eine klare Längenausdehnung haben und in den anderen beiden Dimensionen deutlich kürzer sind. Wie lang sind die einzelnen Gegenstände?

Bevor die Kinder mit dem Schätzen beginnen, wird das Vorgehen beim Schätzen thematisiert. Bei den ersten Schätzungen ist es wichtig, dass der Lieblingsrepräsentant (vgl. Modul 12) sichtbar ist. Die beiden zu vergleichenden Gegenstände dürfen aber nicht im Sinne des konkreten Vergleichens nebeneinander gelegt werden. Wenn die Kinder bereits über eine sichere Längenvorstellungen zu ihren Lieblingsrepräsentanten verfügen, sollte dazu übergegangen werden, dass die Kinder sich die Länge des Lieblingsrepräsentanten nur noch vorstellen.

Erarbeitung: „Schätzt die Länge der einzelnen Gegenstände. Nutzt dafür eure Lieblingsrepräsentanten. Notiert die geschätzte Länge in eurem Größenbuch. Überprüft anschließend die Länge des Gegenstandes mit einem geeigneten Messwerkzeug. Wie gut hast du geschätzt?“

Austausch: Die Kinder tauschen sich über ihre Schätzstrategien aus. Außerdem sollte über die Schätzgenauigkeit und mögliche Gründe für eine Abweichung gesprochen werden.

Impulse zum Entdecken, Erklären, Begründen und Argumentieren:

- „Welchen Lieblingsrepräsentanten hast du für das Schätzen des Gegenstandes ausgewählt?“
- „Was hast du dir vorgestellt/überlegt, als du deinen Lieblingsrepräsentanten mit dem Gegenstand verglichen hast?“
- „Welchen Lieblingsrepräsentanten wählst du aus? Warum denkst du, dass er passend ist?“
- „Wann denkst du, dass du gut geschätzt hast?“
- „Was könnte ein Grund dafür sein, dass deine Schätzung so stark abweicht?“

Mögliche Anschlussaktivität: Das Modul kann auch mit Alltagsgegenständen im unteren Längenbereich (bis ungefähr 20 cm) durchgeführt werden. Dazu können beispielsweise auch die Breiten und Höhen der oben bereits verwendeten Gegenstände genutzt werden.

Modul 15: Längen schätzen 2 (ab Klasse 3)

Problemstellung: Wie weit können Tiere springen? Wie weit könnte ich springen, wenn ich ein ... wäre? Mit diesen Fragen beschäftigt sich dieses Modul. Die Kinder vermuten im Klassenplenum, wie weit verschiedene Tiere springen können und begründen ihre Vermutungen (Abb. 3.39). Dazu sind die Größenangaben in der Abbildung an der Tafel zu Beginn verdeckt. Hier kann ggf. auch auf Wissen aus Modul 13 zurückgegriffen werden. Weiter wird darüber gesprochen, wie lang z. B. 5 m sind und wie man sich diese Sprungweite vorstellen kann. Dazu sollen die Kinder zunächst verbal jeweils zwei Punkte im Klassenzimmer beschreiben, die geschätzt 5 m auseinanderliegen. Die Wahl der Punkte soll jeweils begründet werden. So könnten die Kinder auf eine entsprechende Anzahl an Schritten (körpereigenes Messwerkzeug), auf das mehrfache Aneinanderlegen der 1-Meterstange (standardisiertes Messwerkzeug) oder die Länge der aufgeklappten Tafel Bezug nehmen. Die Messwerkzeuge sollten zunächst nur in der Vorstellung und erst anschließend zur Überprüfung genutzt werden. Es wird überlegt, ob die Kinder aus dem Stand (ohne Anlauf) auch soweit springen könnten.

Abb. 3.39: So weit können Tiere springen. (in Anlehnung an Balins et al. 2015, S. 108)

Erarbeitung 1: „Zeichnet in eurer Gruppe auf dem Schulhof die Sprungweiten der verschiedenen Tiere mit Kreide ohne weitere Hilfsmittel auf. Denkt dabei z. B. an den 1-Meterstab oder einen Lieblingsrepräsentanten (z. B. Körpermaße). Überprüft anschließend eure gezeichneten Sprungweiten mit einem Maßband. Springt auch selbst aus dem Stand und vergleicht eure Sprungweite mit denjenigen der Tiere. Der Startpunkt sollte stets auf derselben Höhe liegen, damit ihr die verschiedenen Sprungweiten miteinander vergleichen könnt." (Abb. 3.40)

Zwischenaustausch: Im Zwischenaustausch tauschen sich die Kinder über ihre Schätzstrategien aus. Außerdem sollte über die Schätzgenauigkeit und mögliche Gründe für eine Abweichung gesprochen werden.

- „Wie seid ihr beim Zeichnen der Sprungweiten mit Kreide vorgegangen?"
- „Welche eurer Schätzungen waren gut/nicht so gut? Warum denkt ihr, dass es eine gute Schätzung war?"

Erarbeitung 2: „Wie weit könnte ich springen, wenn ich ein ... wäre?" Es wird über die unterschiedliche Sprungkraft der Tiere gesprochen. Dabei geht es zunächst um den Vergleich der absoluten Sprungweiten: Welches Tier springt am weitesten? Welches springt am wenigsten weit? Es sollte aber auch über das Verhältnis von Körpergröße und Sprungweite nachgedacht werden. An der Tafel wird dazu die Größe der Tiere in der Abbildung ergänzt: „Der Löwe

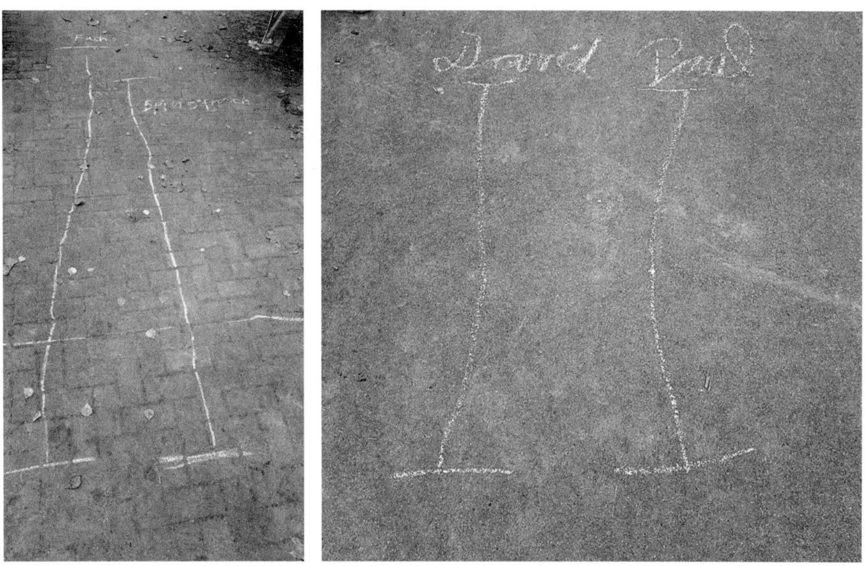

Abb. 3.40: Sprungweiten mit Kreidelinien veranschaulichen

ist ungefähr 2 m lang und springt bis zu 6 m weit. Er springt also dreimal so weit wie er groß ist. Wie ist das bei den anderen Tieren? Wie ist das bei dir? Wie ist das bei einem Floh? Was wäre, wenn du ein Floh/ein Känguru/ein ... wärst?“

Impulse zum Entdecken, Beschreiben, Erklären, Begründen und Argumentieren:

- „Welche Tiere springen für ihre Größe besonders weit?“
- „Wie sind diese Tiere dazu in der Lage?“
- „Wenn der Floh 200-mal so weit springt, wie er groß ist, wie weit könntest du dann springen, wenn du ein Floh wärst? (vgl. auch Rink & Lemensiek 2018)
- „Wenn das Känguru ...“

Mögliche Anschlussaktivitäten:

- Schätzen von Gebäude- und Zimmerhöhen an der Schule
- Beschäftigung mit den höchsten Gebäuden, den längsten Brücken

Modul 16: Kann das stimmen? (ab Klasse 3)

Es gibt viele verschiedene „Kann-das-stimmen-Aufgaben“, bei denen der Umgang mit dem Größenbereich Längen im Vordergrund steht. Ein möglicher Bearbeitungsablauf wird im Folgenden exemplarisch an einer Aufgabe vorgestellt.

Problemstellung: Im Klassenplenum wird eine Kann-das-stimmen-Aufgabe vorgestellt:[16] „Wenn du alle Spaghetti einer 500g-Packung hintereinanderlegen würdest, dann wäre die Strecke kürzer als 10 m. Kann das stimmen?“ Es werden erste Vermutungen gesammelt und Begründungen für die Vermutungen erfragt. Dabei kann auch eine 500g-Packung (verschlossen) gezeigt und gemeinsam überlegt werden, wie lang eigentlich 10 m sind. Ähnlich wie in Modul 13 kann dies über eine entsprechende Anzahl an Schritten oder über den Bezug zu im Klassenzimmer vorhandenen Repräsentanten (Tafellänge) ungefähr veranschaulicht werden.

Erarbeitung: „Findet heraus, ob die Aussage stimmt.“
Die Kinder bearbeiten die Aufgaben zu zweit. Dabei müssen zunächst verschiedene Angaben geschätzt oder recherchiert werden, die z. B. folgende Fragen beantworten:

- „Wie viele Spaghetti sind in einer 500g-Packung?“
- „Wie schwer ist eine Spaghetti?“
- „Wie lang ist eine Spaghetti?“
- ...

16 In der Kartei Ruwisch & Schaffrath (2022) finden sich zahlreiche weitere Aufgaben zu Längen.

Die geschätzten Angaben müssen anschließend passend miteinander verrechnet werden. Die Bearbeitung wird im Größenbuch festgehalten (Abb. 3.41).

Austausch: Die Kinder stellen ihre Ergebnisse vor (ggf. mithilfe einer Dokumentenkamera). Es wird über die getroffenen Annahmen (geschätzte und recherchierte Zahlen) gesprochen und diskutiert, inwieweit sie passend sind. Ziel ist es, die Gruppenergebnisse in Hinblick auf ihre Angemessenheit zu überprüfen. Dabei können durchaus verschiedene Ergebnisse angemessen sein. Darüber hinaus kann überlegt werden, warum die abschließende Antwort ggf. von der eingangs getroffenen Vermutung abweicht.

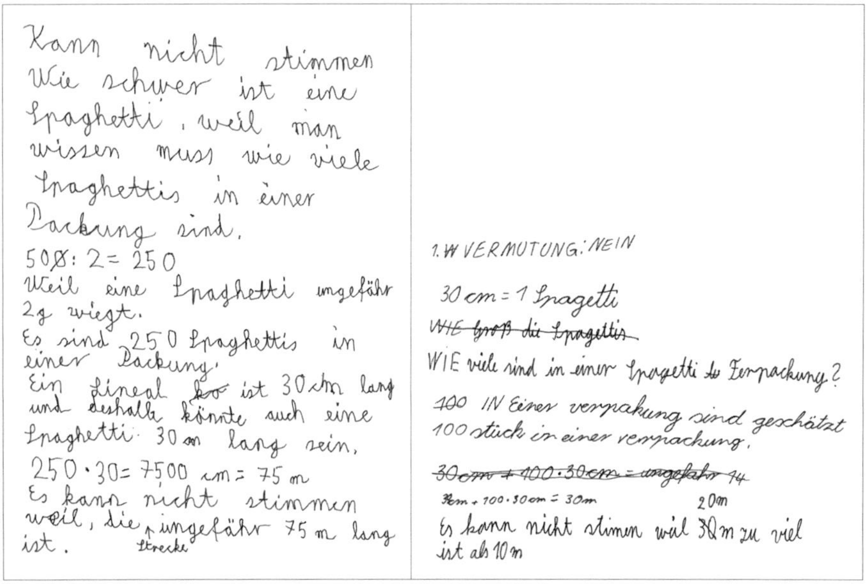
Kann nicht stimmen
Wie schwer ist eine Spaghetti, weil man wissen muss wie viele Spaghettis in einer Packung sind.
500 : 2 = 250
Weil eine Spaghetti ungefähr 2 g wiegt.
Es sind 250 Spaghettis in einer Packung.
Ein Lineal ist 30 cm lang und deshalb könnte auch eine Spaghetti 30 cm lang sein.
250 · 30 = 7500 cm = 75 m
Es kann nicht stimmen weil, die Strecke ungefähr 75 m lang ist.

1. VERMUTUNG: NEIN
30 cm = 1 Spagetti
WIE viele sind in einer Spagetti Verpackung?
100 IN Einer verpakung sind geschätzt 100 stück in einer verpackung.
30 m · 100 · 30 cm = 30 m
Es kann nicht stimen weil 30 m zu viel ist als 10 m

Abb. 3.41: Schülerdokumente aus dem Größenbuch

Impulse zum Entdecken, Beschreiben, Erklären, Begründen und Argumentieren:

- „Wie kommst du zu deiner Annahme von 2 g/30 cm/100 Stück?
- „Wie könnte man diese Annahme begründen?"
- „Wie könnte man diese Annahme überprüfen?
- „Warum findest du die Vorgehensweise von ... überzeugend/nicht so überzeugend?"

Weitere Unterrichtsideen zu Längen finden sich in

Grundschule Mathematik H. 5, 2005, Längen
Mathematik differenziert H. 4, 2011, Längen: Zugang und Verständnis

Einzelartikel

Nührenbörger, M. (2018). „Ich bin größer als du“: Vielschichtiges Messen von Längen. In: Die Grundschulzeitschrift, H. 312, S. 16–21.

Rink, R. (2016). Mit Gulliver auf Reisen. Größenwissen und Messkompetenz in alltagsnahen Situationen fördern. Grundschulunterricht. In: Mathematik. Jg. 63. H. 3, S. 35–39.

Roos, S. & Ruwisch, S. (2015). Mit einem Lineal kann man messen. Lernvoraussetzungen mit einem weißen Blatt und Mini-Tests erheben. In: Grundschule Mathematik. Jg. 47, S. 4–5.

Ruwisch, S. & Schaffrath, S. (2014). Denn sie ist größer als die Tafel. Längen im Meterbereich mittels Stützpunkten schätzen lernen. In: Grundschule Mathematik. Jg. 42, S. 18–21.

Wessolowski S. (2015). Körpergröße und Gewicht ändern sich beim Wachsen. Viertklässler entdecken Interessantes über das Wachstum von Kindern. In: Sache - Wort - Zahl. Jg. 43. H. 149, S. 39–44.

Größenbereichsübergreifende Themenhefte

Grundschule Mathematik
H. 41, 2014, Vom Raten zum Schätzen
H. 47, 2015, Größen messen
H. 58, 2018, Üben in Sachstrukturen
H. 61, 2019, Längen in Bezug zu anderen Größen
H. 69, 2021, Stützpunktvorstellungen

Mathematik differenziert
H. 3, 2020, Größen schätzen, messen, rechnen

4 Flächeninhalte

Bereits ab dem ersten Schuljahr können Kinder Vergleichs- und Messerfahrungen zu Flächeninhalten sammeln. Im Gegensatz zu den anderen Größenbereichen werden für diesen Größenbereich im Mathematikunterricht der Grundschule jedoch noch keine standardisierten Maßeinheiten eingeführt und behandelt. Aus diesem Grund spielen Stützpunktwissen und -vorstellungen zu Standardeinheiten sowie das quantitative Schätzen eine nicht so prominente Rolle wie in den anderen Größenbereichen. Es wird aber durchaus mit Einheitsquadraten, die auch Standardeinheiten repräsentieren können (Zentimeter-, Meterquadrate) gearbeitet. Wesentliche Aspekte und Kompetenzen, die bei der Behandlung der anderen Größenbereiche in der Grundschule relevant sind, spielen also eine eher untergeordnete Rolle. Aus diesem Grund ist der Größenbereich *Flächeninhalte* in vielen Bildungsplänen der Länder nicht der Leitidee *Größen und Messen,* sondern der Leitidee *Raum und Form* zugeordnet. In den Bildungsstandards der KMK (2022) beziehen sich nicht alle Standards der Leitidee *Größen und Messen* auch auf Flächeninhalte. In Bezug auf die Ausführungen in diesem Buch bedeutet dies, dass sich die Aufgaben zur Erhebung von Lernständen und die Vorschläge für Unterrichtsmodule im Wesentlichen auf das Vergleichen und Messen beziehen. Es finden sich aber auch Vorschläge zum Schätzen, die sich an die Arbeit mit Einheitsquadraten anschließen.

4.1 Besonderheiten

Längen, Flächeninhalte und Rauminhalte sind sogenannte geometrische Größenbereiche und stehen untereinander in einem engen Zusammenhang. So sind Flächeninhalte zusammengesetzte Größen, deren Berechnung auf die Multiplikation zweier Längen zurückgeführt wird. Flächeninhalte werden aber im Mathematikunterricht der Grundschule nicht als zusammengesetzte Größe behandelt, sondern als eigenständige Größe, indem z. B. Einheitsmaße wie Meterquadrate oder Zentimeterquadrate zum Auslegen von Flächen verwendet werden. Jedoch werden die standardisierten Maßeinheiten wie Quadratmeter, Quadratzentimeter, Quadratkilometer, in denen die zusammengesetzte Größe deutlich enthalten ist, noch nicht thematisiert. Zum Messen werden neben solchen normierten Messwerkzeugen in Form von Einheitsflächen auch gegenständliche Messwerkzeuge in Form von „Alltagsflächen“ wie z. B. Tafel(flügel)fläche, Türfläche, Bettfläche, DIN-A4/5-Papier, Postkarte,

Briefmarke, Karopapierkästchen oder auch körpereigene wie die Handfläche verwendet. Mit größeren Gegenständen wie beispielsweise der Türfläche kann dabei nicht konkret, sondern nur mental gemessen werden. Bei der Verwendung von Handflächen kann die Messgenauigkeit thematisiert werden, da ein lückenloses Ausmessen nicht möglich ist. Messwerkzeuge für den Flächeninhalt (Planimeter) spielen in der Grundschule keine Rolle.

Ein wesentliches Ziel des Grundschulunterrichts in Bezug auf Flächeninhalte ist die Einsicht in die Invarianz des Flächeninhalts gegenüber Lage und insbesondere Umformung der Fläche: Unterschiedlich geformte Flächen können denselben Flächeninhalt haben, das ist die zentrale, aber für Kinder oftmals schwierige Erkenntnis. Ein weiteres Ziel ist die Einsicht in die Notwendigkeit eines Einheitsmaßes zum Bestimmen des Flächeninhalts, z. B. in Form von kongruenten Quadraten oder Dreiecken. Während in der Sekundarstufe Flächeninhalte rechnerisch bestimmt sowie Flächeninhaltsformeln für verschiedene Flächen erarbeitet werden, werden Flächen in der Grundschule in Bezug auf ihren Inhalt auf ganz unterschiedliche Weise verglichen und gemessen: durch Übereinanderlegen, durch Zerlegen und Zusammensetzen, durch Ergänzen oder durch Auslegen (Begriffsklärungen s. Infokasten „Konkrete Vergleiche von Flächen"). Zwei Flächen haben denselben Flächeninhalt, wenn sie deckungsgleich (kongruent), zerlegungsgleich, ergänzungsgleich oder auslegungsgleich sind. Beim Auslegen mit Einheitsflächen spielt das geschickte Bestimmen der Anzahl der Teilflächen durch die Multiplikation eine wichtige Rolle. Die Multiplikation wird in Schulbüchern häufig durch rechteckige Darstellungen veranschaulicht. Unter Nutzung der Rechteckstruktur kann die Gesamtanzahl der Einheitsquadrate rechnerisch schnell bestimmt werden. Ein Verständnis für multiplikative Strukturen bereitet folglich auch die Flächeninhaltsberechnung von Rechtecken vor.

Konkrete Vergleiche von Flächen

Konkrete Vergleiche spielen bei Flächeninhalten eine zentrale Rolle. Im Unterschied zu den Längen gibt es verschiedene mögliche Vorgehensweisen, um zwei Flächen in Bezug auf ihren Flächeninhalt zu vergleichen. Manche dieser Vorgehensweisen ermöglichen lediglich ein qualitatives Vergleichen der beiden Flächen (ist größer/kleiner/gleich groß), andere Vorgehensweisen erlauben darüber hinaus auch einen quantitativen Vergleich.

Vergleichen durch Übereinanderlegen

Vergleichen

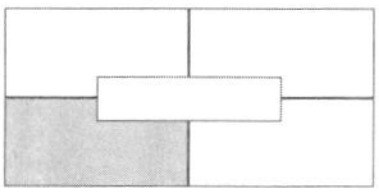

Um herauszufinden, welche Fläche größer ist, können zwei Flächen übereinandergelegt werden. Dabei geht es nicht um das Bestimmen der genauen Größe, sondern man fokussiert auf die größer-kleiner Relation, also auf einen qualitativen

Flächenvergleich (Radatz & Rickmeyer 1991, S. 72). Ob ein Übereinanderlegen möglich ist, ist auch von der Form, der Größe und der Beweglichkeit der zu vergleichenden Flächen abhängig. Ein Vergleich durch Übereinanderlegen ist dann möglich, wenn

- zumindest eine der beiden Flächen beweglich ist und aufgrund ihrer Größe und Beschaffenheit physisch zur anderen gebracht werden kann;
- eine der beiden Flächen in beiden Dimensionen größer als bzw. gleich groß wie die zweite ist. Wenn die erste Fläche die zweite genau überdeckt, so haben sie den gleichen Flächeninhalt und sind kongruent, also deckungsgleich (Franke & Reinhold 2016, S. 310).

Vergleichen durch Zerlegen und Zusammensetzen
Wenn Teile beider Flächen jeweils über die andere Fläche hinausragen, es also jeweils Überstände gibt, dann ist ein Vergleich durch einfaches Übereinanderlegen nicht immer möglich. Eine oder beide Flächen müssen dann so zerlegt und wieder neu zusammengesetzt werden, dass ein Vergleich möglich wird.
Wenn eine Fläche so zerlegt werden kann, dass die entstandenen Teile neu zusammengesetzt die andere Fläche exakt überdecken, so sind die beiden Flächen zerlegungsgleich (Franke & Reinhold 2016). Dazu wird eine vorgegebene Fläche in Teilflächen zerschnitten, die anschließend derart auf eine zweite Fläche gelegt werden, sodass die beiden Flächen in Bezug auf die Form identisch sind. Bei dieser Tätigkeit können Schülerinnen und Schüler ein grundlegendes Verständnis von Flächengleichheit erwerben (Schipper 2009) und sie erhalten Einblick in die Invarianz des Flächeninhalts: Sie können erkennen, dass sich der Flächeninhalt durch Umformung und Veränderung der Lage von Teilflächen nicht verändert, also invariant bleibt (z. B. Radatz & Rickmeyer 1991, S. 70). Zentral ist die Erkenntnis, dass für den Flächenvergleich nicht die Form, sondern der Flächeninhalt maßgeblich ist (Schipper 2009).
Eine Alternative zum Zerlegen der Flächen durch Zerschneiden ist das Einzeichnen von Linien. Ziel ist es, beide Flächen in gleiche, i. S. von kongruente bzw. deckungsgleiche, Teilflächen zu zerlegen. Im Anschluss werden die Flächen durch eine paarweise Zuordnung der Teilflächen miteinander verglichen. In einem weiteren Schritt können die Flächen nur noch gedanklich, also in der Vorstellung, zerlegt werden (qualitatives Schätzen). Dies fördert das räumliche Vorstellungsvermögen. Flächenvergleiche durch Zerlegen in verschiedene Teilfiguren können beispielsweise auch am Geobrett erfolgen, bei welchem die Flächen mit Gummibändern abgespannt und mit weiteren Gummibändern in Teile zerlegt werden (Franke & Reinhold 2016).
Das Zerlegen und Zusammensetzen von Flächen ist grundlegend für die Flächeninhaltsberechnung in den weiterführenden Schulen. Bei komplexen ebenen Figuren ist es oftmals notwendig, diese in Teilfiguren zu zerlegen, um bekannte Formeln zur Berechnung des Flächeninhalts anwenden zu können. Deshalb ist die Erfahrung, Flächen durch Zerlegen und Zusammensetzen zu betrachten und zu vergleichen, von grundlegender Bedeutung (Schipper et al. 2017).

Vergleichen durch Ergänzen

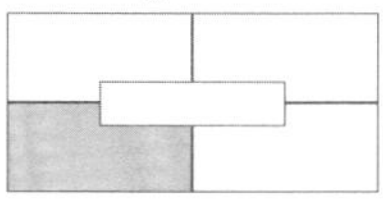

Eine weitere Möglichkeit des Vergleichens von Flächen ist das Ergänzen: Kann man bei zwei Flächen jeweils die gleiche Fläche ergänzen, sodass zwei kongruente Flächen entstehen, lässt sich deren Flächeninhaltsgleichheit begründen. Dies lässt sich am Beispiel eines Parallelogramms und eines entsprechenden Rechtecks verdeutlichen (Abb. 4.1):

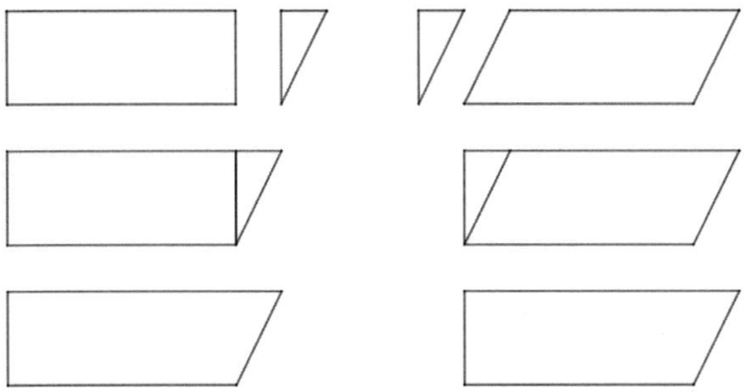

Abb. 4.1: Ergänzungsgleichheit von Parallelogramm und Rechteck (in Anlehnung an Weigand et al. 2014)

Werden in diesem Fall die beiden Figuren jeweils mit einem kongruenten Dreieck ergänzt, so entstehen zwei flächeninhaltsgleiche Trapeze (Weigand et al. 2014).

Vergleichen durch Auslegen – Messen

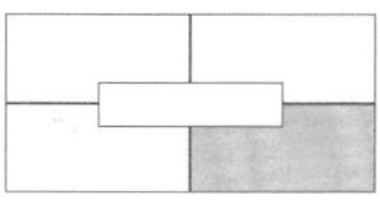

Franke und Reinhold (2016) nennen abschließend das Vergleichen von Flächen durch Auslegen mit Einheitsflächen wie z. B. kongruenten Quadraten oder Dreiecken.

Der jeweilige Flächeninhalt kann hier bestimmt werden, indem die Fläche zunächst mit Einheitsflächen lückenlos und überlappungsfrei ausgelegt wird und diese anschließend strukturiert ausgezählt werden (Schipper 2009). Dabei ist zu berücksichtigen, dass zu einem Messergebnis immer Anzahl und Einheit gehören: z. B. 5 Einheitsquadrate oder 5 Q. Dadurch ist ein quantitativer Vergleich des Flächeninhalts von Figuren möglich. Lassen sich zwei zu vergleichende Flächen exakt, ohne Überlappungen oder Lücken mit derselben Anzahl an Einheitsflächen auslegen, sind sie auslegungsgleich und haben damit den gleichen Flächeninhalt.

Alle diese Formen des konkreten Vergleichens können auch mental vorgenommen werden (Schätzen).

4.2 Vorkenntnisse in unterschiedlichen Schuljahren

Es liegen bisher nur wenige empirische Befunde zu Kompetenzen von Grundschulkindern zu Flächeninhalten vor (Hasemann & Gasteiger 2020, S. 249). Insgesamt sind die Vorkenntnisse aber eher gering, auch bei älteren Kindern zeigen sich Defizite.

Bereits Fraedrich (1991, S. 20) zeigte auf, dass Kinder nicht immer sicher wissen, was Flächen sind, auch weil ebene Figuren meist durch Linien dargestellt werden (= Liniendominanz), so z. B. in Tafel- und Heftzeichnungen oder in Schulbüchern. Sie sind daher unsicher, was unter der Größe einer Fläche zu verstehen ist. Dies führt zu der häufig zu beobachtenden Verwechslung von Flächeninhalt und Umfang. Aber auch von Lehrpersonen werden Fläche und Randlinie bzw. Fläche und Flächeninhalt sprachlich oft nicht präzise unterschieden. Weiter fehlt Kindern die Einsicht in das Prinzip der Flächeninvarianz, d. h., dass der Flächeninhalt unabhängig ist von bestimmten Formveränderungen. Kinder wissen oft nicht, dass verschieden geformte Flächen den gleichen Flächeninhalt haben können (Abb. 2.2, Kap. 2).

Vergleichen

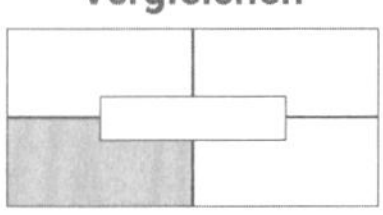

Oftmals fehlen auch Vorerfahrungen zum qualitativen und quantitativen Flächenvergleich. So stellen Lafrenz und Eichler (2004) subjektive Fehlkonzepte und eine große Heterogenität bei Schulanfängerinnen und Schulanfängern in Bezug auf den Flächeninhaltsvergleich fest. In einer Untersuchung wenige Wochen vor Schulbeginn wurden die Vorerfahrungen von 698 Schulanfängerinnen und Schulanfängern in Interviews zum Vergleichen und Messen von Flächeninhalten erfasst. Anhand einer Aufgabenserie „Welcher Drache ist größer?“ sollte durch das Begründen des eigenen Vorgehens Einblick in das Denken sowie in mögliche vorhandene (Mess-)Konzepte gewonnen werden. Die meisten Kinder verglichen zwei Flächen aufgrund des Augenscheins, indem sie beispielsweise nur auf eine Längenausdehnung Bezug nahmen: „Weil der höher/länger ist.“

Messen

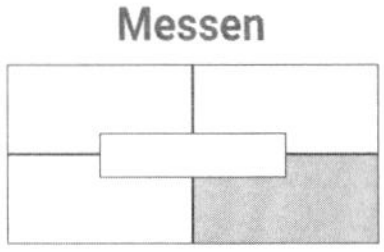

Gedankliches Übereinanderlegen, das Auslegen mit Plättchen oder das Zerlegen in Teilfiguren konnte nur selten beobachtet werden. Aufgrund der Ergebnisse ihrer Untersuchung sehen Lafrenz und Eichler (2004) eine große Bedeutung im richtigen Aufbauprozess von Flächeninhaltskonzepten, indem an die Vorerfahrungen der Kinder angeknüpft wird. Zuerst ist eine Sicherung des Begriffs Fläche anzustreben, bevor man Flächen hinsichtlich ihrer Größe miteinander vergleichen kann. Auch Wollring et al. (2011) stellen fest, dass Kinder Flächen nicht immer nach dem Flächeninhalt, sondern häufig nach der Längenausdehnung sortieren (Abb. 4.2). Um festzustellen, ob ein Messverständnis vorhanden ist, ist es wichtig, Begründungen einzufordern.

Abb. 4.2: Ordnen von Flächen unter Berücksichtigung nur einer Dimension

In einer Studie von Deutscher (2012, S. 358 ff.) konnte ein Viertel der befragten 108 Schulanfängerinnen und -anfänger Flächeninhalte durch Zerlegen und Zusammensetzen von Teilfiguren vergleichen. Fehler traten auf, wenn lediglich die Anzahl der Flächen gezählt, nicht aber deren Größe beachtet wurde.

Stützpunkte

In weiterführenden Schulen (Fraedrich 1991) fehlen oftmals Vorstellungen von Standardeinheiten wie $1\,cm^2$, $1\,dm^2$, $1\,m^2$. Schülerinnen und Schüler kennen meist nur einen Repräsentanten zu einer Standardeinheit: So wird für die Lernenden $1\,cm^2$ häufig nur durch vier quadratisch angeordnete Kästchen im Heft repräsentiert. Dass $1\,cm^2$ auch durch ein Rechteck aus vier Kästchen oder durch ein rechtwinkliges Dreieck (Diagonale in 2×4 Kästchen einzeichnen) repräsentiert werden kann, ist nur selten bekannt.

Schätzen

Aufgrund dessen bestehen auch Unsicherheiten beim Schätzen, also dem mentalen Vergleichen von Flächeninhalten. Weiter fehlen Einsichten in Beziehungen zwischen den Standardeinheiten, wodurch Fehler beim Verfeinern und Vergröbern auftreten. Berechnungsformeln werden häufig rein mechanisch angewendet, ohne Einsicht in deren Struktur und deren geometrische Interpretation (Fraedrich 1991).

4.3 Lernstandserhebungen

Die folgenden Aufgaben geben einen Einblick in die im Anhang befindlichen Aufgaben zur Erhebung von Lernständen. Dabei erfolgt eine exemplarische Einordnung in die Teilbereiche des Modells: Vergleichen, Messen, Schätzen. Stützpunkte werden bei Flächeninhalten nicht erhoben, da standardisierte Einheiten wie Quadratzentimeter in der Grundschule noch nicht in der Art thematisiert werden, wie in den anderen Größenbereichen. So ist auch das Wissen über Maßeinheiten nicht Bestandteil der nachfolgenden Aufgaben. Das Messen von Flächeninhalten erfolgt durch das Auslegen mit kongruenten Einheitsflächen (z. B. Quadrate oder Dreiecke).

Vergleichen

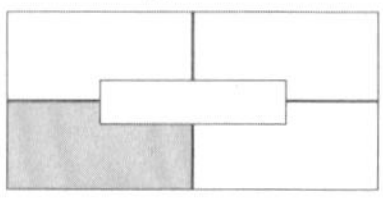

Mit der Aufgabe in Abbildung 4.3 wird die Fähigkeit zum *Vergleichen* erhoben. Es sollen stets gleich große Flächen gefunden werden. Diese sind jedoch unterschiedlich geformt bzw. Teilflächen sind unterschiedlich angeordnet. Der *Vergleich* der Flächen kann unterschiedlich vorgenommen werden, allerdings ist ein Vergleichen durch Übereinanderlegen nicht möglich, da die Flächen nicht bewegt werden können. Der Vergleich kann durch den Augenschein erfolgen, durch das Zerlegen in und Zuordnen von Teilflächen oder durch das Umordnen von Teilflächen. Die Aufgabe bezieht sich damit auch auf die *Flächeninvarianz*.

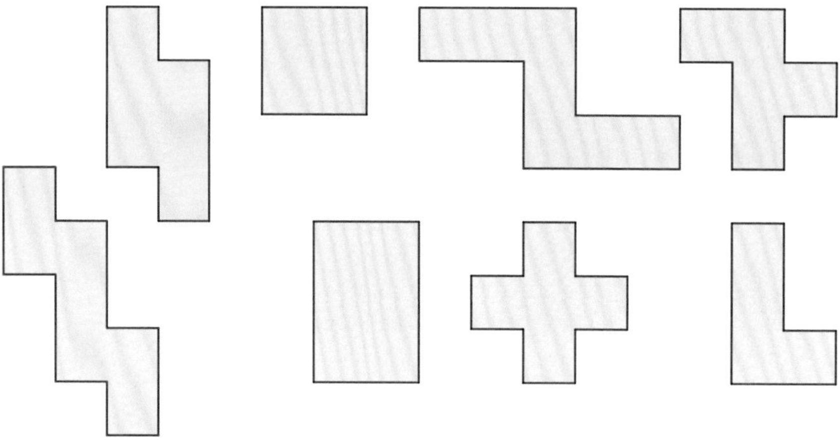

Abb. 4.3: Welche Figuren sind gleich groß? Male sie in der gleichen Farbe an.

Aufgaben wie in Abbildung 4.4 beziehen sich ebenfalls auf das Vergleichen (vgl. auch Lafrenz & Eichler 2004). Es soll herausgefunden werden, welche Fläche größer ist oder ob sie gleich groß sind. Der *Vergleich* der Flächen im

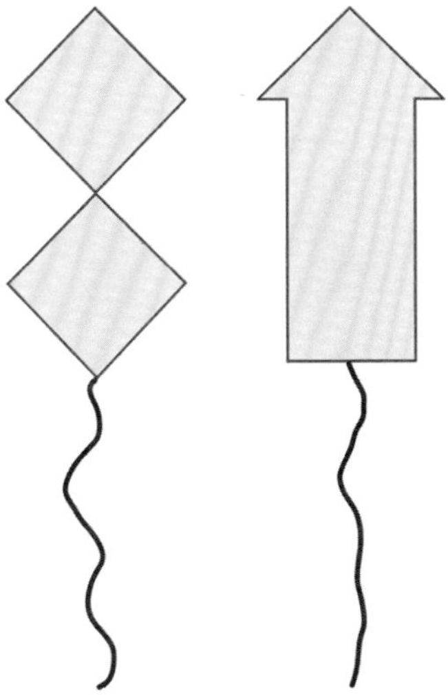

Abb. 4.4: Welcher Drache ist größer? Oder sind beide Drachen gleich groß?

Hinblick auf ihren Flächeninhalt kann aufgrund des Augenscheins, durch mentales Übereinanderlegen sowie durch das Zerlegen und Zuordnen von Teilflächen erfolgen. Die Vorgehensweise kann nur durch Nachfragen von Begründungen erfasst werden.

Vergleichbares wird mit Aufgaben erfasst, bei denen mehrere Flächen im Hinblick auf ihren Flächeninhalt miteinander verglichen und geordnet werden sollen (Abb. 4.5). Dabei sollten die Flächen so gewählt werden, dass Teilflächen in verschiedenen Figuren gleich groß sind. So setzt sich Figur 1 aus Figur 2 und 3 zusammen, Figur 2 und 4 haben den gleichen Flächeninhalt und Figur 5 hat den doppelten Flächeninhalt wie Figur 2 bzw. 4.

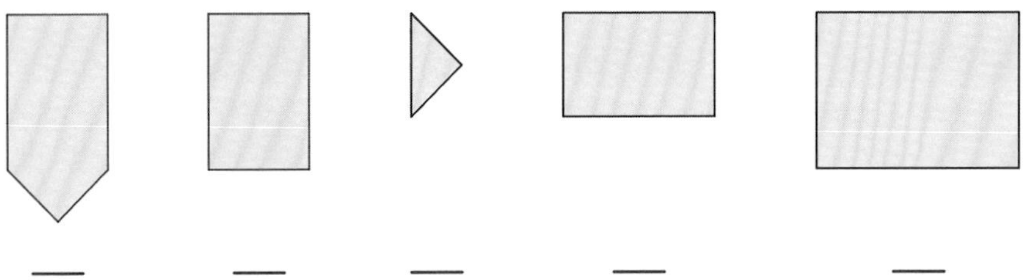

Abb. 4.5: Ordne die Figuren nach der Größe. Beginne mit der kleinsten Fläche. Es können auch Flächen gleich groß sein.

Messen

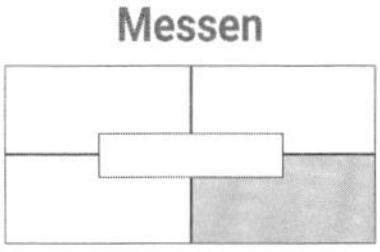

Aufgaben wie in Abbildung 4.6 bis 4.8 zielen auf das Vergleichen von Flächen durch das Auslegen mit kongruenten Teilflächen, also auf das *Messen*. Dies wird unterstützt durch die Darstellung der Flächen in – zumeist quadratischen – Rastern (vgl. Battista 2012, S. 322 ff.). Durch das Einzeichnen der Quadrate kann der Flächeninhalt der Flächen bestimmt werden. Dabei sind Flächen, die nur aus ganzen Quadraten bestehen, zu unterscheiden von Flächen, die auch halbierte Quadrate oder andere Teilflächen enthalten. Ein Vergleich kann aber nicht nur über das Auslegen erfolgen, sondern auch durch das Untergliedern der Flächen in paarweise kongruente (größere) Teilflächen, was einem Vergleichen durch Zerlegen und Zusammensetzen entspricht.

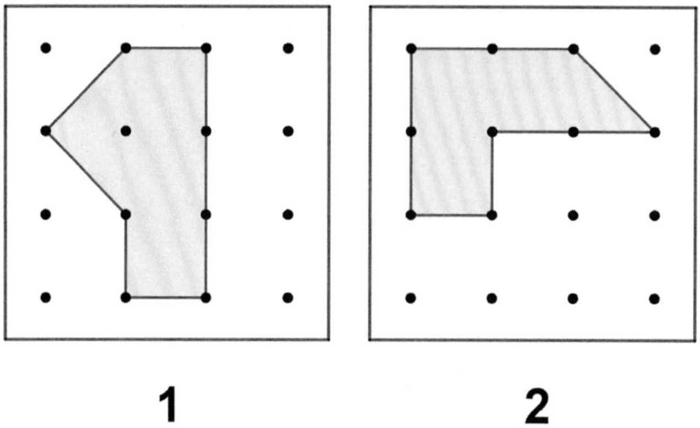

Abb. 4.6: Welche Figur ist größer oder sind beide gleich groß?

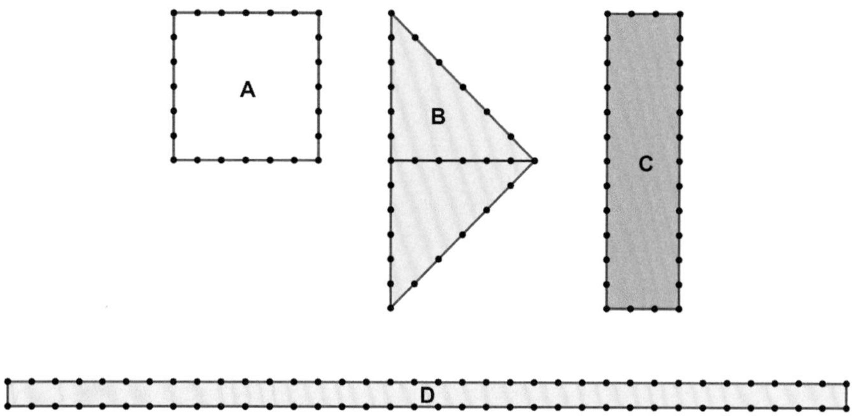

Abb. 4.7: Welche Figur ist am größten? Welche am kleinsten? Gibt es gleich große Figuren?

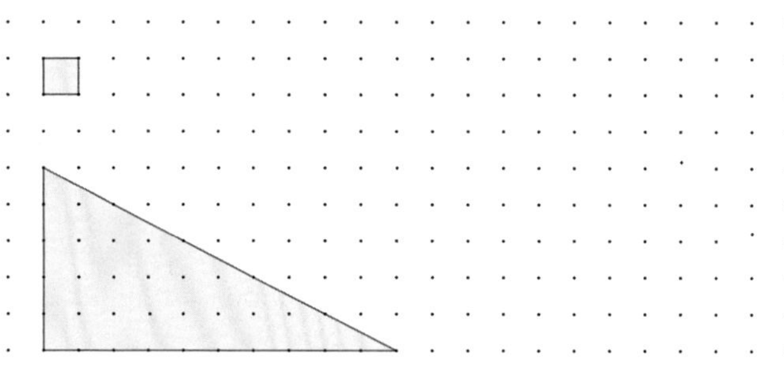

Abb. 4.8: Wie viele kleine Quadrate brauchst du, um das große Dreieck auszulegen? Die kleinen Quadrate können auch zerschnitten werden.

Schätzen

Bei den Aufgaben in Abbildung 4.9 müssen die Kinder unter Rückgriff auf Stützpunktvorstellungen *qualitative Schätzungen* durchführen. Der Flächeninhalt der genannten Objekte muss mental miteinander verglichen werden.

☐ ein Pausenhof	☐ ein Klassenzimmer
☐ eine zugeklappte Tafel	☐ die Tischfläche des Lehrerpults
☐ eine Zimmertür	☐ eine aufgeklappte Tafel
☐ eine Postkarte	☐ ein Taschenbuch
☐ ein Briefumschlag	☐ ein gefaltetes Papiertaschentuch
☐ eine Tafel Schokolade	☐ ein 10 Euro Schein

Abb. 4.9: Welche Fläche ist größer?

4.4 Unterrichtsmodule

In Unterrichtsgesprächen zeigte sich, dass Kinder durchaus Vorstellungen von Flächen haben, aber diese häufig eher implizit vorhanden sind. Danach gefragt, was Flächen sind, nennen Grundschulkinder häufig Alltagsgegenstände wie Tisch, Fußboden oder Fenster. Sie beziehen sich dabei auf die Tischfläche, die Bodenfläche des Zimmers und die Fläche der Fensterscheibe, ohne dies so zu formulieren. Weiter nennen sie Flächen an (Holz-)Körpern oder Flächenmodellen, die zu Demonstrationszwecken in der Schule vorhanden sind und stellen fest, dass Flächen ganz unterschiedlich geformt (rund, eckig) oder auch gewölbt sein können wie bei einem Kreiszylinder. Auch geometrische Formenplättchen, die ihnen aus dem Unterricht bekannt sind, werden als Flächen benannt. Um Unterschiede zwischen Flächen und Linien, zwischen Flächeninhalt und Umfang zu verdeutlichen, ist die Klärung der folgenden Begriffe im Unterricht wichtig:

- Fläche,
- Randlinie,
- Flächeninhalt,
- Umfang.

Flächen sind durch eine Randlinie klar begrenzte zweidimensionale Figuren, die sowohl flach als auch gekrümmt sein können. Durch das Zeichnen einer geschlossenen Linie auf einem Blatt Papier kann also eine Fläche abgegrenzt werden. Die Fläche kann dann gefärbt werden, um sie von der Randlinie zu unterscheiden. Eine Fläche lässt sich mit der Handfläche überstreichen, die Randlinie mit dem Finger abfahren. Der Umfang gibt die Länge der Randlinie an, der Flächeninhalt die Größe der Fläche. Auch dreidimensionale Körper werden durch Flächen begrenzt. Die Gesamtheit der begrenzenden Flächen stellt die Oberfläche des Körpers dar.

4.4.1 Vergleichen

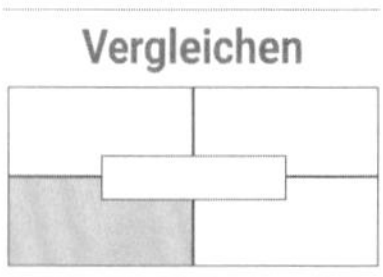

Flächen können wie eingangs beschrieben (s. Infokasten „Konkrete Vergleiche von Flächen“) auf unterschiedliche Weise miteinander verglichen werden. Bei den folgenden Unterrichtsmodulen können alle Möglichkeiten des Vergleichens grundsätzlich genutzt werden. Unsere Erfahrungen zeigen, dass Grundschulkinder beim Vergleichen sowohl das Übereinanderlegen als auch das Zerlegen und Zusammensetzen nutzen, das Ergänzen hingegen nicht. Wenn die Teilfiguren untereinander in Beziehung stehen, wird auch das Auslegen genutzt.

Modul 1: Flächen vergleichen und ordnen (ab Klasse 1)

Grundsätzlich können ganz verschiedene Flächen für dieses Unterrichtsmodul genutzt werden. Um verschiedene Möglichkeiten des Vergleichens anzuregen, haben sich Legeplättchen aus Papier bewährt. Sie können übereinandergelegt werden oder es können mit Bleistift Zerlegungen eingezeichnet werden. Außerdem können sie zerschnitten und neu zusammengesetzt werden. Beim Auslegen ist allerdings bei der Verwendung von Legeplättchen aus Papier feinmotorisches Geschick gefordert, da sie leichter verrutschen als Plättchen aus Holz. Wenn mehrere Flächen nach ihrer Größe geordnet werden, wird das Transitivitätsverständnis angesprochen.

Legesätze können von Grundschulkindern durch Falten aus einem Quadrat (z. B. farbiges Zettelblockpapier) leicht selbst hergestellt werden (Abb. 4.10).

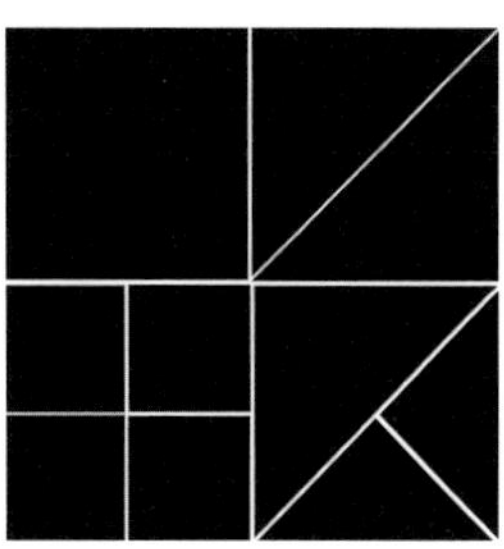

Abb. 4.10: Legesatz aus Quadraten und rechtwinklig gleichschenkligen Dreiecken[17]

17 Faltanleitungen zu den verschiedenen Legesätzen finden sich im Downloadmaterial.

In Klasse 3 und 4 können weitere Legesätze verwendet werden (Abb. 4.11). So wird das Vergleichen und Ordnen der Flächen nach der Größe komplexer, da weitere Flächen hinzukommen.

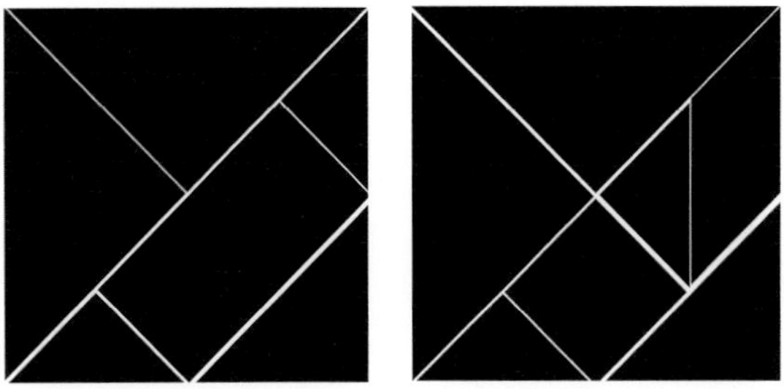

Abb. 4.11: Weitere Legesätze

Problemstellung: Im Stuhlkreis werden die Figuren des Legesatzes (Abb. 4.10) (oder verschiedener Legesätze), vergrößert hergestellt aus einem DIN-A4-Papier, ausgelegt. Jede Figur sollte nur einmal vorhanden sein. Die Kinder sollen die Figuren beschreiben und nach der Größe ordnen.

Häufig sehen erste Ordnungen wie folgt aus: großes Quadrat, großes Dreieck, kleines Dreieck, kleines Quadrat. Dabei wird nicht erkannt, dass das kleine Quadrat und das kleine Dreieck denselben Flächeninhalt haben. Das Dreieck wird als größer angesehen, z. B. aufgrund seiner größeren Längenausdehnung in einer Dimension.

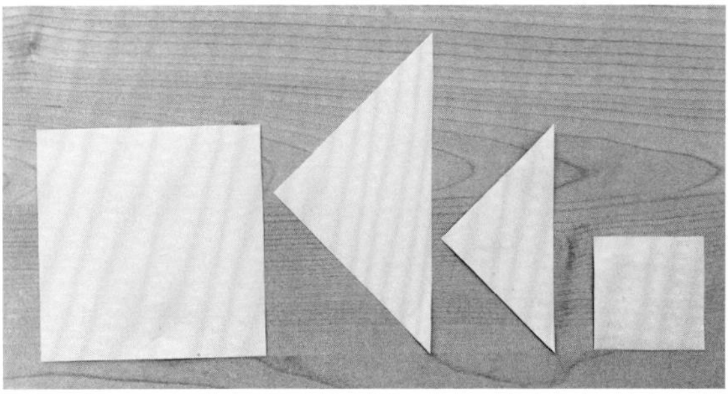

Abb. 4.12: Erste Ordnungen nach dem Flächeninhalt

Gegebenenfalls werden bereits erste Beziehungen zwischen den Figuren erkannt, beispielsweise dass das große Dreieck zweimal in das große Quadrat passt. Durch Falten der Figuren oder durch Auslegen kann dies begründet werden. Im Folgenden sollen die Kinder in Partnerarbeit die Beziehungen zwischen den Figuren genauer erkunden und beschreiben. Dabei arbeiten je zwei Kinder zusammen und verwenden einen Legesatz (ein großes Quadrat, drei große Dreiecke, zwei kleine Dreiecke, vier kleine Quadrate, Abb. 4.10).

Erarbeitung: „Findet mehr über die Figuren heraus. Welche Fläche ist die größte? Welche die kleinste? Gibt es gleich große Flächen? Versucht auch, eine Figur mit anderen Figuren auszulegen. Gibt es verschiedene Möglichkeiten? Notiert und zeichnet, was ihr herausgefunden habt." (Abb. 13, Abb. 14)

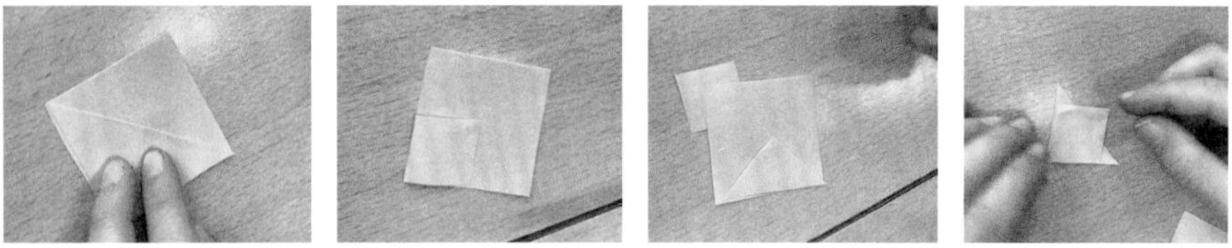

Abb. 4.13: Welche Fläche ist größer? – Vergleichen durch Übereinanderlegen

Abb. 4.14: Wie oft passen die anderen Figuren in das große Quadrat? – Vergleichen durch Auslegen

Während es für das große Quadrat drei unterschiedliche Legemöglichkeiten gibt, gibt es für das große Dreieck nur eine. Es können auch Legemöglichkeiten gefunden werden, die nur in der Vorstellung möglich sind: So könnte das große Quadrat auch mit vier kleinen Dreiecken ausgelegt werden, davon stehen aber nur zwei zur Verfügung.

Austausch: Im abschließenden Austausch stehen die Flächeninhaltsbeziehungen zwischen den Flächen im Vordergrund:

- „Das große Dreieck ist halb so groß wie das große Quadrat, da es zweimal in das Quadrat passt."
- „Das große Quadrat ist viermal so groß wie das kleine Quadrat."
- „Das große Dreieck ist doppelt so groß wie das kleine Dreieck."

Herausfordernd ist der Vergleich von großem Dreieck und kleinem Quadrat sowie von kleinem Dreieck und kleinem Quadrat. Für den quantitativen Vergleich müssen Flächen zerlegt bzw. zerschnitten werden. So kann herausgefunden werden, dass das große Dreieck doppelt so groß ist wie das kleine Quadrat, und dass das kleine Quadrat und das kleine Dreieck gleich groß sind.

Abb. 4.15: Ordnung der Flächen nach der Größe nach der Erkundung

Impulse zum Entdecken, Beschreiben, Erklären, Begründen und Argumentieren:

- „Wie kann man herausfinden, welches die größte/die kleinste Fläche ist?"
- „Wie kann man das große Quadrat/das große Dreieck mit den anderen Flächen auslegen?"
- „Wie kann man beim Vergleichen von kleinem Dreieck und kleinem Quadrat vorgehen?"
- ...

Wenn ein weiterer Legesatz (Abb. 4.11) hinzugenommen wird, sind die Überlegungen zum Flächeninhalt entsprechend anzupassen.

Modul 2: Flächen durch Auslegen vergleichen (ab Klasse 1)

Während die Flächen in Modul 1 beweglich sind, wird in diesem Modul mit Umrissfiguren auf Papier gearbeitet, d. h. die Flächen können nur gedanklich, aber nicht tatsächlich übereinandergelegt werden. Der Vergleich soll durch Auslegen mit den Papierlegeplättchen aus Modul 1 erfolgen. Für dieses Modul bietet es sich an, die Legeplättchen aus etwas dickerem Papier anzufertigen, da so ein Auslegen für die Kinder leichter möglich ist.

Problemstellung: In der Mitte des Stuhlkreises liegen verschiedene Umrissfiguren. Die hier vorgeschlagenen Figuren unterscheiden sich im Hinblick auf den Flächeninhalt nicht oder nur geringfügig. Drei Figuren – Dreieck, Rechteck und Quadrat – haben den halben Flächeninhalt des Ausgangsquadrats also von acht kleinen Dreiecken (Abb. 4.16). Die L-Form entspricht dem Flächeninhalt von zehn, der Pfeil von neun kleinen Dreiecken. Die Umrisse müssen in der Größe an die Figuren des verwendeten Legesatzes angepasst werden. Es empfiehlt sich, die fünf Umrissfiguren für den Stuhlkreis jeweils auf ein eigenes DIN-A4-Papier auszudrucken (Abb. 4.16).[18] Die Kinder sind aufgefordert zu vermuten, welche Figur am größten, welche am kleinsten ist und ob es auch gleich große Figuren gibt. Es sollte auch nach Begründungen gefragt werden. Ein grober Vergleich nach Augenmaß ist zwischen Rechteck, Pfeil und L-Form durch gedankliches Übereinanderlegen möglich, da das Rechteck in die beiden anderen Figuren passt. Dies ist beim Quadrat und dem Dreieck nicht möglich. Aufgrund der Längenausdehnung vermuten nicht wenige Kinder, dass das Dreieck am größten ist.

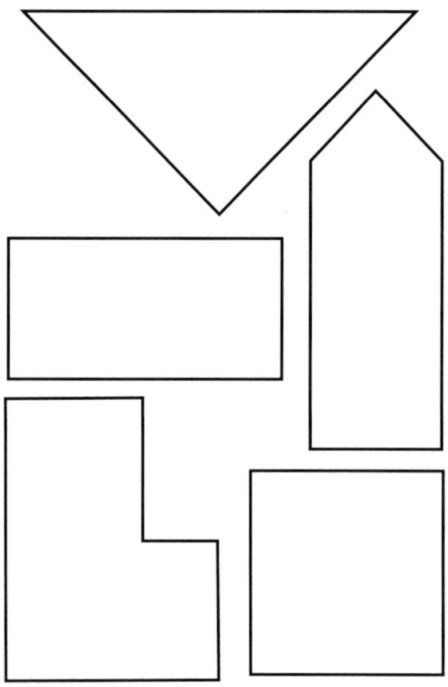

Abb. 4.16: Umrissfiguren zum Auslegen

Erarbeitung: „Findet heraus, welche Fläche am größten und welche am kleinsten ist. Gibt es auch gleich große Flächen? Legt dazu die Umrisse mit euren Plättchen aus. Findet verschiedene Möglichkeiten. Notiert diese in einer Tabelle.“ (Abb. 4.17)

18 Die Vorlagen für die einzelnen Figuren finden sich im Downloadmaterial.

	□	▫	◺	◺
Dreieck				
Dreieck				
Dreieck				
L-Form				
L-Form				
L-Form				
Rechteck				
Rechteck				
Rechteck				
Quadrat				
Quadrat				
Quadrat				
Pfeil				
Pfeil				
Pfeil				

Abb. 4.17: Tabelle zum Notieren unterschiedlicher Auslegemöglichkeiten

In der Tabelle können auch Möglichkeiten notiert werden, die mit den zur Verfügung stehenden Plättchen nicht durchgeführt werden können, sondern nur in der Vorstellung, z. B. das Auslegen des Dreiecks mit vier Dreiecken. Besonders herausfordernd ist für die Kinder das Auslegen des Quadrats, da das große Quadrat bzw. die großen Dreiecke oftmals mit dem rechten Winkel in die Ecken gelegt werden, was aber nicht zielführend ist (Abb. 4.18, mittlere Abbildungen).

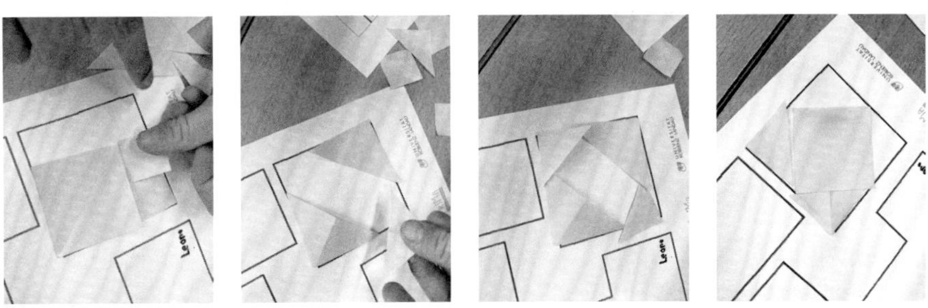

Abb. 4.18: Auslegen des Quadrats

Austausch: Die Kinder stellen vor, was sie über die Größe der fünf Figuren herausgefunden haben und wie sie dabei vorgegangen sind. Es können auch verschiedene Möglichkeiten des Auslegens exemplarisch besprochen werden. Der Schwerpunkt sollte aber auf dem Vergleich der Figuren im Hinblick auf den Flächeninhalt liegen. Gut sichtbar wird dies, wenn man zum Auslegen gleiche Flächen verwendet, in diesem Fall ein großes Quadrat und zwei große Dreiecke (Abb. 4.19). Hier bildet lediglich das Quadrat eine Ausnahme. Dem Auslegen des Quadrats sollte im Austausch besondere Aufmerksamkeit geschenkt werden.

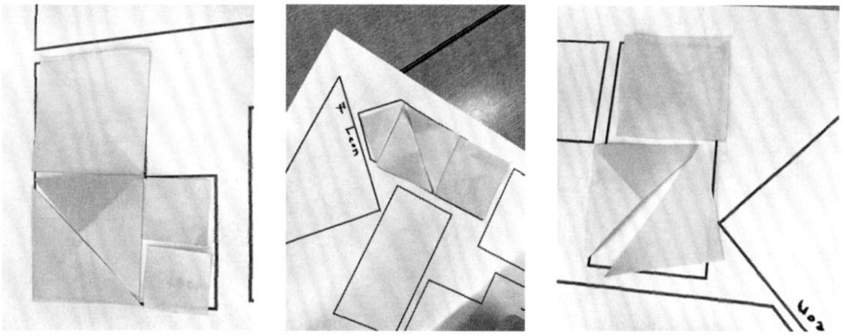

Abb. 4.19: Auslegen verschiedener Umrisse mit gleichen Flächen

Impulse zum Entdecken, Beschreiben, Erklären, Begründen und Argumentieren:

- „Wie kann man herausfinden, welches die größte/die kleinste Fläche ist?“
- „Wie kann man durch Auslegen erkennen, dass eine Fläche größer/kleiner als die andere ist?“
- „Wie kann man durch das Auslegen erkennen, dass zwei Flächen gleich groß sind?“
- „Wie kann man beim Auslegen des Quadrats vorgehen?“
- …

Modul 3: Materialverbrauch von Verpackungen vergleichen (ab Klasse 2)

In den Modulen 1 und 2 wurden die Flächen durch Übereinanderlegen und durch Auslegen verglichen. Das Zerlegen kann auch angewendet werden, wurde aber in den durchgeführten Unterrichtsversuchen nicht beobachtet. Um Kinder zum Zerlegen und Zusammensetzen anzuregen, können Verpackungsoberflächen miteinander verglichen werden.

Problemstellung: Im Stuhlkreis liegen verschiedene Verpackungen (Abb. 4.20, in Anlehnung an Schipper et al. 2015b, S. 157). Es wird die Frage aufgeworfen, für welche Verpackung man bei der Herstellung am meisten/am wenigsten Pappe braucht. Die Kinder äußern erste Vermutungen.

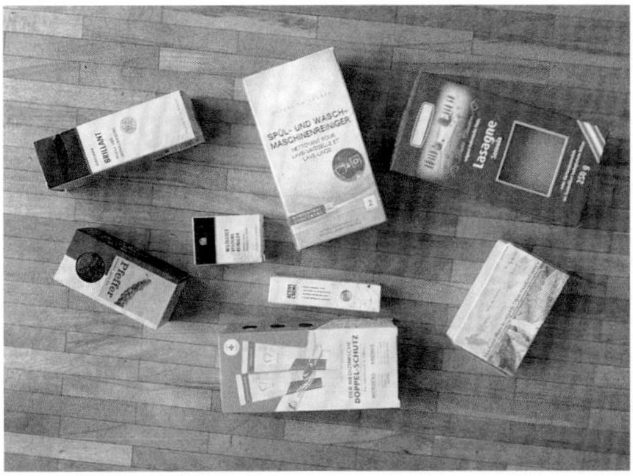

Abb. 4.20: Verschiedene Verpackungen

Erarbeitung: „Findet heraus, für welche Verpackung am meisten/am wenigsten Pappe benötigt wurde. Ordnet die Verpackungen nach ihrem Pappverbrauch.“

Die Kinder arbeiten in Gruppen. Jedes Kind in der Gruppe untersucht eine eigene Verpackung, beispielsweise indem es diese aufschneidet und die Teilflächen so anordnet, dass ein Viereck oder ein Rechteck entsteht. Den Kindern stehen neben den Verpackungen auch Schere und Tesafilm zur Verfügung. So können Flächen oder Teile von Flächen abgeschnitten und wieder angeklebt werden. Die entstandenen Flächen können durch Übereinanderlegen miteinander verglichen werden.

Austausch: Die Gruppen stellen sich gegenseitig vor, wie sie beim Vergleichen der Flächen vorgegangen sind. Abschließend können alle in der Klasse untersuchten Verpackungen nach dem Pappverbrauch geordnet werden.

Impulse zum Entdecken, Beschreiben, Erklären, Begründen und Argumentieren:
- „Wie bist du beim Vergleichen der Verpackungen vorgegangen?“
- „Wann war ein Vergleich leicht/schwierig?“
- „Bei welchen Verpackungen wart ihr euch über die Ordnung nicht einig?“
- „Welche Verpackung(en) hat/haben euch überrascht?“

Mögliche Anschlussaktivitäten in Klasse 3: An den Vergleich des Pappverbrauchs kann sich ein Vergleich des Fassungsvermögens der Verpackungen anschließen: „Passt in die Verpackung, für die die meiste/wenigste Pappe benötigt wird, auch am meisten/wenigsten rein?“[19]

19 Zum Füllen kann beispielsweise Sand verwendet werden (Kap. 5).

Untersuchen von prismenförmigen Pappschachteln (quadratische, rechteckige, dreieckige, achteckige Grund- und Deckfläche; z. B. Pralinenschachteln) im Hinblick auf den Pappverbrauch.

4.4.2 Messen

Messen

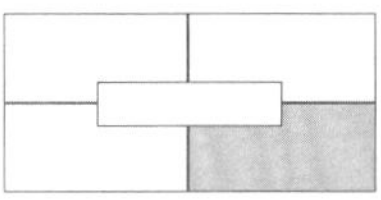

In den Modulen zum Vergleichen von Flächen im Hinblick auf ihre Größe wurde mit Legesätzen gearbeitet, die unterschiedliche Figuren enthalten. In den folgenden Modulen zum Messen werden Einheitsquadrate verwendet bzw. Figuren werden in solche Quadrate zerlegt. Da stets gleich große Quadrate verwendet werden, kann zur Einheit Quadrate (Q) eine Maßzahl angegeben werden.

Modul 4: Flächen mit Einheitsquadraten auslegen (ab Klasse 2)
Zu Beginn steht das Auslegen von Flächen mit Quadraten. Es geht nun nicht nur darum herauszufinden, welche Fläche größer bzw. kleiner, am größten bzw. am kleinsten ist, sondern wie groß die Flächen jeweils sind (in Anlehnung an Schrameyer 2021).

Problemstellung: Im Stuhlkreis liegen verschiedene Flächen (Abb. 4.21) und Einheitsquadrate aus dickerem farbigem Papier (Quadrate mit mindestens 2 cm Seitenlänge).[20] Die Kinder sind aufgefordert zu vermuten, welche Figur am größten, welche am kleinsten ist und ob es auch gleich große Figuren gibt sowie ihre Vermutungen zu begründen. Für die Begründung können die Einheitsquadrate herangezogen werden. Auch in der Erarbeitungsphase sollen die Kinder die Größe der Flächen mithilfe der Einheitsquadrate bestimmen: 3 Q, 6 Q usw. Die Flächeninhalte der gewählten Flächen sollten in Beziehung zueinander stehen, die von den Kindern in der Erarbeitungsphase entdeckt werden können: Fläche B ist doppelt so groß wie Fläche A, Fläche C ist dreimal so groß wie Fläche A, Fläche D und F sind gleich groß usw.

20 Ggf. sollten die Flächen (Abb. 4.21) für den Einstieg maßstäblich vergrößert werden (Vorlagen s. Downloadmaterial). Es können dann z. B. Hunderterplatten als Einheitsquadrate verwendet werden (Seitenlänge 10 cm).

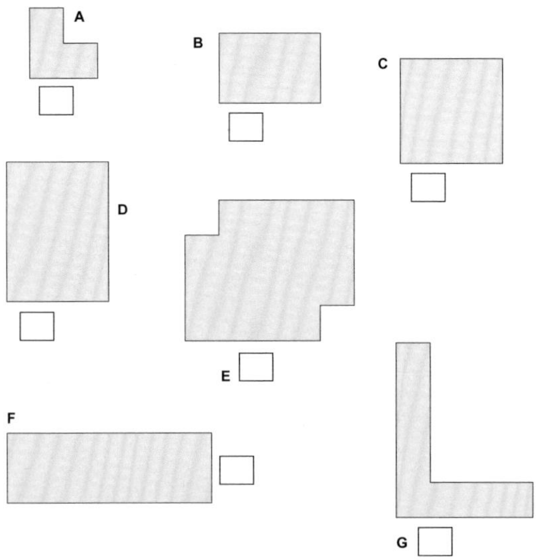

Abb. 4.21: Wie groß sind die Figuren?

Erarbeitung: „Wie groß sind die Figuren? Lege mit Einheitsquadraten aus. Schreibe auf, was dir auffällt."

Austausch: Die Kinder stellen im Plenum vor, was sie entdeckt haben. Hier geht es insbesondere um das Beschreiben der Beziehungen der Figuren untereinander.

Impulse zum Entdecken, Beschreiben, Erklären, Begründen und Argumentieren:

- „Welche Figur ist am größten/kleinsten?"
- „Welche Figuren sind gleich groß?"
- „Welche Figuren sind doppelt/halb/dreimal so groß, wie eine andere?"
- ...

Mögliche Anschlussaktivität: Analog zu diesem Modul können Flächen auch mit Einheitsdreiecken (Hälfte der Fläche eines Einheitsquadrates) ausgelegt und gemessen werden. Die zu vergleichenden Flächen können dann auch halbe Quadrate enthalten.

Modul 5: Flächenmemory (ab Klasse 2)

Im Anschluss an Modul 4 sollen Kinder aus Einheitsquadraten selbst Flächen herstellen. Dazu legen sie mit Einheitsquadraten Flächen verschiedener Größe, die sie auf Karopapier zeichnerisch festhalten. Aus den entstandenen

Zeichnungen entsteht ein Kartensatz mit Flächen unterschiedlicher und gleicher Größe, der für Memoryspiele genutzt werden kann.

Problemstellung: An der Tafel hängen neun Einheitsquadrate (Seitenlänge 10 cm). Mit neun Quadraten können verschiedene Flächen gelegt werden, die alle den gleichen Flächeninhalt haben. Damit beim Legen Flächen entstehen, muss jedes Quadrat mindestens die Seite eines anderen Quadrats berühren. Auf der karierten Tafelhälfte werden gelegte Flächen zeichnerisch festgehalten (Abb. 4.22). Dabei entspricht ein Einheitsquadrat vier quadratisch angeordneten Kästchen. Weitere Flächen aus neun Quadraten können durch einfaches Umlegen eines oder mehrerer Quadrate erzeugt werden.

4.22: Flächen aus 9 Einheitsquadraten

Erarbeitung: „Legt verschiedene Flächen aus genau 4 Einheitsquadraten. Überlegt in eurer Gruppe, welche vier eurer Flächen ihr für euer Flächenmemory nutzen wollt. Achtet darauf, dass die Flächen unterschiedlich geformt sind. Zeichnet diese vier Flächen auf kleine karierte Zettel. Macht dasselbe dann mit 5, 6, 7, 8 und 9 Einheitsquadraten. Am Ende solltet ihr mindestens 24 Karten haben. Spielt mit euren Karten zu viert Flächenmemory."
Die Kinder arbeiten in Gruppen von vier Kindern zusammen.

Austausch: In den Gruppen tauschen sich die Kinder darüber aus, welche Flächen sie mit einer bestimmten Anzahl von Einheitsquadraten gefunden haben, welche verschieden und welche gleich sind. Auch mögliche Besonderheiten können ggf. entdeckt werden: man kann nur mit 4 oder mit 9 Quadraten ein größeres Quadrat legen; mit 4, 5, 7 und 9 Quadraten lässt sich jeweils genau ein Rechteck legen (außer dem Quadrat); mit 6 und 8 Quadraten sind zwei verschiedene Rechtecke möglich; mit 5, 6, 7 und 9 Quadraten lassen sich Treppen legen, mit 4 und 8 Quadraten nicht usw. Beim Spielen sollten die Kinder stets begründen, wie sie (schnell) erkannt haben, dass die beiden aufgedeckten Flächen gleich groß sind.

Impulse zum Entdecken, Beschreiben, Erklären, Begründen und Argumentieren:

- „Warum kann man mit 6 Quadraten kein großes Quadrat legen?“
- „Wie viele Quadrate braucht man, um größere Quadrate zu legen?“
- „Warum kann man aus 5 Quadraten genau ein Rechteck legen und aus 6 Quadraten zwei verschiedene?“
- „Bei welcher Anzahl an Quadraten kann es nur genau ein Rechteck geben?“
- „Wie kannst du schnell erkennen, ob zwei Flächen gleich groß sind?“
- …

Modul 6: Flächen am Geobrett spannen (ab Klasse 2)

Die Kinder spannen in diesem Modul Flächen am Geobrett (in Anlehnung an Schütte 2005, S. 93). Im Unterschied zum (Aus-)Legen und Zeichnen in Modul 4 und 5 können auch Flächen gespannt werden, die nicht nur aus ganzen Quadraten bestehen, sondern bei denen unterschiedliche Teilflächen des Quadrats auftreten. Diese Teilflächen lassen sich aber entweder paarweise zu einem Quadrat zusammenfassen oder die Teilfläche selbst entspricht der Größe eines halben Quadrats (Abb. 4.23). Insgesamt können bei diesem Lernangebot trotz ähnlicher Aufgabenstellung wie in den vorherigen Modulen komplexere Figuren entstehen als in den vorherigen Modulen.

Problemstellung: Am mittleren Geobrett (4×4) wurden Figuren mit einem Flächeninhalt von fünf Einheitsquadraten gespannt. Sie können beispielsweise über eine Dokumentenkamera gezeigt werden. Die Kinder sollen sich dazu äußern, aus wie vielen Quadraten die Figuren bestehen. Dazu werden die Figuren in ein entsprechendes Raster auf Papier übertragen und die Quadrate durch gestrichelte Linien hervorgehoben (Abb. 4.23). Je nach Klassenstufe können die Ausgangsfiguren komplexer bzw. weniger komplex gewählt werden.

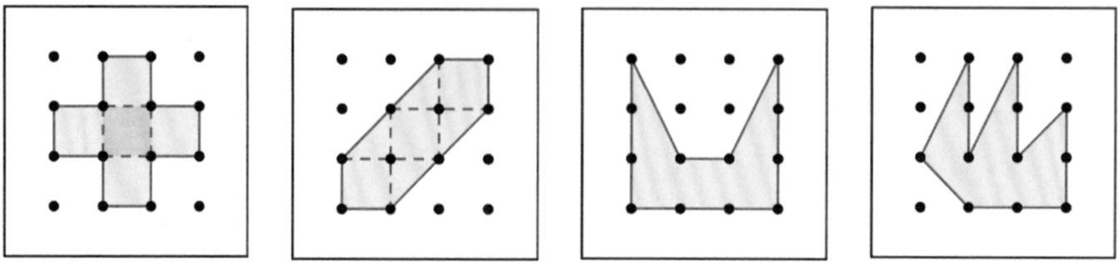

Abb. 4.23: Spanne Figuren aus genau 5 Quadraten. (in Anlehnung an Schütte 2005, S. 93)

Erarbeitung: „Spanne Figuren, die genau 5 (oder 6 oder 7) kleine Quadrate einschließen. Zeichne sie ab und finde heraus, aus wie vielen Einheitsquadraten sie bestehen. Schreibe die Größe der Flächen in Einheitsquadraten (Abkürzung Q) dazu."

Austausch: Mithilfe der Dokumentenkamera stellen die Kinder ihre Ergebnisse vor. Das Einzeichnen der Hilfslinien sowie das Zusammenfassen von Teilflächen zu ganzen Quadraten sollte bei verschieden komplexen Figuren thematisiert werden. Im Anschluss können die Kinder aufgefordert werden, besonders schwierige Figuren mit genau 5 (oder einer anderen Anzahl) Quadraten zu spannen und zu zeichnen.

Impulse zum Entdecken, Beschreiben, Erklären, Begründen und Argumentieren:
- „Wie hast du die Anzahl der Einheitsquadrate herausgefunden?"
- „Bei welchen Figuren ist es leichter/schwerer, die Anzahl der Einheitsquadrate herauszufinden?"
- ...

Modul 7: Flächen am Geobrett halbieren und verdoppeln (ab Klasse 2/3)
Problemstellung: Unter der Dokumentenkamera werden verschiedene Figuren am großen Geobrett (5×5) gezeigt. Die Kinder sollen die Anzahl der umspannten Einheitsquadrate bestimmen und durch Umspannen des bereits verwendeten Gummibandes eine doppelt (eine halb) so große Figur spannen (Abb. 4.24, in Anlehnung an Wittmann et al. 2018, S. 95). Es sollen verschiedene Möglichkeiten gefunden und zeichnerisch festgehalten werden.

Erarbeitung: „Spanne zu jeder Figur eine Figur mit einem doppelt (halb) so großen Flächeninhalt. Kannst du mehrere Lösungen finden? Zeichne deine Lösungen auf. Du kannst auch eigene Figuren erfinden und deren Flächeninhalt verdoppeln (halbieren)."

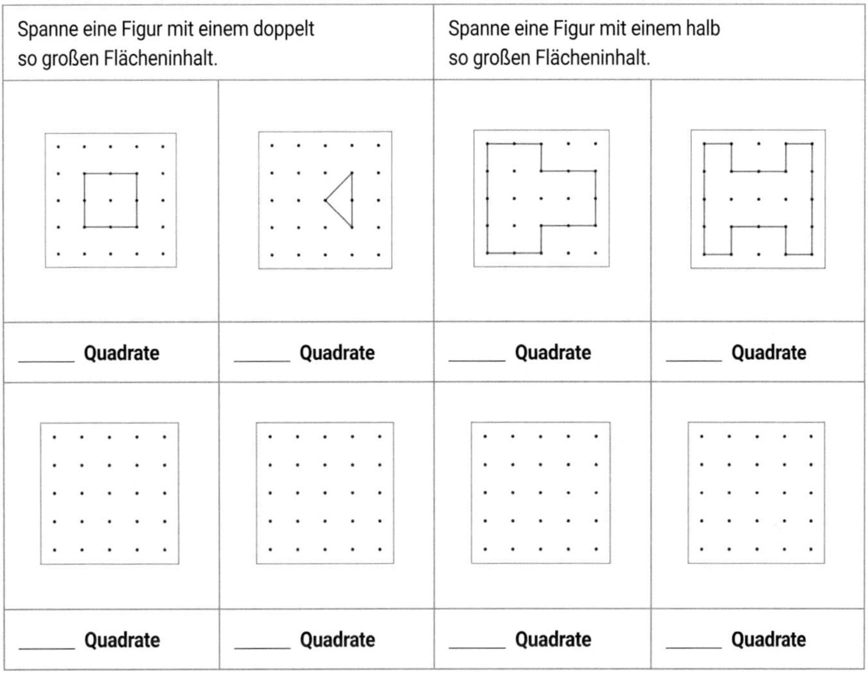

Abb. 4.24: Spanne eine Figur mit einem doppelt/halb so großen Flächeninhalt. Finde verschiedene Lösungen.

Austausch: Unter der Dokumentenkamera können die Kinder ihre unterschiedlichen Lösungen vorstellen. Hier sollte Wert auf das Umspannen ausgehend von der Ausgangsfigur gelegt werden. Es kann darüber diskutiert werden, welche Ausgangsfiguren sich leicht im Hinblick auf den Flächeninhalt verdoppeln/halbieren lassen und bei welchen Figuren dies schwieriger ist.

Impulse zum Entdecken, Beschreiben, Erklären, Begründen und Argumentieren:

- „Wie kann man beim Halbieren vorgehen, wenn die Anzahl der Quadrate gerade ist?“
- „Wie kann man beim Halbieren vorgehen, wenn die Anzahl der Quadrate ungerade ist?“
- ...

Modul 8: Flächen am Geobrett in Einheitsquadrate zerlegen (ab Klasse 2)

Im Anschluss an Modul 6 sollen im Folgenden zeichnerische Darstellungen von Figuren am Geobrett nach der Größe geordnet werden. Ausgehend von den Erfahrungen aus Modul 6 können die Kinder durch das Einzeichnen von

Hilfslinien den Flächeninhalt über die Anzahl der Einheitsquadrate bestimmen. Je nach Klassenstufe können die verwendeten Figuren in Anzahl und Schwierigkeitsgrad variiert werden (Abb. 4.25; vgl. Vorlagen im Downloadmaterial ⬇). Es sollte darauf geachtet werden, dass auch gleich große Figuren verwendet werden.

Problemstellung: An der Tafel hängen Abbildungen, die verschiedene Vierecke (oder andere Figuren) am großen Geobrett (5×5) zeigen. Die Kinder sind aufgefordert zu vermuten, welche Figur am größten, welche am kleinsten ist und ob es auch gleich große Figuren gibt. Die Kinder sollten mögliche Ordnungen begründen. Das Unterteilen in kleine Quadrate und andere Teilflächen sollte erneut thematisiert werden. Die Kinder erkennen bei diesen ersten Ordnungen häufig noch nicht, dass es Flächen gibt, die den gleichen Flächeninhalt haben.

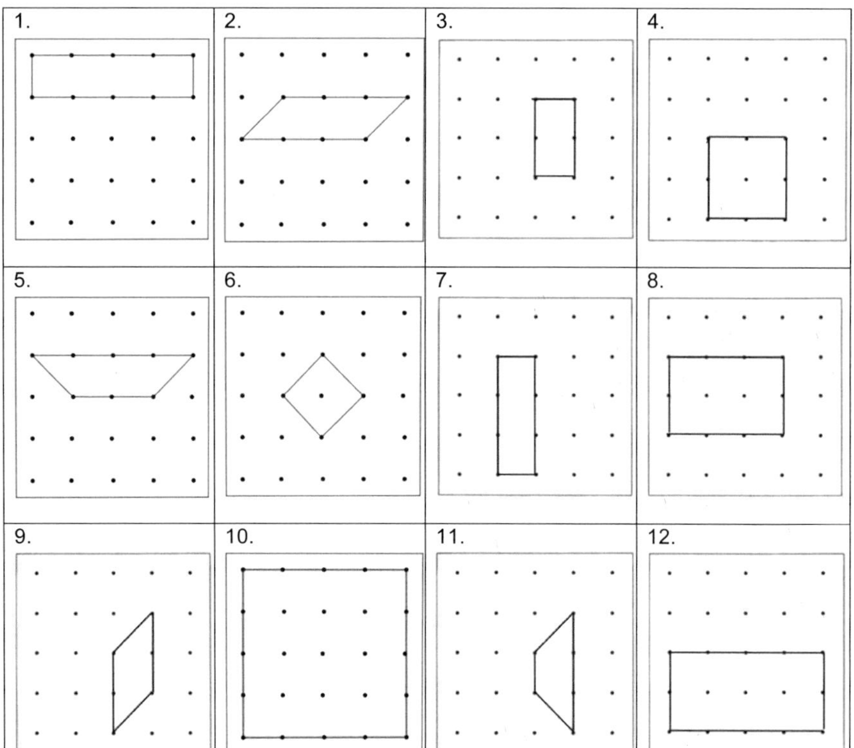

Abb. 4.25: Flächen am Geobrett (Auswahl)

Erarbeitung: „Ordnet die Vierecke nach dem Flächeninhalt. Bestimmt dazu die Größe der Figuren und gebt die Anzahl der Einheitsquadrate (Q) an. Schneidet die Karten aus und findet eine geeignete Darstellung. Klebt die geordneten Vierecke auf ein Blatt Papier. Hinweis: Es können auch Vierecke gleich groß sein."

Beim Bestimmen der Anzahl der Einheitsquadrate gehen Kinder unterschiedlich vor (Abb. 4.26). Alle Figuren werden aber durch das Einzeichnen von Hilfslinien in Teilflächen zerlegt: Figur 2 und 5 in Dreiecke, die anderen Figuren entlang des quadratischen Rasters. Bei Figur 17 wurden alle Flächen nummeriert und dann ggf. paarweise zusammengefasst. Bei Figur 19 wurden immer zwei Dreiecke zu einem Quadrat zusammengefasst. Bei Figur 12 und 4 wurden Quadrate vervollständigt, um passende Teilstück leichter finden zu können. Die Flächeninhaltsgleichheit von Figur 2 und 5 kann über das Umlegen eines der Dreiecke begründet werden.

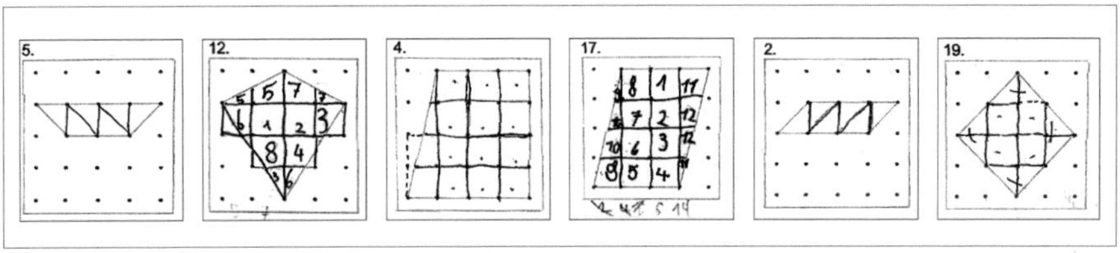

Abb. 4.26: Verschiedene Vorgehensweisen beim Bestimmen des Flächeninhalts

Austausch: In einem Museumsrundgang können die (ggf. unterschiedlichen) Ordnungen der Gruppen betrachtet werden (Abb. 4.27). Über Abweichungen kann diskutiert werden und auf dieser Grundlage können unterschiedliche Vorgehensweisen zur Bestimmung der Anzahl an Einheitsquadraten vorgestellt werden.

Impulse zum Entdecken, Beschreiben, Erklären, Begründen und Argumentieren:

- „Warum habt ihr eure Figuren auf diese Art geordnet?"
- „Wie habt ihr die Anzahl der Quadrate herausgefunden?"
- …

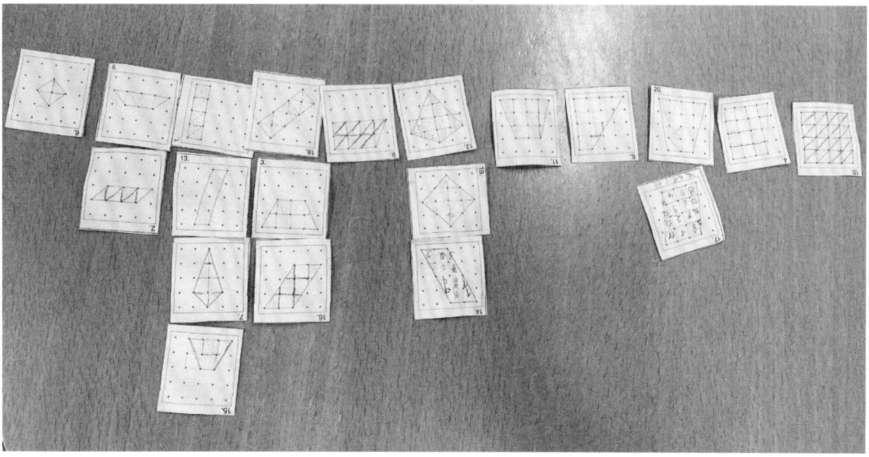

Abb. 4.27: Mögliche Darstellung der Ordnung der Figuren nach der Größe

Modul 9: Flächen mit Karorastern messen (ab Klasse 3)

Flächen können nicht nur durch das Auslegen mit Einheitsquadraten gemessen werden, sondern auch, indem sie auf ein quadratisches Raster projiziert oder gezeichnet werden. Ein Vorteil dieses Vorgehens besteht darin, dass auch der Flächeninhalt von nicht-rechteckigen Flächen (ungefähr) bestimmt werden kann (Abb. 4.28). Die Flächen können auf kariertes Papier gelegt und mit Bleistift umfahren werden. Anschließend kann die Anzahl der Kästchen (ungefähr) bestimmt werden (vgl. Mirwald & Rink 2021, S. 46). Dabei bleiben bei gekrümmten Randlinien Teilflächen von Quadraten übrig, die (ungefähr) zu ganzen Quadraten zusammengefasst oder durch kleinere Quadrate ausgemessen werden können.

Problemstellung: Im Stuhlkreis liegen verschiedene aus Papier ausgeschnittene nicht rechteckige Flächen, die teilweise auch durch gekrümmte Linien begrenzt sind (Ab. 4.28). Von diesen „ungewöhnlichen" Flächen soll der Flächeninhalt bestimmt werden: Wie groß sind die Flächen? Im Plenum wird diskutiert, wie man vorgehen könnte, z. B. durch das Auslegen mit Einheitsquadraten (vgl. Modul 4). Da hier am Rand Lücken bleiben, wird gemeinsam überlegt, wie man mit diesen Lücken umgehen kann: z. B. in kleinere Quadrate zerlegen oder Teilflächen zu Quadraten zusammenfassen. Da ein Auslegen mit kleinen Quadraten schwierig ist, werden die Papierflächen auf ein Karoraster (Mathematikheft oder Zentimeterquadrate) gelegt und umfahren.

Abb. 4.28: Wie groß sind die Flächen?

Erarbeitung: „Ordnet die Flächen der Größe nach. Vermutet zuerst. Überprüft dann eure Vermutungen, indem ihr die Flächen auf Karopapier legt, sie mit Bleistift umfahrt und die (ungefähre) Anzahl der (Einheits-)Quadrate bestimmt."

Den Kindern steht Karopapier (Mathematikheft oder Zentimeterquadrate[21]) zur Verfügung.

Austausch: Im Plenum stellen die Kinder die Ergebnisse ihrer Messungen vor. Es kann auch thematisiert werden, dass man mit noch kleineren Quadraten (Millimeterpapier) noch genauer messen könnte.

Impulse zum Entdecken, Beschreiben, Erklären, Begründen und Argumentieren:

- „Wie kannst du beim Messen von nicht rechteckigen Flächen vorgehen?"
- „Wie kann man damit umgehen, wenn am Rand keine ganzen Quadrate in die Fläche passen?"
- …

21 Mit Druckvorlagen-Generatoren im Internet können beliebige Quadratraster erzeugt werden.

Modul 10: Wie groß ist unser Klassenzimmer? (ab Klasse 3)

Problemstellung: Im Sitzkreis liegt ein Meterquadrat aus Papier (z. B. aus Packpapier oder Papiertischdeckenrolle). Es wird zunächst darüber gesprochen, warum dieses Quadrat Meterquadrat heißt (beide Seitenlängen je 1 Meter lang). In einem Klassenzimmer müssen pro Kind mindestens 2 Meterquadrate zur Verfügung stehen. Gemeinsam wird überlegt, ob dies im eigenen Klassenzimmer wohl der Fall ist und wie man das überprüfen könnte.

Erarbeitung: „Findet heraus, wie viele Meterquadrate in unser Klassenzimmer passen. Notiert in eurem Größenbuch, wie ihr vorgeht. Fertigt auch eine Zeichnung an, aus der hervorgeht, ob unser Klassenzimmer groß genug für alle Kinder unserer Klasse ist.“ (in Anlehnung an Schipper et al. 2017, S. 183 f.)

Die Kinder arbeiten in Gruppen. Jeder Gruppe stehen ein Meterquadrat, ein Zollstock und Karopapier zur Verfügung. Für Zeichnungen bietet sich ein Maßstab von 1:100 an (1 Meter in der Realität entspricht einem Zentimeter). Es sind aber auch andere maßstäbliche Verkleinerungen denkbar.

Austausch: Die Gruppen stellen sich gegenseitig vor, wie sie vorgegangen sind. Hier ist es interessant, wie jeweils mit Aus- und Einbuchtungen und mit durch Möbel zugestellten Flächen umgegangen wurde: Wurde versucht, die gesamte Fläche des Klassenzimmers auszulegen? Wurde nur einmal der Länge und der Breite nach bestimmt, wie viele Meterquadrate jeweils hineinpassen und ausgehend davon die Gesamtanzahl der Meterquadrate gezählt oder berechnet? Wurden zugestellte Fläche und Ausbuchtungen mit dem Zollstock ausgemessen oder wurden diese nicht oder nur ungefähr berücksichtigt? Wurde eine Skizze angefertigt? Wurde diese bemaßt? In welchem Verhältnis wurde beim Anfertigen der Skizze verkleinert? Abschließend können selbst angefertigte Grundrisse mit dem offiziellen Grundriss verglichen werden.

Impulse zum Entdecken, Beschreiben, Erklären, Begründen und Argumentieren:

- „Wie viele ganze Meterquadrate passen in unser Klassenzimmer und wie habt ihr das herausgefunden?“
- „Wie seid ihr mit den Flächen umgegangen, die sich mit dem Meterquadrat nicht auslegen lassen (, weil sie zu klein waren/, weil sie mit Möbeln zugestellt waren)?“
- „Wie seid ihr beim Anfertigen der Zeichnung vorgegangen?“
- „Wie viele Kästchen im Karopapier habt ihr für ein Meterquadrat verwendet?“

Mögliche Anschlussaktivität: Ausmessen eines weiteren Klassenzimmers zum Vergleich.

4.4.3 Schätzen

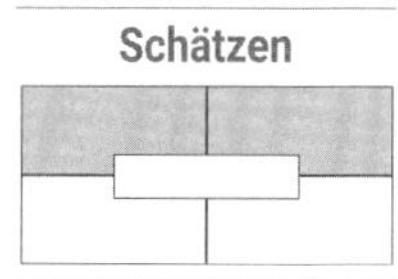

In den Modulen zum Messen haben die Kinder Erfahrungen zum Auslegen von Flächen mit Einheitsquadraten bzw. zum Zerlegen von Flächen in Einheitsquadrate gesammelt sowie erste Stützpunkte zur Größe von Flächen im kleinen (Zentimeterquadrate) und mittleren Messbereich (Meterquadrate) aufbauen können.

In den folgenden Modulen werden grundständige und eingebettete Schätzaufgaben vorgestellt.

Modul 11: Wie groß ist meine Handfläche? (ab Klasse 3)

Im Anschluss an die Erfahrungen zum Messen von nicht rechteckigen Flächen bzw. von Flächen mit gekrümmten Randlinien in Modul 9 sollen die Kinder die Größe ihrer Handflächen unter Bezug zur Hunderterplatte schätzen (Mirwald & Rink 2021, S. 46). Die Schätzung wird anschließend durch das Messen mit Kästchenpapier (Zentimeterquadrate) überprüft. So kann die Handfläche bzw. die Hunderterplatte als ein Stützpunkt verankert werden.

Problemstellung: Im Stuhlkreis wird darüber gesprochen, von welchen Körperteilen den Kindern die Länge bekannt ist wie beispielsweise die eigene Handbreite, Fingerspanne, Handspanne und Fingerbreite(n). Wenn nämlich die Länge bekannt ist, dann können Körperteile auch zum Schätzen von Längen verwendet werden. Mit Körperteilen können aber nicht nur Längen, sondern auch Flächen gemessen und geschätzt werden, so beispielsweise mit der Hand- oder der Fußfläche. Gemeinsam wird überlegt, wer die größte bzw. die kleinste Handfläche hat und wie groß diese wohl sind. In den Stuhlkreis wird eine Hunderterplatte gelegt und die Frage aufgeworfen, ob eine Kinderhandfläche wohl so groß ist wie eine Hunderterplatte (100 Zentimeterquadrate). Die Kinder äußern Vermutungen. Dazu können die Hände auf die Platte gelegt werden (Abb. 29).

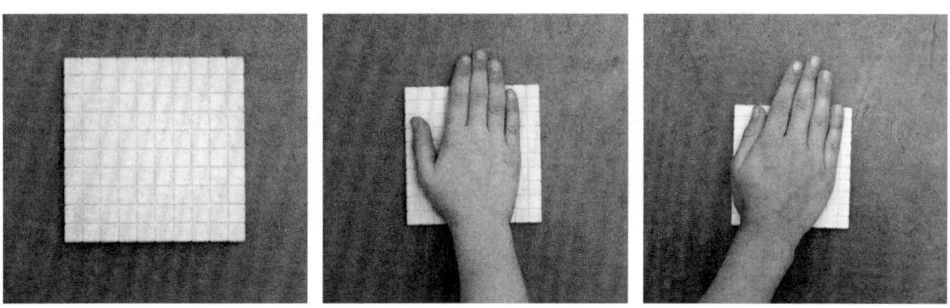

Abb. 4.29: Ist eine Kinderhandfläche so groß wie eine Hunderterplatte?

Erarbeitung 1: „Wie groß sind eure Handflächen? Gebt eure Schätzung in (Zentimeter-)Quadraten an. Notiert eure Schätzungen in eurem Größenbuch."

Zwischenaustausch: Die Kinder tauschen sich über ihre Schätzungen aus und wie sie dabei vorgegangen sind. Wer hat laut Schätzung die größte bzw. kleinste Handfläche? Können die Schätzungen stimmen? Liefert das Aneinanderlegen der Handflächen eine andere Reihenfolge?

Erarbeitung 2: „Überprüft eure Schätzungen, indem ihr versucht, die Anzahl der Quadrate für jede Handfläche möglichst genau herauszufinden. Zeichnet eure Überlegungen auf, damit andere eure Messung überprüfen können." (Abb. 4.30)

Jeder Gruppe stehen eine Hunderterplatte, weißes Papier, kariertes Papier mit Zentimeterkästchen und Scheren zur Verfügung.

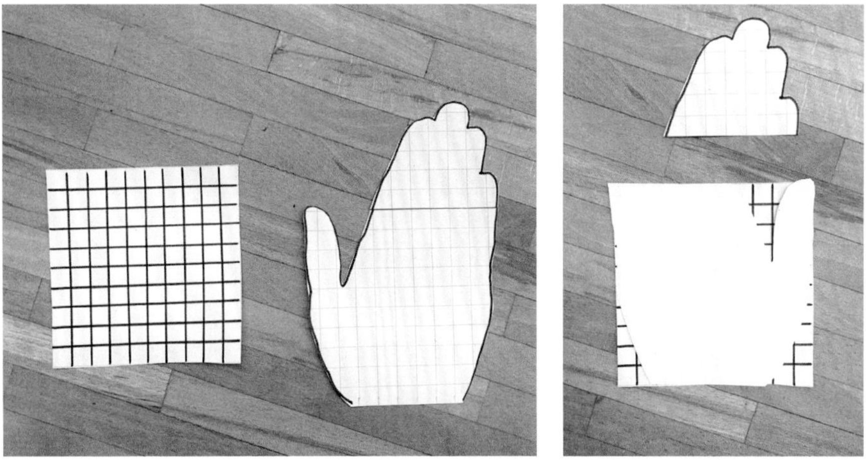

Abb. 4.30: Handfläche im Karoraster messen

Austausch: Die Kinder stellen im Plenum ihre Messergebnisse vor. In den meisten Klassen wird es Handflächen geben, die kleiner, größer als bzw. ungefähr gleich groß wie eine Hunderterplatte sind. Die Zeichnungen können unter der Dokumentenkamera gezeigt werden. Auch der Vergleich mit den Schätzungen vorab sollte thematisiert werden. Wurden akzeptable Annahmen zur Anzahl der Zentimeterquadrate getroffen? Abschließend kann darüber gesprochen werden, wie groß die größte Handfläche, wie klein die kleinste Handfläche ist und ob es Handflächen gibt, die ungefähr so groß wie eine Hunderterplatte sind.

Impulse zum Entdecken, Beschreiben, Erklären, Begründen und Argumentieren:

- „Wie bist du auf deine Schätzung gekommen?"
- „Warum denkst du, dass deine Schätzung angemessen/nicht angemessen ist?"
- „Warum denkst du, dass deine Handfläche ... Zentimeterquadrate groß ist?"
- ...

Mögliche Anschlussaktivität: Weitere Flächen im Klassenzimmer suchen, die ungefähr so groß sind wie eine Hunderterplatte.

Modul 12: Wie groß ist unsere Schule? (ab Klasse 3)

Im Anschluss an die Erfahrungen zum Messen mit Meterquadraten (vgl. Modul 10) sollen die Kinder in diesem Modul die Größe der Schule schätzen.

Problemstellung: Im Sitzkreis liegt ein Meterquadrat aus Papier (z. B. aus Packpapier oder Papiertischdecke). Es wird daran erinnert, wie viele Meterquadrate in das Klassenzimmer passen. Es wird die Frage aufgeworfen, wie viele Meterquadrate man für das ganze Schulgebäude bräuchte. Die Kinder äußern erste Vermutungen.

Erarbeitung: „Ihr wisst, wie viele Meterquadrate euer Klassenzimmer groß ist. Überlegt in eurer Gruppe, wie viele Meterquadrate man für das ganze Schulgebäude wohl braucht. Notiert eure Überlegungen im Größenbuch. Fertigt auch eine Zeichnung an, aus der hervorgeht, wie groß unsere Schule ist."

Die Kinder arbeiten in Gruppen. Jeder Gruppe stehen ein Meterquadrat, ein Zollstock und Karopapier zur Verfügung.

Austausch: Die Kinder stellen ihre Überlegungen im Plenum vor: Anzahl der Klassen, ungefähre Größe der Klassenzimmer, Flure, Lehrerzimmer, Toiletten, oder auch: Anzahl der Stockwerke, Außenmaße des Gebäudes/der Gebäude usw. Abschließend können selbst angefertigte Pläne mit dem offiziellen Schulplan verglichen werden.

Impulse zum Entdecken, Beschreiben, Erklären, Begründen und Argumentieren:

- „Wie viele Klassenzimmer hat eure Schule?"
- „Welche andere Arten von Räumen hat eine Schule außer Klassenzimmern und wie bestimmst du ihre Größe?"
- „Wie kann man die Länge eines Flurs ermitteln, ohne ihn zu messen?"
- „Wie groß ist das Lehrerzimmer im Vergleich zu einem Klassenzimmer?"
- ...

Modul 13: Kann das stimmen? (ab Klasse 3)

Es gibt viele verschiedene „Kann-das-stimmen-Aufgaben“, bei denen der Umgang mit dem Größenbereich Flächeninhalte im Vordergrund steht. Ein möglicher Bearbeitungsablauf wird im Folgenden exemplarisch an einer Aufgabe vorgestellt.

Problemstellung: Im Klassenplenum wird eine Kann-das-stimmen-Aufgabe vorgestellt[22]: „In einem karierten DIN-A5-Heft sind auf einer Seite weniger als 200 Kästchen. Kann das stimmen?“ Es werden erste Vermutungen gesammelt und Begründungen für die Vermutungen erfragt. Dabei kann auch ein leeres DIN A4- oder DIN-A5-Blatt (kurz) gezeigt werden. Diese Blätter können in der Erarbeitungsphase als Hilfe zur Verfügung gestellt werden.

Erarbeitung: Die Kinder bearbeiten die Aufgaben zu zweit. Dabei müssen zunächst verschiedene Angaben geschätzt oder recherchiert werden, die z. B. folgende Fragen beantworten:

- „Wie groß ist ein DIN-A4-/DIN-A5-Heft?“
- „Wie groß sind die Kästchen in einem karierten Heft?“
- „Wie viele Kästchen sind in einer Zeile, wie viele in einer Spalte?“
- ...

Die geschätzten Angaben müssen anschließend passend miteinander verrechnet werden. Die Bearbeitung wird im Größenbuch festgehalten.

Austausch: Die Kinder stellen ihre Ergebnisse vor (ggf. mithilfe einer Dokumentenkamera, Abb. 4.31). Es wird über die getroffenen Annahmen (geschätzte Zahlen) gesprochen und diskutiert, inwieweit sie passend sind. Ziel ist es, die Gruppenergebnisse in Hinblick auf ihre Angemessenheit zu überprüfen. Dabei können durchaus verschiedene Ergebnisse zu einer gleichen Beantwortung der Ausgangsfrage führen, die Annahmen aber doch unterschiedlich angemessen sein. Dies kann abschließend mit einer Heftseite überprüft werden.

Impulse zum Entdecken, Beschreiben, Erklären, Begründen und Argumentieren:

- „Wie kommst du zu deiner Annahme von ...?“
- „Wie könnte man diese Annahme begründen?“
- „Wie könnte man diese Annahme überprüfen?“
- „Warum findest du die Vorgehensweise von ... überzeugend/nicht so überzeugend?“

22 In der Kartei von Ruwisch & Schaffrath (2022) finden sich zahlreiche Aufgaben zu Flächeninhalten.

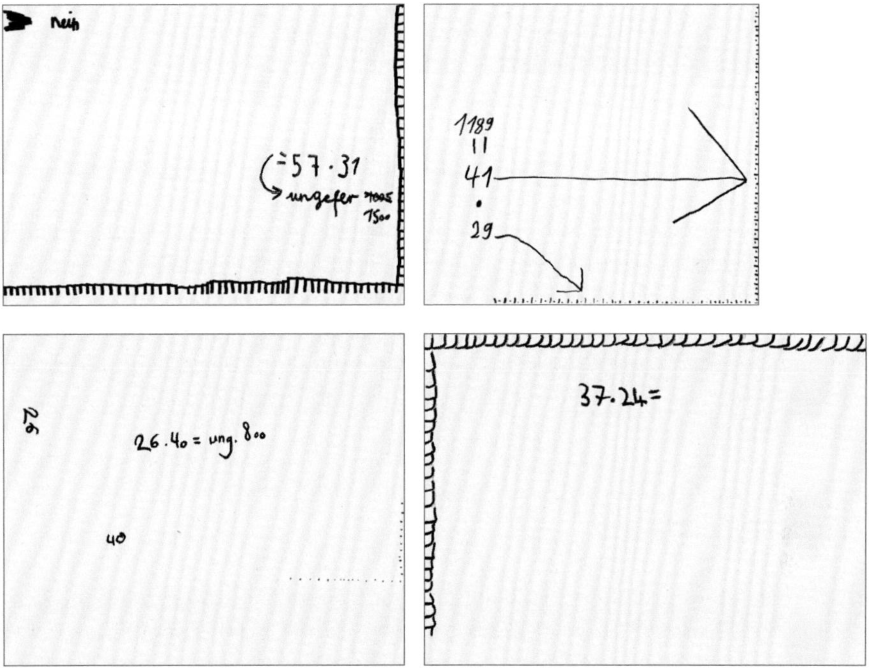

Abb. 4.31: „In einem karierten DIN-A5-Heft sind auf einer Seite weniger als 200 Kästchen. Kann das stimmen?" (Ruwisch & Schaffrath 2009)

Weitere Unterrichtsideen zu Flächeninhalten finden sich in

Wessolowski, S. (2010): Wer hat Recht? Kinder entdecken Zusammenhänge zwischen Umfang und Flächeninhalte bei Rechtecken. In: Grundschulunterricht. H. 1, S. 27–31.

Größenbereichsübergreifende Themenhefte

Grundschule Mathematik
H. 41, 2014, Vom Raten zum Schätzen
H. 47, 2015, Größen messen
H. 58, 2018, Üben in Sachstrukturen
H. 61, 2019, Längen in Bezug zu anderen Größen
H. 69, 2021, Stützpunktvorstellungen

Mathematik differenziert
H. 3, 2020, Größen schätzen, messen, rechnen

5 Rauminhalte

Der Größenbereich *Rauminhalte* erfährt eine systematische Behandlung in den Klassenstufen drei und vier und kann damit auf die Grundlagen zu den anderen beiden geometrischen Größenbereichen *Längen* und *Flächeninhalte* sowie den verfügbaren Zahlenraum zurückgreifen. Gleichzeitig spielen Volumenvergleiche schon in früher Kindheit z. B. bei Umschüttversuchen mit Sand und Wasser im Sandkasten eine Rolle (Benz et al. 2015). Es muss also an die bereits aufgebauten Kenntnisse zu den beiden anderen geometrischen Größenbereichen und an die teilweise noch intuitiven Vorerfahrungen angeknüpft werden.

5.1 Besonderheiten

Der Größenbereich *Rauminhalte* stellt – ähnlich wie die Größenbereiche *Längen* und *Flächeninhalte* – eine Verknüpfung zwischen den Leitideen *Raum und Form* sowie *Größen und Messen* dar und gehört zu den geometrischen Größen. Alle drei sind visuell wahrnehmbare Größen, wobei die Wahrnehmung von Rauminhalten aufgrund der Dreidimensionalität komplexer und damit anspruchsvoller ist als die von Längen oder Flächeninhalten (Schipper 2009). Vergleicht man zwei unterschiedliche, aber mit der gleichen Wassermenge gefüllte Gefäße in Bezug auf die Füllmenge, muss der Füllstand in Zusammenhang mit dem jeweiligen Durchmesser des Gefäßes betrachtet werden (Abb. 5.1).

Abb. 5.1: Gleich viel?

Beschäftigt man sich mit dem Rauminhalt von Körpern, muss zwischen dem Fassungsvermögen von Hohlkörpern sowie dem Volumen von Vollkörpern unterschieden werden (Ruwisch 2012; Heid 2018, S. 55). Vergleicht man z. B. zwei Flaschen in Hinblick auf ihr Fassungsvermögen, ist die dahinterstehende Fragestellung, in welche Flasche mehr Flüssigkeit passt. Vergleicht man dagegen zwei Würfelgebäude in Bezug auf ihr Volumen, geht es nicht um das Fassungsvermögen, sondern um den Volumenvergleich zweier Vollkörper. Hier spielt auch die Vorstellung des Verdrängungsraums eine Rolle. So kann das Volumen eines Vollkörpers durch vollständiges Eintauchen in ein mit Wasser oder Sand gefülltes Gefäß erfolgen (Ruwisch 2012). Der direkte Vergleich des Fassungsvermögens geschieht durch das Umschütten des Inhalts eines Gefäßes in ein anderes, sodass man entscheiden kann, ob in das eine Gefäß mehr oder weniger oder in beide Gefäße gleich viel hineinpasst.

Der Größenbereich *Rauminhalte* zeichnet sich dadurch aus, dass es zwei verschiedene Maßbezeichnungen gibt: Liter (l) und Kubikmeter (m^3). Beide Maßeinheiten lassen sich jeweils in größere und kleinere Maßeinheiten umwandeln. Die Maßeinheit Kubikmeter ergibt sich aufgrund der Dreidimensionalität durch Multiplikation aus der Basiseinheit Meter (m) und stellt daher eine zusammengesetzte Größe dar. Sie wird in der Regel in Zusammenhang mit der Volumenangabe von Vollkörpern genutzt, spielt aber auch eine Rolle bei der Bestimmung des Fassungsvermögens. Dieses kann sowohl durch „feste“ als auch durch „flüssige“ Einheiten bestimmt werden (Curry & Outhred 2005, S. 265 f.):

- *Volume packing:* Bei dieser Messmethode wird das Fassungsvermögen durch Rückgriff auf eine dreidimensionale Einheit (z. B. Einheitswürfel) bestimmt, indem der Raum mit dieser Einheit ausgefüllt wird (Abb. 5.2). Dieser Zugang trägt dazu bei, Rauminhalte als zusammengesetzte Größe zu erfahren und bereitet das Verständnis der Volumenformel vor.

Abb. 5.2: *Volume packing:* Wie viele Würfel passen in den Schachteldeckel?

- *Volume filling:* Bei dieser Messmethode erfolgt die Bestimmung des Fassungsvermögens durch den Rückgriff auf eine „flüssige“ Einheit, die sich in die Form des Gefäßes einfügt (z. B. Wasser oder Sand) (Abb. 5.3).

Abb. 5.3: *Volume filling:* Wie viele Gläser „Wasser“ passen in die Kanne?

Das *volume packing* führt zur Verwendung der Maßeinheit Kubikmeter bzw. ihrer Untereinheiten. Die Maßeinheit Liter ist dagegen die Maßeinheit, die in engerem Zusammenhang mit den „flüssigen“ Einheiten und damit dem *volume filling* steht.

In der Grundschule findet schwerpunktmäßig eine Beschäftigung mit dem Fassungsvermögen statt. Als Einheiten stehen hier insbesondere Liter (l) und Milliliter (ml) – und damit das *volume filling* – im Fokus. Die Einheiten Zentiliter (cl), Deziliter (dl) und Hektoliter (hl) finden dabei jedoch keine Berücksichtigung (Heid 2018). Gleichzeitig begegnen Kinder in ihrem Alltag in Zusammenhang mit Füllmengen sowohl Bruch- als auch Dezimalzahlen. So tauchen in Rezepten häufig Maßangaben in Bruchschreibweise auf, während z. B. Füllangaben bei Getränkeflaschen in der Regel in der Dezimalschreibweise erfolgen. Daher muss im Mathematikunterricht auf beide Schreibweisen eingegangen und ihre Bedeutung geklärt werden. Neben dieser schwerpunktmäßigen Auseinandersetzung mit dem *volume filling* zielen Aufgaben, bei denen das Fassungsvermögen mithilfe von Einheitswürfeln bestimmt wird, auf das *volume packing.* Die Größenangabe erfolgt in diesen Fällen jedoch nicht über die Einheit Kubikmeter oder ihre Untereinheiten, sondern über die Angabe der Würfelanzahl und die Einheit „Würfel“.

Während bei den anderen Größenbereichen Messskalen in der Regel linear sind, gibt es in diesem Größenbereich auch nicht proportionale Skalen. Lineare Messskalen finden sich auf zylinderförmigen Messbechern, nicht proportionale Messskalen an kegelförmigen (konischen) Messbechern (Abb. 5.4

bis Abb. 5.6). Konische Messbecher ermöglichen das Abmessen kleiner Füllmengen. Diese Besonderheit sollte thematisiert werden.

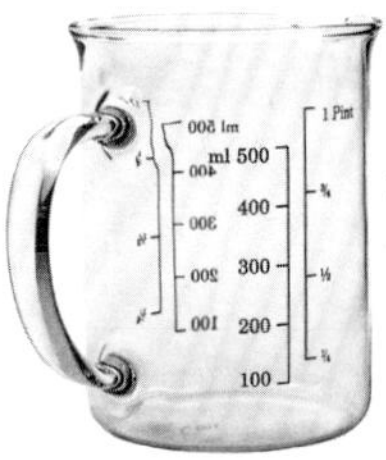

© emuck/stock.adobe.com

Abb. 5.4: Messbecher mit linearer Messskala

© Bernd Kröger/stock.adobe.com

Abb. 5.5: Messbecher mit stark konischer Form

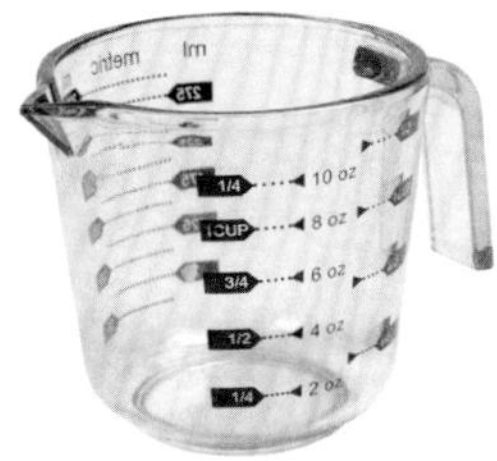

© Luisa Leal/stock.adobe.com

Abb. 5.6: Messbecher mit leicht konischer Form

5.2 Vorkenntnisse in unterschiedlichen Schuljahren

Kinder bringen verschiedene und vielfältige Erfahrungen zum Größenbereich Rauminhalte mit. Sie reichen von den bereits angesprochenen Umschüttversuchen mit Sand und Wasser über das Packen von unterschiedlichen Taschen und Rucksäcken bis zu Koch- und Backerfahrungen. Diese beziehen sich auf direkte Vergleiche, den Kontakt mit Messinstrumenten, den Umgang mit Maßeinheiten zu Hohlmaßen und das Schätzen von Fassungsvermögen: *„Reicht der Rucksack oder muss ich den Koffer nehmen?“*

Studien zeigen, dass direkte Vergleiche des Fassungsvermögens von Gegenständen durch Umschütten bereits von Vierjährigen erfolgreich durchgeführt werden (Clements & Sarama 2014, S. 207). Piagets Untersuchungen zur Invarianz haben dazu geführt, dass in vielen Kindergärten Experimentiermaterialien für Umschüttversuche vorhanden sind (Benz et al. 2015). Diese Erfahrungen tragen dazu bei, dass sich bei den Kindern das Invarianzverständnis für *Rauminhalte* ausbilden kann. Dies ist jedoch ein länger andauernder Prozess. So wurde wiederholt gezeigt, dass zwar im Laufe der Grundschulzeit das Verständnis für die Invarianz von *Rauminhalten* weiter zunimmt, da die Kinder zunehmend dazu in der Lage sind, mehr als eine Dimension zu berücksichtigen. Von einem sicheren Invarianzverständnis kann jedoch erst in einem Alter zwischen zwölf und vierzehn Jahren ausgegangen werden (Piaget et al. 1975; Carpenter 1975; Voulgaris & Evangelidou 2003).

Es kann weiter davon ausgegangen werden, dass Kinder im dritten Schuljahr über ein Transitivitätsverständnis mit Blick auf Rauminhalte verfügen und dieses auch verbalisieren können (Kamii & Clark 1997; Reece & Kamii 2001; Heid 2018).

Studien zum *volume packing* sowie zum *volume filling* zeigen, dass sich das Messverständnis für diese beiden Zugänge unterschiedlich schnell entwickelt (Curry & Outhred 2005). Hierbei fällt auf, dass das Vorgehen beim *volume filling* für die Schülerinnen und Schüler offensichtlich große Parallelen zum Messen von Längen aufweist. Dies ist mit Blick auf die Messskala eines Messbechers nicht verwunderlich, da bei diesem Zugang die Struktur der Messeinheit als eindimensional eingeordnet werden kann und damit dem Messen von Längen vergleichbar ist. Ob dies jedoch auch bedeutet, dass sich das Messverständnis in Hinblick auf Längen und Rauminhalte *(volume filling)* parallel oder zeitlich versetzt entwickelt, ist aufgrund vorliegender Forschungsergebnisse nicht klar beantwortbar (Curry & Outhred 2005; Reece & Kamii 2001). Während Schülerinnen und Schüler in der zweiten Hälfte der Grundschule aufgrund des eindimensionalen Zugangs beim *volume filling* erfolgreich sind, zeigt sich, dass das *volume packing* aufgrund der zu berücksichtigenden Dreidimensionalität deutlich schwieriger ist (Curry & Outhred 2005). So fällt es Schülerinnen und Schülern schwer, bei der Anzahlbestimmung der Einheitswürfel alle Würfel – also auch nicht sichtbare – zu berücksichtigen bzw. keine – z. B. die Eckwürfel – doppelt zu zählen (Battista 2003).

Insbesondere im deutschsprachigen Raum liegen nur wenige Forschungsergebnisse zum Schätzen von *Rauminhalten* vor. Vorliegende, auch internationale, Studien zeigen jedoch auf, dass es Grundschulkindern deutlich schwerer fällt, beim Schätzen alle drei Dimensionen ausreichend zu berücksichtigen (Forrester & Shire 1994). Heid (2018) konnte jedoch aufzeigen, dass Viertklässlerinnen und Viertklässler bereits über verschiedene Schätzstrategien zum Schätzen von *Rauminhalten* verfügen (Heid 2018, S. 239). Es zeigte sich aber auch, dass die Kinder in diesem Größenbereich auf weniger Stützpunkte zurückgreifen können als im Größenbereich *Längen*.

5.3 Lernstandserhebungen

Die folgenden Aufgaben geben einen Einblick in die im Anhang befindlichen Aufgaben zur Lernstandserhebung. Dabei erfolgt eine exemplarische Einordnung in die Teilbereiche des Modells: Vergleichen, Messen, Stützpunkte und Schätzen.

Vergleichen

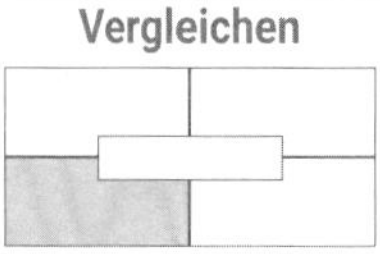

Bei der Aufgabe in Abb. 5.7 wird die Fähigkeit zum Vergleichen erhoben. Der *Vergleich* der Rauminhalte kann visuell erfolgen oder es können mithilfe eines Vergleichsobjekts Strecken abgetragen und zueinander in Beziehung gesetzt, also indirekt verglichen werden. Ein direkter Vergleich durch Nebeneinanderlegen ist nicht möglich, da die Bausteine unbeweglich sind.

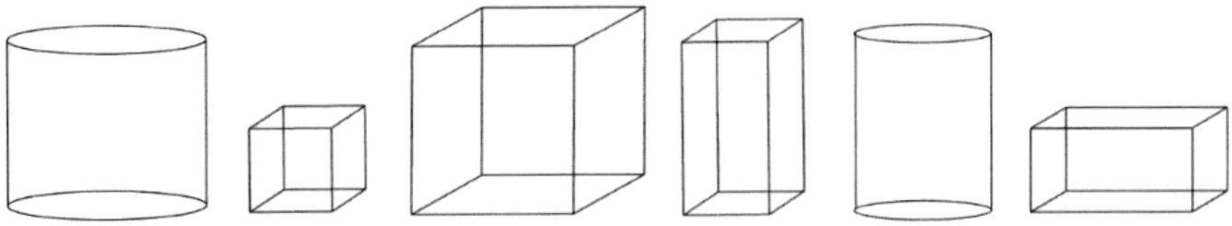

Abb. 5.7: Für welchen Baustein braucht man am wenigsten Holz, für welchen am meisten?

Bei der Aufgabe (Abb. 5.8) steht durch das Umschütten der Flüssigkeit von einem Gefäß in ein anderes Gefäß das Invarianzverständnis im Fokus: Erkennt das Kind, dass sich die Flüssigkeitsmenge durch das Umschütten in ein anders geformtes Gefäß nicht ändert oder überwiegt der visuelle Eindruck?

Lisa füllt zwei gleich hohe und gleich breite Gläser mit derselben Menge an Wasser. Aus dem einen Glas möchte sie trinken, das andere ist für ihren Hund Bello:

Damit Bello sein Wasser leichter trinken kann, schüttet Lisa das Wasser (bevor Bello trinkt) aus dem einen Glas in ein anderes Glas um:

Abb. 5.8: Haben Lisa und ihr Hund Bello gleich viel zu trinken? Begründe.

Die Schülerantworten zeigen, dass viele Kinder im dritten und vierten Schuljahr über das erforderliche Invarianzverständnis verfügen. Es finden sich insbesondere Begründungen über die Identität (Abb. 5.9), über die Kompensation (Abb. 5.10) sowie über eine Kombination dieser beiden Begründungslinien (Abb. 5.11). Es gibt aber auch Schülerinnen und Schüler, die die Invarianz nicht erkennen und beim visuellen Vergleich die Dreidimensionalität nicht berücksichtigen (Abb. 5.12 bis 5.14).

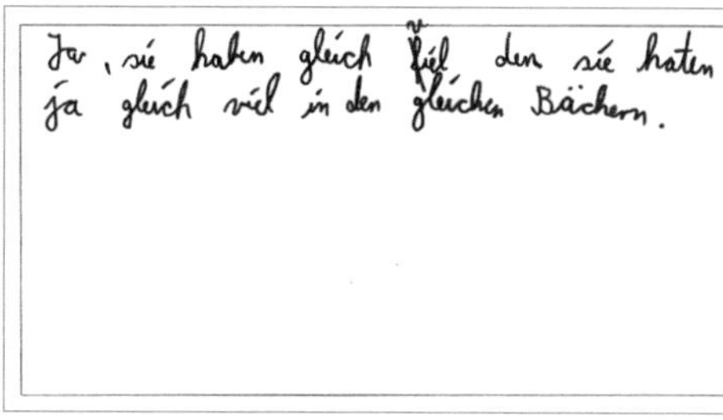

Abb. 5.9: Identitätsargument

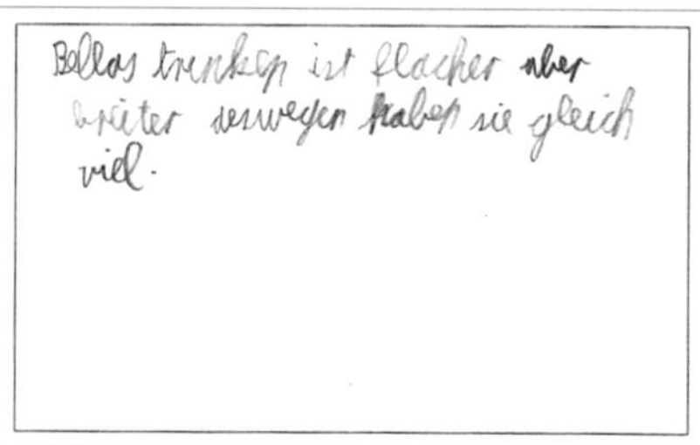

Abb. 5.10: Kompensationsargument

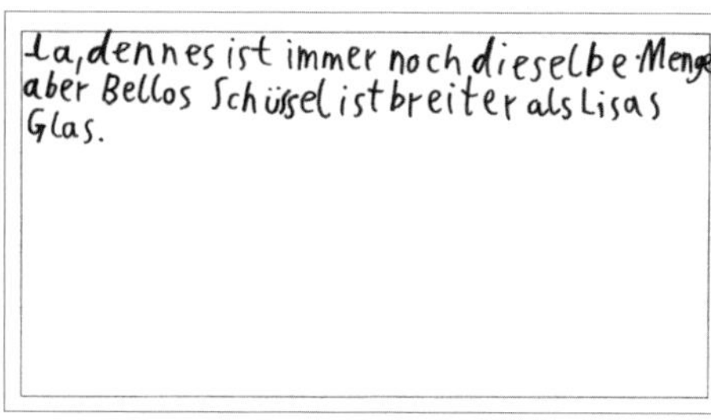

Abb. 5.11: kombiniertes Identitäts- und Kombinationsargument

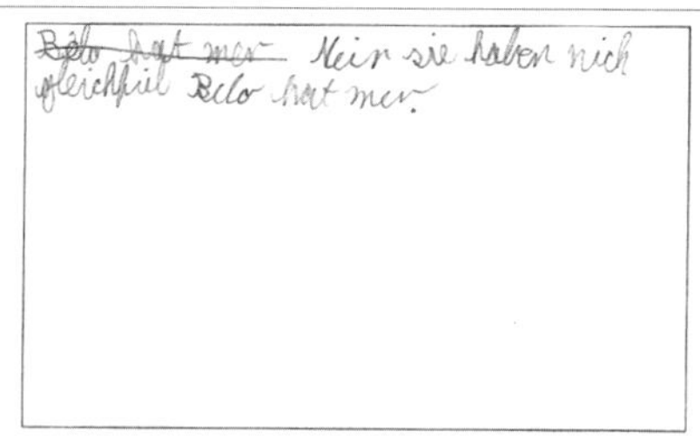

Abb. 5.12: kein Erkennen der Invarianz

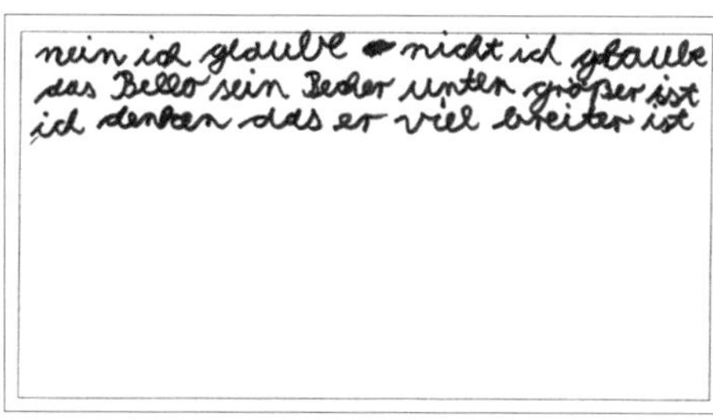

Abb. 5.13: kein Erkennen der Invarianz

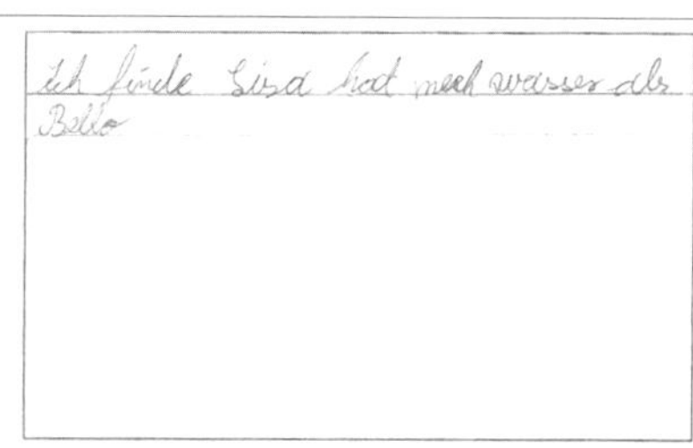

Abb. 5.14: kein Erkennen der Invarianz

Messen

Die Aufgabe, bei der die Kinder dazu aufgefordert sind, das Bild eines Messbechers zu vervollständigen (Abb. 5.15), gibt einen Einblick in das *Wissen über Messwerkzeuge* der Kinder (in Anlehnung an Rink 2015).

Abb. 5.15: Hier siehst du einen Messbecher. Zeichne ein, was noch fehlt.

Die Skalen, die die Kinder eintragen (Abb. 5.16), lassen sich in Anlehnung an Nührenbörger (2002) in zu den Linealbildern vergleichbare Kategorien einordnen (Kap. 3). Neben den bekannten Kategorien (1–3) finden sich bei den Messbechern darüber hinaus Skalen, die falsch ausgerichtet sind (4), nicht-proportionale Skalen (5) sowie „Skalen“, die keine Messskalen darstellen (6). Die Beispiele (5) und (6) zeigen aber auch, dass diese Kinder offensichtlich Eigenschaften von speziellen Messbechern – Skala eines konischen Messbechers sowie Messskalen zu verschiedenen Lebensmitteln – bereits wahrgenommen und hier dargestellt haben.

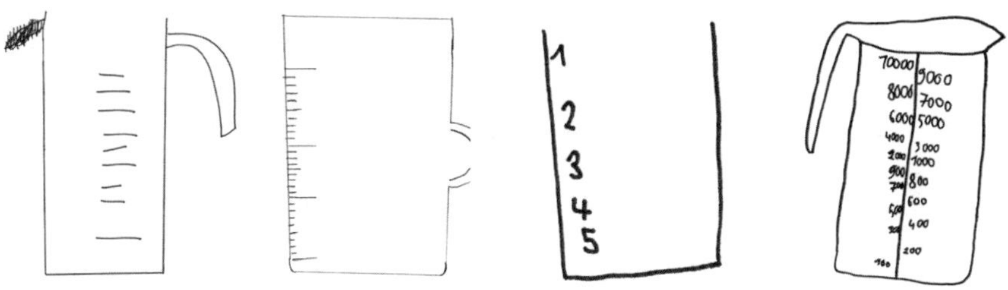

(1a) Strichskala ohne Zwischenstriche | (1b) Strichskala mit Zwischenstrichen | (2a) Zahlenskala | (2b) Zahlenskala

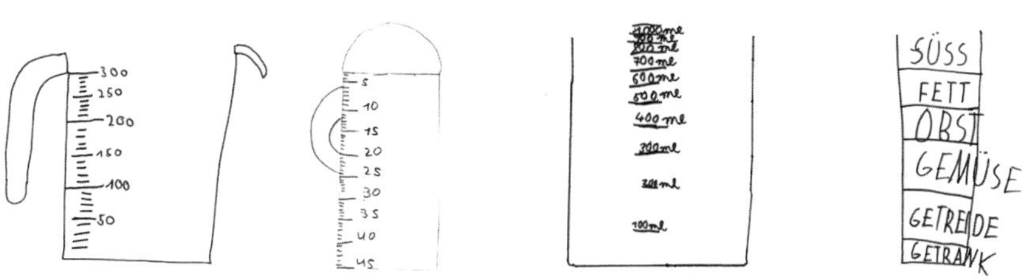

(3) Einheitsskala | (4) Skala mit falscher Ausrichtung | (5) nicht-proportionale Messskala | (6) Kein Messskalenverständnis

Abb. 5.16: Messskalen aus dem 3. und 4. Schuljahr

Über Aufgaben wie in Abb. 5.17 kann man erkennen, ob das Kind die Flüssigkeitsmenge in einem Messbecher korrekt ablesen kann. Hier gibt es sowohl Aufgaben, bei denen die Skalen sehr umfangreich beschriftet sind, als auch solche, bei denen – wie im abgebildeten Beispiel – die Angabe des korrekten Wertes ein hohes Verständnis der Messskala voraussetzt.

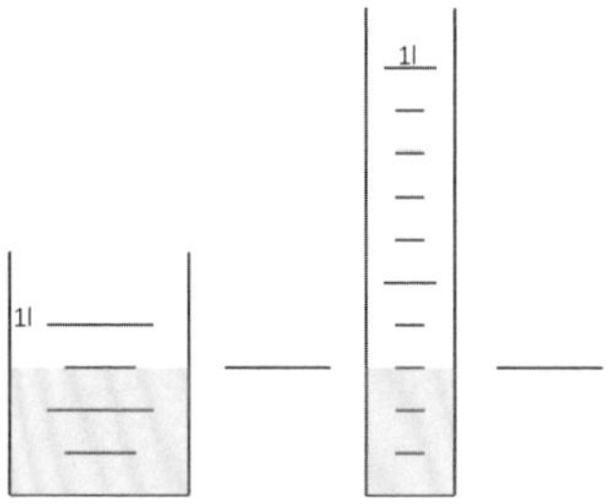

Abb. 5.17: Wie viel Wasser ist im Messbecher? Schreibe auf.

Aufgaben wie in Abb. 5.18 regen durch die Einheitswürfel (volume packing) einen quantitativen Vergleich des Fassungsvermögens von zwei Schachteln an. Sie geben Einblick, inwieweit die Dreidimensionalität beim Volumenvergleich berücksichtigt wird.

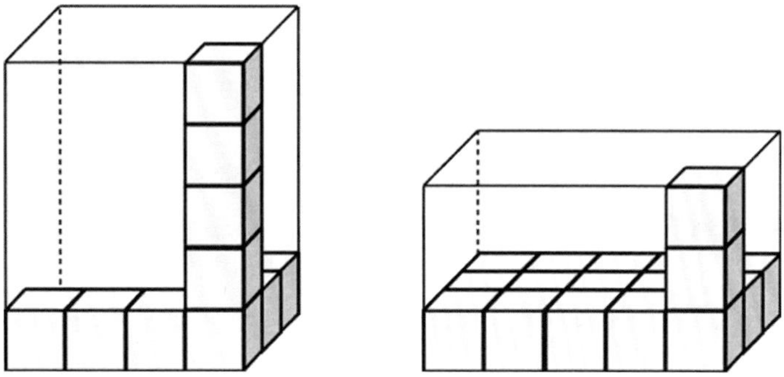

Abb. 5.18: In welche Schachtel passen mehr Würfel? Kreuze an und begründe deine Entscheidung.

Mit Aufgaben wie in Abb. 5.19 wird Wissen *über Einheiten* überprüft. Wissen die Kinder, mit welchen Einheiten das Fassungsvermögen verschiedener Objekte üblicherweise angegeben wird und können sie abhängig von der angegeben Maßzahl die passende Einheit zuordnen? Aufgaben dieser Art geben auch einen Einblick in den Bereich Stützpunkte.

a) In einem Trinkpäckchen sind 250 _____ Saft.
b) In eine Flasche passen 700 _____ Wasser.
c) In eine Füllerpatrone passt 1 _____ Tinte.

Abb. 5.19: Trage die passende Einheit ein.

Stützpunkte

Die Aufgabe in Abb. 5.20 gibt Einblick in Stützpunktwissen und -vorstellungen der Kinder.

Hier passt ungefähr *1 ml* rein:	Hier passen ungefähr *200 ml* rein:	Hier passt ungefähr *1 l* rein:	Hier passen ungefähr *10 l* rein:

Abb. 5.20: Schreibe immer drei Dinge auf.

Die Schülerantworten (Abb. 5.21) zeigen, dass es den Kindern im vierten Schuljahr deutlich leichter fällt, zu den Standardgrößen 200 ml und einem Liter einen adäquaten Repräsentanten zu nennen als zu den beiden anderen Standardgrößen. Für die Standardgrößen 1 ml und 10 l zeigen sich teilweise deutliche Abweichungen nach oben (Schnapsgläschen, kleiner Becher bzw. Badewanne).

Schätzen

Bei den Aufgaben zum quantitativen Schätzen kann zwischen Aufgaben unterschieden werden, bei denen die Angabe des Fassungsvermögens begründet werden soll (Abb. 5.22), und Aufgaben, bei denen z. B. einem Gefäß die passende Angabe zugeordnet werden soll (Abb. 5.23). Durch die Begründung kann man einen Einblick in verfügbares Stützpunktwissen und -vorstellungen erhalten.

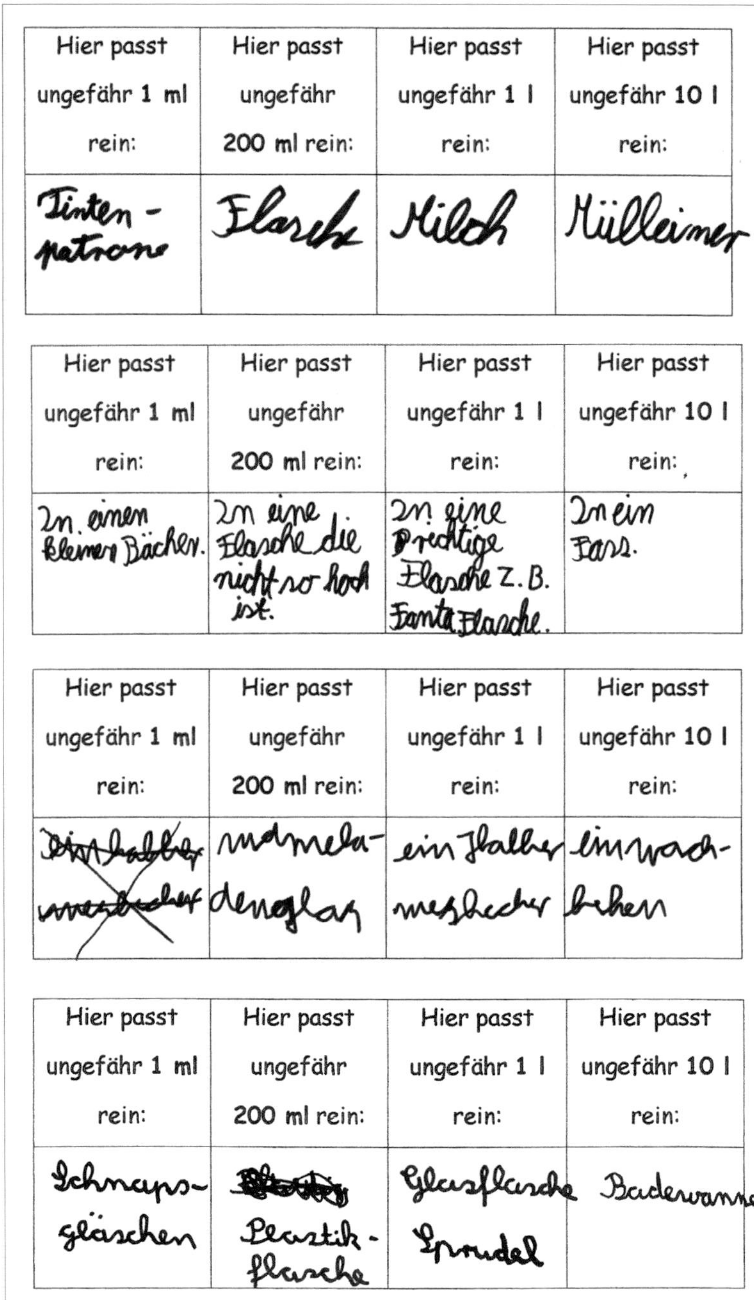

Hier passt ungefähr 1 ml rein:	Hier passt ungefähr 200 ml rein:	Hier passt ungefähr 1 l rein:	Hier passt ungefähr 10 l rein:
Tinten-patrone	Flasche	Milch	Mülleimer

Hier passt ungefähr 1 ml rein:	Hier passt ungefähr 200 ml rein:	Hier passt ungefähr 1 l rein:	Hier passt ungefähr 10 l rein:
In einen kleinen Bächer.	In eine Flasche die nicht so hoch ist.	In eine prächtige Flasche z.B. Fanta Flasche.	In ein Fass.

Hier passt ungefähr 1 ml rein:	Hier passt ungefähr 200 ml rein:	Hier passt ungefähr 1 l rein:	Hier passt ungefähr 10 l rein:
~~Ein halber messbecher~~	marmela-denglas	ein Halber meßbecher	ein wach-becken

Hier passt ungefähr 1 ml rein:	Hier passt ungefähr 200 ml rein:	Hier passt ungefähr 1 l rein:	Hier passt ungefähr 10 l rein:
Schnaps-gläschen	~~[illegible]~~ Plastik-flasche	Glasflasche Sprudel	Badewanne

Abb. 5.21: Schülerantworten Repräsentanten zu den Standardgrößen, Klasse 4

So viel Flüssigkeit passt in einen Eierbecher: Begründe:

Abb. 5.22: Schätze und begründe.

150 ml	☐
0,15 ml	☐
1500 ml	☐
1,5 ml	☐
15 ml	☐
15 l	☐
15 000 ml	☐

Abb. 5.23: Welche der angegebenen Flüssigkeitsmengen kann die Füllmenge der Karaffe sein?

Die Spannweite der Schätzungen – 1 ml bis 500 ml – (Abb. 5.24) zeigt auf, dass es vielen Schülerinnen und Schülern schwerfällt, das Fassungsvermögen eines Eierbechers adäquat einzuschätzen. Gleichzeitig fällt auf, dass die dahinterliegende Vorstellung „nicht so groß“ oder „passt nicht so viel rein“ mit entsprechend weit gestreuten Größenangaben verknüpft ist. Darüber hinaus können die Lösungen von Aufgaben dieser Art der Lehrkraft einen Einblick geben, bei welchen Schülerinnen und Schülern Maßeinheiten ggf. noch nicht größenbereichsadäquat aktiviert werden können.

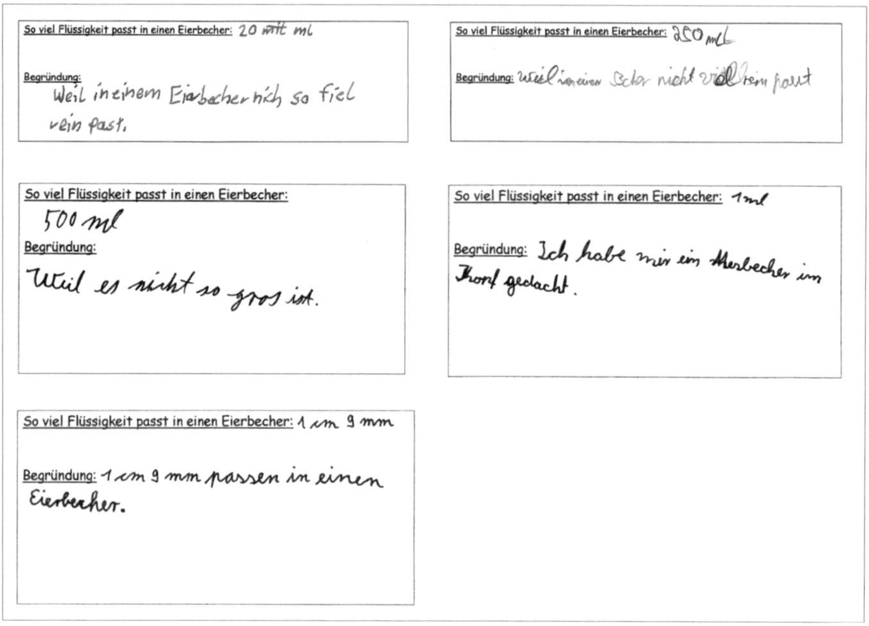

So viel Flüssigkeit passt in einen Eierbecher: 20 ~~mit~~ ml

Begründung: Weil in einem Eierbecher nich so fiel rein past.

So viel Flüssigkeit passt in einen Eierbecher: 250 ml

Begründung: weil in einen Becher nicht viel rein passt

So viel Flüssigkeit passt in einen Eierbecher: 500 ml

Begründung: Weil es nicht so gros ist.

So viel Flüssigkeit passt in einen Eierbecher: 1 ml

Begründung: Ich habe mir ein Messbecher im Kopf gedacht.

So viel Flüssigkeit passt in einen Eierbecher: 1 cm 9 mm

Begründung: 1 cm 9 mm passen in einen Eierbecher.

Abb. 5.24: Fassungsvermögen Eierbecher – Schülerdokumente Klasse 3 und 4

5.4 Unterrichtsmodule

Die vorgestellten *Unterrichtsmodule* folgen derselben Systematik wie die Aufgaben zur Erhebung von Lernständen. In jedem Bereich – Vergleichen, Messen, Stützpunkte und Schätzen – finden sich Unterrichtsvorschläge, die in verschiedenen Schuljahren durchgeführt werden können. Empfehlungen in Bezug auf die bevorzugte Klassenstufe werden gegeben.

Bei der Behandlung dieses Größenbereichs benötigt man u. a. Schüttgut, mit dem Umschüttversuche durchgeführt werden können. Hierfür bieten sich – neben Wasser – verschiedene Materialien wie Sand oder Plastikgranulat an.

5.4.1 Vergleichen

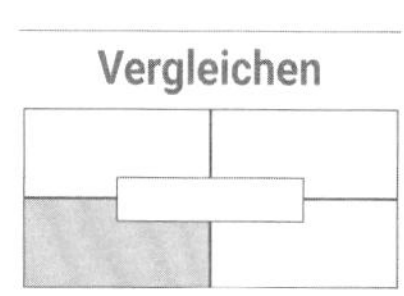

Mit den folgenden Unterrichtsmodulen sammeln Kinder Erfahrungen zum direkten Vergleichen von Rauminhalten und dem Ordnen von Repräsentanten.

In diesen Vergleichssituationen sind die Kinder zum einen dazu aufgefordert, über direkte Vergleiche Gefäße in Hinblick auf ihr Fassungsvermögen miteinander zu vergleichen. Zum anderen sollen die Ergebnisse mithilfe von Satzbausteinen (passt mehr rein/passt weniger rein/passt genauso viel rein/ist größer als/ist kleiner als/ist am größten/ist am kleinsten/ist genauso groß wie) dokumentiert werden. In diesem Zusammenhang spielt die Auseinandersetzung mit den Besonderheiten des Größenbereichs *Rauminhalte* eine Rolle. Darüber hinaus wird durch die Aufforderung, mehrere Gefäße nach ihrem Fassungsvermögen zu ordnen, das Transitivitätsverständnis angesprochen.

Modul 1: Fassungsvermögen von Gefäßen vergleichen 1 (ab Klasse 1)
Dieses Modul kann mit unterschiedlichen Gefäßen wiederholt durchgeführt werden.

Problemstellung: In der Mitte des Sitzkreises stehen verschiedene Gefäße (Abb. 5.25: Dosen, Flaschen ...). Die Gefäße sollen dem Fassungsvermögen nach geordnet werden. Die Kinder äußern erste Vermutungen.

Abb. 5.25: Auswahl an verschiedenen Gefäßen, Flaschen ...

Erarbeitung (Partner- oder Gruppenarbeit): „Ordnet die Gefäße nach ihrem Fassungsvermögen. In welche Dose/Flasche/... passt am wenigsten? In welche Dose/Flasche/... passt am meisten?"
„Überlegt, wie ihr herausfinden könnt, wie ihr die Gefäße nach ihrem Fassungsvermögen ordnen könnt. Notiert eure Ordnung in eurem Größenbuch und beschreibt, wie ihr vorgegangen seid."
Den Kindern steht Schüttgut zur Verfügung.

Austausch: Die Kinder vergleichen die von ihnen gefundene Ordnung mit der Ordnung einer anderen Gruppe. Dabei beschreiben sie, wie sie vorgegangen sind und diskutieren über eventuelle Abweichungen.

Impulse zum Entdecken, Erklären, Begründen und Argumentieren:

- „Wie kann man herausfinden, in welches von zwei oder mehr Gefäßen mehr oder weniger hineinpasst?"
- „Wie kann man herausfinden, in welches Gefäß am meisten/wenigsten passt?"
- „Ist das höchste Gefäß auch das, in das am meisten passt?"
- „Gibt es Gefäße, die sehr unterschiedlich aussehen, in die aber fast gleich viel hineinpasst?"

Modul 2: Volumenmemory (ab Klasse 1)

Problemstellung: Den Kindern stehen verschiedene Gefäße zu Verfügung, von denen in immer zwei ungefähr gleich viel hineinpasst (Abb. 5.26), sowie Schüttgut (z. B. Sand), das die Kinder für einen direkten Vergleich nutzen können.

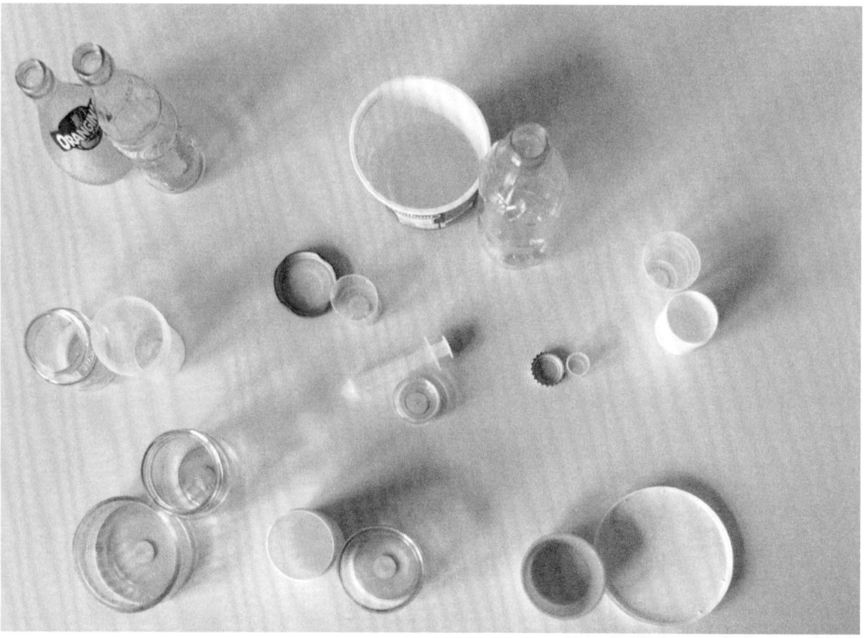

Abb. 5.26: Volumenmemory

Erarbeitung: „Spielt Volumenmemory und findet immer die beiden Gefäße, in die ungefähr gleich viel hineinpasst."

Die Kinder spielen reihum in Partner- oder Gruppenarbeit Volumenmemory, indem ein Kind zwei Gefäße auswählt, bei denen es annimmt, dass sie das gleiche Fassungsvermögen haben. Das Kind überprüft seine Vermutung mithilfe des Schüttguts. Wenn es sich um ein Volumenpaar handelt, werden die beiden Gefäße vom Spielfeld genommen und das Kind darf sich einen Strich machen. Wer die meisten Volumenpaare gefunden hat, hat gewonnen.

Austausch: Die Kinder berichten, bei welchen Gefäßen ihnen der Volumenvergleich schwergefallen ist. Gemeinsam wird überlegt, woran das liegt.

Impulse zum Entdecken, Erklären, Begründen und Argumentieren:
- „Wie kann man herausfinden, ob in zwei Gefäße gleich viel hineinpasst?“
- „Passt in Gefäße, die ungefähr gleich hoch sind, auch immer gleich viel hinein?“
- „Bei welchen Gegenständen hast du dich verschätzt?“
- „Gibt es Gefäße, die sehr unterschiedlich aussehen, in die aber fast gleich viel hineinpasst?“

Modul 3: Volumenvergleich (ab Klasse 3)

Problemstellung: In der Mitte des Sitzkreises liegen verschiedene Gegenstände (z. B. geometrische Körper), die mit Blick auf ihr Volumen (hier: Verdrängungsraum) miteinander verglichen werden sollen.

„Wie könnt ihr herausfinden, welcher Gegenstand das größere Volumen hat?“

Die Kinder äußern Ideen. Ggf. werden als stummer Impuls ein großes durchsichtiges Gefäß mit Wasser sowie abwischbare Folienstifte in den Sitzkreis gestellt. Der Durchmesser des Gefäßes sollte nicht zu groß sein, da der Wasserstand sonst nicht sichtbar genug ansteigt. Gemeinsam wird besprochen, wie mithilfe des Wassergefäßes und dem Folienstift das Volumen der Gegenstände bestimmt werden kann. Dafür wird der Wasserstand markiert. Anschließend wird einer der Gegenstände in das Wasser gelegt bzw. getaucht und die neue Füllhöhe (Wasserstand) ebenfalls markiert. Dies kann für alle Gegenstände wiederholt werden. Alternativ kann auch ein Messbecher verwendet werden (Abb. 5.27).

Erarbeitung: „Ordnet die Gegenstände nach ihrem Volumen und dokumentiert die Ergebnisse in eurem Größenbuch.“

Austausch: Die Kinder vergleichen ihre Ordnung mit der Ordnung einer anderen Gruppe und tauschen sich über ihre Erfahrungen aus. Gemeinsam wird überlegt, wie man mit den Gegenständen umgehen kann, die schwimmen.

Abb. 5.27: Volumenbestimmung mithilfe eines Messbechers

Impulse zum Entdecken, Erklären, Begründen und Argumentieren:
- „Was habt ihr bei den schwimmenden Gegenständen gemacht? Wie kann man hier vorgehen?“
- „Gibt es einen Gegenstand, bei dem du dich über das Vergleichsergebnis gewundert hast?“

5.4.2 Messen

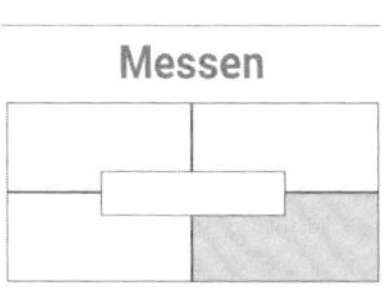

Mit den folgenden Modulen erwerben die Kinder Wissen über Messwerkzeuge. Sie sammeln Messerfahrungen und lernen verschiedene Möglichkeiten des quantitativen Volumenvergleichs kennen. Darüber hinaus spielt auch der Umgang mit verschiedenen Maßeinheiten sowie das Rechnen mit Größenangaben eine Rolle.

Modul 4: Messbecher kennenlernen (ab Klasse 3)

Problemstellung: Im Sitzkreis stehen verschiedene Messbecher (Abb. 5.28). Es wird geklärt, wozu und wie man Messbecher verwendet.

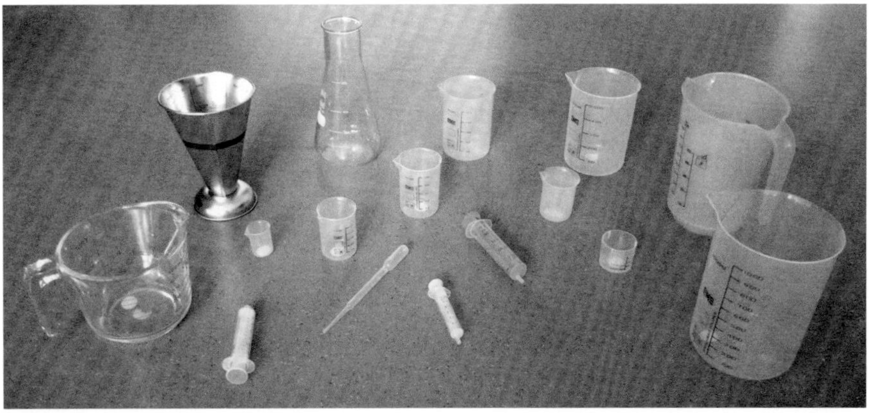

Abb. 5.28: Auswahl an Messbechern

Erarbeitung: „Messt 250 ml (50 ml, 500 ml, 1 l) Sand/Wasser mit den verschiedenen Messbechern ab. Vergleicht die Füllhöhe in den Messbechern und schreibt in euer Größenbuch, was euch auffällt."

Austausch: Die Kinder tauschen sich über ihre Entdeckungen zur Füllhöhe aus. Darüber hinaus können die unterschiedlichen Skalierungen – insbesondere der Vergleich der linearen Skala eines zylindrischen Messbechers mit der nicht-linearen Skala eines konischen Messbechers – sowie die Unterschiede in den Maßangaben (ganzzahlig: 250 ml vs. Bruchzahl: ¼ l) in den Blick genommen werden.

Impulse zum Entdecken, Erklären, Begründen und Argumentieren:
- „Warum ist die Füllhöhe in den verschiedenen Messbechern unterschiedlich?"
- „Gibt es einen Messbecher, bei dem es dir leichter fällt, die Füllmenge abzulesen? Woran liegt das?"
- „Wie kann man mit einem Messbecher eine bestimmte Sand- oder Wassermenge abmessen?"

Anschlussaktivitäten (Klasse 4):
- „Wofür ist der konische Messbecher besonders praktisch?"
- „An vielen Messbechern befinden sich neben Volumenangaben auch Gewichtsangaben für verschiedene Lebensmittel (Zucker, Mehl, Rosinen ...).
  - Was misst man hier: Gewicht oder Volumen?
  - Wieso unterscheiden sich die Füllhöhen von 100 g Zucker und 100 g Mehl?"

Modul 5: Messbecher selbst herstellen (ab Klasse 3)

Problemstellung: Zum Einstieg werden ein 10 cm × 10 cm × 10cm-Würfel sowie eine 1l-Tetrapackung präsentiert, verbunden mit der Frage, in welchen der beiden Körper mehr Wasser passt (Hinze 2012, S. 18 ff.). Es werden erste Vermutungen geäußert und notiert.

Erarbeitung:
- „Bastle mithilfe der Vorlage einen offenen Würfel."
- „Schätze, wie viel Wasser in den Würfel passt."
- „Finde nun heraus, welches Fassungsvermögen der Würfel hat, indem du ihn mit dem Mosaik-PlayMais[23] befüllst. Verwende zum Messen einen Messbecher."
- „Stelle nun aus deinem Würfel einen Messbecher her, indem du eine Skala mit Milliliter- und Literangaben einzeichnest."

Abb. 5.29: Messbecher herstellen

Austausch: „Vergleiche die Skala deines Messbechers mit der Skala des Messbechers eines anderen Kindes. Sind eure Skalen gleich oder gibt es Unterschiede? Überprüft gegenseitig eure Skalen, indem ihr verschiedene Mengen mit einem genormten Messbecher nachmesst."

Impulse zum Entdecken, Erklären, Begründen und Argumentieren:
- „Was hast du dir bei deiner Schätzung zum Fassungsvermögen des Würfels überlegt?"
- „Wie bist du beim Einzeichnen der Skala vorgegangen?"

23 Hierfür bietet sich als Schüttgut z. B. Mosaik-PlayMais an, weil durch ein möglichst leichtes Schüttgut eine Verformung der Würfel vermieden werden kann (https://playmais.de/eduline-mosaic-12000, Zugriff: 16.09.2022).

Modul 6: Fassungsvermögen von Gefäßen (ab Klasse 3)

Problemstellung: Es stehen verschiedene Gefäße und Messbecher zur Verfügung (Abb. 5.30).

Abb. 5.30: Auswahl an verschiedenen Gefäßen

Erarbeitung (Partnerarbeit): „Wie viel Wasser (Sand) passt in die verschiedenen Gefäße? Bestimmt das Fassungsvermögen der verschiedenen Gefäße mit einem Messbecher. Notiert für jedes Gefäß das Fassungsvermögen in eurem Größenbuch. Gebt auch an, mit welchem Messbecher ihr gemessen habt."

Austausch: Die Kinder vergleichen ihre Messergebnisse untereinander. Bei Abweichungen beschreiben sie sich ihr Vorgehen gegenseitig und führen eine gemeinsame Vergleichsmessung durch.

Im Plenum kann überlegt werden, warum die Maßangaben manchmal unterschiedlich sind und welche Abweichung als „tolerabel" akzeptiert werden kann.

Impulse zum Entdecken, Erklären, Begründen und Argumentieren:

- „Wie kann man mit einem Messbecher das Fassungsvermögen eines Gefäßes bestimmen?"
- „Wie ist die Skaleneinteilung zu verstehen?"
- „Was macht man, wenn die Füllhöhe zwischen zwei Skalenstrichen liegt?"

- „Ab welchem Unterschied würdest du sagen, dass es sich um zwei verschiedene Angaben des Fassungsvermögens handelt?“
- „Gibt es einen Messbecher, mit dem du am liebsten misst? Woran liegt das?“

Modul 7: Rauminhalte von Verpackungen (ab Klasse 3)

Problemstellung: Verpackungen haben unterschiedliche Maße, lassen sich aber aufgrund der zu berücksichtigenden Dreidimensionalität nicht immer leicht über den visuellen Eindruck in Bezug auf das Fassungsvermögen vergleichen. Mithilfe von Einheitswürfeln (Dienes-Material) kann der Rauminhalt aber miteinander verglichen werden.

Im Sitzkreis liegen verschiedene Verpackungen. Welches ist die größte Verpackung? Welches ist die kleinste Verpackung? Die Kinder äußern erste Vermutungen.

Erarbeitung: Den Kindern stehen neben den Verpackungen Karten mit Abbildungen der Verpackungen sowie Einheitswürfel zur Bestimmung des Fassungsvermögens zur Verfügung.

„Ordnet die Verpackungen nach ihrem Fassungsvermögen, indem ihr vermutet und noch nicht messt. Legt dann die Bilder in der entsprechenden Reihenfolge.“

„Nun messt aus: Wie viele Würfel passen in die einzelnen Verpackungen? Notiert die Anzahl der Würfel in eurem Größenbuch und ordnet die Verpackungen anschließend nach ihrem gemessenen Fassungsvermögen.

Abb. 5.31: Rauminhalte von Verpackungen

Vergleicht eure vermutete Reihenfolge (Bilder) mit der ausgemessenen Reihenfolge."

Austausch: Im Austausch wird darüber diskutiert, welche Gründe es für Unterschiede zwischen der geschätzten und der gemessenen Ordnung geben könnte.

Impulse zum Entdecken, Erklären, Begründen und Argumentieren:
- „Wie kann man herausfinden, wie viele Einheitswürfel (ungefähr) in eine Verpackung passen?"
- „Ist die höchste Verpackung auch die, in die am meisten hineinpasst? Ist die niedrigste Verpackung auch die, in die am wenigsten hineinpasst?"
- „Woran kann es liegen, dass eure gemessene Reihenfolge von der geschätzten Ordnung abweicht?"

Modul 8: Cocktails mixen (ab Klasse 3)

Problemstellung:
Einmal pro Woche soll es Cocktails für die ganze Klasse geben. Die Klasse wird in Gruppen eingeteilt, die abwechselnd das wöchentliche Cocktailmixen übernehmen.

Den Schülerinnen und Schülern stehen ein Cocktailrezept für sechs Personen, die benötigten Zutaten, Messbecher, eine Kanne mit einem Fassungsvermögen von zwei Litern und Gläser zur Verfügung.

Cocktailrezept (für sechs Cocktails)[24]

Zutaten:
150 ml Zitronensaft
200 ml Grenadine
50 ml Maracujasirup
250 ml Ananassaft
100 ml Pfirsichsaft
250 ml Orangensaft
Eiswürfel

Zubereitung:
- Alle Zutaten – abgesehen von den Eiswürfeln – vermischen.
- Eiswürfel in die Gläser füllen und dann mit der Cocktailmischung auffüllen.

Erarbeitung: „Mixt mithilfe des Rezepts Cocktails für die ganze Klasse!"

Austausch: Nach dem Mixen kann mit den Gruppen jeweils das Vorgehen reflektiert werden:
- „Wie habt ihr euch überlegt, welche Cocktailmenge ihr zubereiten müsst?"
- „Wie seid ihr beim Berechnen der Mengen vorgegangen?"

24 https://www.chefkoch.de/rezepte/1548511261433627/Tutti-Frutti.html?portionen=6 (Zugriff: 16.09.2022)

Impulse zum Entdecken, Erklären, Begründen und Argumentieren:

- „Wie berechnet ihr die Mengen?"
- „Wie viel Cocktailmenge müsst ihr im Gesamten mixen, damit alle Kinder der Klasse einen Cocktail trinken können?"
- „Welche Cocktailmenge bekommt ein Kind?"
- „Wie viel passt in die Kanne? Was bedeutet das für das Mixen der Cocktails?"

5.4.3 Stützpunkte

Stützpunkte

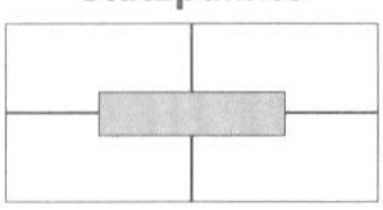

Stützpunktwissen und Stützpunktvorstellungen sind zentrale Voraussetzungen, um Schätzungen (mentale Vergleiche, mentale Messvorgänge) vornehmen zu können. Um diese für Schätzprozesse dauerhaft sowohl als Wissen als auch in der Vorstellung verfügbar zu machen, werden diese in den folgenden Modulen in Form von Repräsentanten-Tischen oder -Plakaten gesammelt und ausgestellt. Sie werden außerdem auch im Größenbuch (Rink 2014), das über die gesamte Grundschulzeit geführt wird, festgehalten. Ziel ist es, dass jedes Kind sich bewusst entscheidet, welche Repräsentanten es sich für verschiedene Größen und ggf. Vielfache dauerhaft merken will.

Modul 9: Repräsentanten-Tische (ab Klasse 3)

Problemstellung: In der Mitte des Sitzkreises liegt eine Auswahl an verschiedenen Gefäßen und Gegenständen, die als Repräsentanten für 1 ml, 10 ml, 100 ml, 500 ml und 1 l stehen können sowie Karten, auf denen die genannten Größen notiert sind. Gemeinsam werden die Repräsentanten zugeordnet. Was hat sonst noch (ungefähr) ein Volumen von 1 ml/10 ml/100 ml/500 ml/1 l?

Erarbeitung: „Sucht nach weiteren Gegenständen, die (ungefähr) das Volumen von 1 ml (10 ml/100 ml/500 ml/1 l) haben. Vergleicht eure Vermutung zunächst mit einem bereits vorhandenen Gegenstand und überprüft dann mit einem Messbecher."

„Sammelt die passenden Gegenstände auf ‚eurem' Repräsentanten-Tisch. Notiert die gefundenen Gegenstände im Größenbuch und markiert euren Lieblingsrepräsentanten mit einem farbigen Stift."

Austausch: Die Gruppen stellen sich ihre Repräsentanten-Tische gegenseitig vor. Dabei können die Kinder sich auch über ihre Lieblingsrepräsentanten austauschen.

Impulse zum Entdecken, Erklären, Begründen und Argumentieren:

- „Wie habt ihr eure Repräsentanten gefunden?“
- „Womit habt ihr die Gegenstände verglichen?“
- „Wie habt ihr das Volumen der Gegenstände herausgefunden?“
- „Wie viel Abweichung findet ihr noch angemessen?“
- „Welches ist dein Lieblingsrepräsentant? Warum hast du dir diesen Gegenstand ausgesucht?“
- „Gibt es einen Gegenstand, bei dem ihr vermutet hättet, dass er eigentlich ein größeres/kleineres Volumen hat?“

Anschlussaktivitäten:

- Die Kinder dokumentieren die Gegenstände der anderen Repräsentanten-Tische in ihrem Größenbuch und markieren jeweils einen Lieblingsrepräsentanten.
- Die Kinder suchen zu Hause nach weiteren Repräsentanten und bringen sie in die Schule mit, um sie ebenfalls auf die Repräsentanten-Tische zu legen.
- Die Repräsentanten-Tische können noch um Tische zu weiteren Größen (z. B. 50 ml, 250 ml, 1,5 l, 10 l) erweitert werden.
- Jedes Kind hält im Größenbuch auf einer Seite ganz hinten zu verschiedenen Größen fest, welche Dinge es sich dauerhaft merken will.

Abb. 5.32: Repräsentanten-Tische

Modul 10: Repräsentanten-Plakate (ab Klasse 4)

Problemstellung: Um auch für größere Volumina, die nicht mehr auf Repräsentanten-Tischen gesammelt werden können, Vorstellungen aufbauen zu können, bietet es sich an, in Gruppenarbeit Plakate mit entsprechenden Repräsentanten zu gestalten. Hier gibt es zwei Möglichkeiten:

- Plakate zu weiteren Größen: 5 l, 10 l, 50 l, 100 l, 500 l, 1000 l
- Plakate zu Bereichen: 5 l–10 l, 10 l–50 l, 50 l–100 l, 100 l–500 l, 500 l–1000 l, mehr als 1000 l

Gemeinsam wird überlegt, nach welchen Objekten gesucht werden kann (Rucksäcke/Taschen/Koffer/…; Gießkanne/Eimer/Waschbecken/Badewanne/Schwimmbad/…).

Erarbeitung: „Recherchiert in Büchern oder im Internet, welche Objekte ungefähr das gesuchte Fassungsvermögen haben. Druckt Bilder der Objekte aus, klebt sie auf das Plakat und beschreibt das Objekt kurz. Notiert auch das angegebene Fassungsvermögen."

Austausch: Die Gruppen stellen sich gegenseitig die Plakate vor. Alle Kinder übertragen ausgewählte Beispiele in ihr Größenbuch und markieren sich ihren Lieblingsrepräsentanten.

Impulse zum Entdecken, Erklären, Begründen und Argumentieren:

- „Wie seid ihr bei eurer Suche vorgegangen?"
- „Welcher Gegenstand hat euch überrascht?"

Mögliche Anschlussaktivitäten: Jedes Kind hält im Größenbuch auf einer Seite ganz hinten zu verschiedenen Größen(-bereichen) fest, welche Dinge es sich dauerhaft merken will.

5.4.4 Schätzen

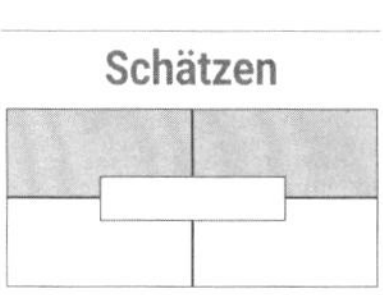

Es wird zwischen qualitativem und quantitativem Schätzen unterschieden. Beim qualitativen Schätzen werden zwei Rauminhalte mental verglichen (schwerer, leichter, gleich schwer). Beim quantitativen Schätzen wird ein Rauminhalt durch mentales Messen durch eine ungefähre Rauminhaltsangabe unter Rückgriff auf Stützpunktvorstellungen bestimmt. Dabei kann das zu schätzende Objekt, das Vergleichsobjekt, beide oder keines vorliegen. Wenn beide Objekte sichtbar sind, dann ist das Schätzen einfacher, als wenn nur eines der Objekte oder keines vorliegt. Der Vergleichs- oder Messvorgang muss aber in jedem Fall mental vorgenommen werden, sonst sprechen wir nicht von Schätzen, sondern von Vergleichen oder Messen. Wird beim qualitativen und quantitativen Schätzen nicht auf Stützpunkte zurückgegriffen, handelt es sich um Raten. Deswegen ist es wichtig, dass die Kinder dazu angeregt werden, sich ihre Lieblingsrepräsentanten aus den vorangegangenen Modulen beim Schätzen mental vorzustellen und diese in Beziehung zu dem zu schätzenden Gegenstand zu setzen.

In den folgenden Modulen werden sowohl grundständige Schätzaufgaben als auch eine eingebettete Schätzaufgabe vorgestellt.

Modul 11: Fassungsvermögen schätzen 1 (ab Klasse 2)

Dieses Modul sollte wiederholt mit verschiedenen Gefäßen angeboten werden.

Problemstellung: Es stehen verschiedene Gefäße, Schüttgut und Messbecher zur Verfügung. Die Gefäße sollen zunächst nach ihrem Fassungsvermögen geordnet werden, jedoch ohne das Schüttgut oder einen Messbecher zu nutzen. Hierfür stehen Bildkarten, die die zu ordnenden Gefäße zeigen, zur Verfügung, um die vermutete Ordnung festhalten zu können.

Erarbeitung: „Ordnet die Gegenstände, zunächst ohne das Schüttgut oder einen Messbecher zu nutzen, nach ihrem Fassungsvermögen, indem ihr die Bildkarten in der von euch vermuteten Reihenfolge ordnet. Notiert eure Ordnung im Größenbuch. Überprüft anschließend eure Ordnung mithilfe des Schüttguts. Passt eure Ordnung?“

Austausch: Die Kinder tauschen sich über ihre Schätzüberlegungen und eventuelle Abweichungen aus.

Impulse zum Entdecken, Erklären, Begründen und Argumentieren:

- „Was hast du dir überlegt, als du die Gefäße miteinander verglichen hast?“
- „Gibt es ein Gefäß, bei dem du dir unsicher bist?“
- „Gibt es ein Gefäß, bei dem dich das Vergleichsergebnis mit dem Schüttgut besonders überrascht hat?“
- „Was könnte der Grund dafür sein, dass eure erste Ordnung nicht ganz gestimmt hat?“

Modul 12: Fassungsvermögen schätzen 2 (ab Klasse 3)

Dieses Modul sollte wiederholt mit verschiedenen Gefäßen angeboten werden.

Problemstellung: Es stehen verschiedene Gefäße zur Verfügung. Wie viel passt in die Gefäße hinein?

Bevor die Kinder mit der Schätzaufgabe beginnen, wird das Vorgehen beim Schätzen thematisiert. Bei den ersten Schätzungen regt man die Kinder dazu an, ihre Lieblingsrepräsentanten (vgl. Modul 9) für direkte visuelle Vergleiche zu nutzen und dabei die Dimensionen der beiden Gegenstände in Beziehung zueinander zu setzen. Wenn die Kinder bereits über gute Volumenvorstellungen zu ihren Lieblingsrepräsentanten verfügen, sollte dazu übergegangen werden, dass die Kinder sich das Volumen des Lieblingsrepräsentanten nur noch vorstellen.

Erarbeitung: „Schätze das Fassungsvermögen der einzelnen Gegenstände. Nutze dafür deine Lieblingsrepräsentanten. Notiere das geschätzte Fassungsvermögen in deinem Größenbuch. Überprüfe anschließend das Fassungsvermögen des Gegenstandes mit einem Messbecher. Wie gut hast du geschätzt?“

Austausch: Die Kinder tauschen sich über ihre Schätzstrategien aus. Außerdem sollte über die Schätzgenauigkeit und mögliche Gründe für Abweichungen gesprochen werden.

Impulse zum Entdecken, Erklären, Begründen und Argumentieren:
- „Welchen Lieblingsrepräsentanten hast du für das Schätzen des Gefäßes ausgewählt?“
- „Was hast du dir vorgestellt/überlegt, als du deinen Lieblingsrepräsentanten mit dem Gefäß verglichen hast?“
- „Welchen Lieblingsrepräsentanten wählst du aus? Warum denkst du, dass er passend ist?“
- „Wann denkst du, dass du gut geschätzt hast? Welche Abweichung kann noch als ‚tolerabel‘ akzeptiert werden?“
- „Was könnte ein Grund dafür sein, dass deine Schätzung so stark abweicht?“

Modul 13: Fassungsvermögen schätzen 3 (ab Klasse 3)

Problemstellung: Zur Verfügung stehen verschiedene kleine „Gefäße“ wie z. B. Teelöffel, Esslöffel, Flaschendeckel, Teelichthülle, Kronenkorken (Abb. 5.33). Wie viel Wasser (Sand) passt hinein?

Erarbeitung: „Schätze das Fassungsvermögen der ‚Gefäße‘. Notiere das geschätzte Fassungsvermögen in deinem Größenbuch.

Überprüfe anschließend das Fassungsvermögen des Gegenstandes mit verschiedenen Messinstrumenten: Pipette, Spritze, oben offener Einheitswürfel[25], Messbecher. Vergleiche die Messungen mit deinen Schätzungen.“

25 Mithilfe eines 3D-Druckers lässt sich gut ein Klassensatz oben offener 1 cm^3-Würfel herstellen, die zum Ausmessen genutzt werden können.

Abb. 5.33: Wie viel passt rein?

Austausch: Die Kinder tauschen sich über ihre Schätzungen aus. Es wird darüber gesprochen, welches Messinstrument für diese Aufgabe am besten geeignet ist. Außerdem sollte über die Schätzgenauigkeit und mögliche Gründe für eine Abweichung gesprochen werden.

Impulse zum Entdecken, Erklären, Begründen und Argumentieren:

- „Wie bist du beim Schätzen vorgegangen?"
- „Wie bist du beim Messen vorgegangen?"
- „Welchen Lieblingsrepräsentanten wählst du aus? Warum denkst du, dass er passend ist?"
- „Wann denkst du, dass du gut geschätzt hast?"
- „Was könnte ein Grund dafür sein, dass deine Schätzung so stark abweicht?"
- „Welches Messinstrument ist am besten geeignet?"

Modul 14: Fassungsvermögen schätzen 4 (ab Klasse 3)

Problemstellung: Das Fassungsvermögen von Verpackungen vieler Produkte wie z. B. von Getränken, aber auch von Zahnpasta, Shampoo oder Duschgel wird i. d. R. in Millilitern angegeben.

Zur Verfügung stehen verschiedene Verpackungen (Flaschen, Tetrapacks, Tuben ...), bei denen das Fassungsvermögen unkenntlich gemacht wurde. Wie viel passt in die Verpackung hinein?

Erarbeitung: „Schätzt, wie viele Milliliter in die Verpackungen passen und schreibt eure Schätzungen im Größenbuch auf. Ordnet die Verpackungen nach ihrem Fassungsvermögen."

Austausch: Die Kinder tauschen sich über ihre Schätzungen aus und vergleichen ihre Ordnung.

Abschließend werden die geschätzten Werte mit den Angaben auf den Originalverpackungen in der Kontrollkiste verglichen. Gemeinsam wird diskutiert, welche Schätzungen als passend akzeptiert werden können.

Impulse zum Entdecken, Erklären, Begründen und Argumentieren:

- „Wie bist du beim Schätzen vorgegangen?"
- „Welchen Lieblingsrepräsentanten wählst du aus? Warum denkst du, dass er passend ist?"
- „Wann denkst du, dass du gut geschätzt hast?"
- „Woran kann es liegen, wenn deine Schätzung stark abweicht?"

Modul 15: Säulenvergleich (ab Klasse 4)

Problemstellung: Vor den Kindern liegen zwei DIN-A4-Pappen, aus denen jeweils eine Säule mit quadratischer Grundfläche gefaltet und geklebt werden soll (Mirwald & Rink 2019, S. 97 ff.).

Abb. 5.34: Säulenvergleich

In welche Säule passt mehr hinein? Die Kinder äußern erste begründete Vermutungen; diese werden notiert.

Erarbeitung: „Finde heraus, ob in beide Säulen gleich viel Schüttgut[26] oder ob in eine der beiden Säulen mehr Schüttgut hineinpasst."

Die Kinder falten die Säulen und notieren ihre Vermutung in ihrem Größenbuch. Anschließend wird die Vermutung mithilfe des Schüttguts überprüft.

Abb. 5.35: Fassungsvermögen vergleichen

Austausch: Die Kinder tauschen sich über ihre Entdeckung aus: Hat die Vermutung gestimmt? Warum wurde diese Vermutung getroffen? Gemeinsam wird überlegt, warum die höhere Säule nicht das größere Fassungsvermögen hat.

Impulse zum Entdecken, Erklären, Begründen und Argumentieren:
- „Wie kann man das Fassungsvermögen der beiden Säulen miteinander vergleichen? Gibt es verschiedene Möglichkeiten?"[27]
- „Warum hast du dich für diese Säule entschieden?"
- „Warum hat die höhere Säule nicht das größere Fassungsvermögen?"

Anschlussaktivität:
- „Was passiert mit dem Fassungsvermögen, wenn man statt einer Säule mit quadratischer Grundfläche eine Säule mit einer achteckigen Grundfläche bastelt?"
- „Wie müsste man das Blatt zusammenkleben, damit in die dann entstehende Säule am meisten hineinpasst?"

26 Hierfür bietet sich als Schüttgut z. B. Mosaik-PlayMais an, weil durch ein möglichst leichtes Schüttgut eine Verformung der Säulen vermieden werden kann (https://playmais.de/eduline-mosaic-12000, Zugriff: 16.09.2022).

27 Tipp: Man stellt die höhere Säule in die niedrigere Säule hinein und befüllt dann die höhere Säule komplett mit Schüttgut. Wenn man nun die höhere Säule aus der niedrigeren Säule herauszieht, sodass das Schüttgut in der niedrigeren Säule verbleibt, kann man gut sehen, wie viel mehr Fassungsvermögen die niedrigere Säule hat.

Modul 16: Wie viel sind 250 ml? (ab Klasse 3)

Problemstellung: Den Kindern stehen verschiedene leere Gefäße zur Verfügung: Wie hoch ist der Füllstand in den Gefäßen, wenn man 250 ml Sand (Wasser) einfüllt?

Erarbeitung: „Markiere an jedem Gefäß mit einem Stift deine Schätzung, bis wohin der Sand geht, wenn du 250 ml Sand in das Gefäß schüttest. Fülle danach eine abgemessene 250 ml-Sandmenge in das Gefäß und vergleiche deine Schätzung (Strichmarkierung) mit dem echten Füllstand."

Abb. 5.36: Füllhöhe schätzen

Austausch: Die Kinder tauschen sich über ihre angestellten Überlegungen aus. Gab es Gefäße, bei denen die Schätzung leichter gefallen ist als bei anderen? Gemeinsam wird überlegt, womit das zusammenhängt. Darüber hinaus kann thematisiert werden, welche Abweichung als „tolerabel" akzeptiert werden kann.

Impulse zum Entdecken, Erklären, Begründen und Argumentieren:

- „Was hast du dir bei der Schätzung vorgestellt?"
- „Was könnten die Gründe dafür sein, warum du dich verschätzt hast?"
- „Gab es Gefäße, bei denen es dir leichter gefallen ist, die Füllhöhe zu schätzen?"

Modul 17: Für wie viele Gläser reicht es (noch)? (ab Klasse 3)

Problemstellung: Eine volle (alternativ angebrochene) Flasche Wasser steht zur Verfügung und soll auf mehrere (gleiche) Gläser aufgeteilt werden. Darüber hinaus stehen den Kindern verschiedene Gläser (unterschiedliche Formen und Größen) in jeweils ausreichender Anzahl zur Verfügung. Für wie viele Gläser reicht das Wasser?

Erarbeitung: „Wähle ein Glas aus: Schätze zuerst, für wie viele Gläser der Flascheninhalt reicht. Überprüfe deine Schätzung, indem du den Flascheninhalt auf die Gläser verteilst. Wiederhole den Vorgang für mindestens ein weiteres Glas."

Austausch: Die Kinder tauschen sich über Schätzungen und eventuelle Abweichungen aus. Gab es eine Glasform, bei der das Schätzen erfolgreicher war als bei den anderen Gläsern?

Impulse zum Entdecken, Erklären, Begründen und Argumentieren:
- „Woran orientierst du dich bei deiner Schätzung?"
- „Gibt es eine Glasform, bei der es dir leichter fällt, das Fassungsvermögen in Bezug zum Flascheninhalt zu schätzen?"

Modul 18: Kann das stimmen? (ab Klasse 3)

Es gibt viele verschiedene „Kann-das-stimmen-Aufgaben", bei denen der Größenbereich Rauminhalte im Vordergrund steht. Ein möglicher Bearbeitungsablauf wird im Folgenden exemplarisch an einer Aufgabe vorgestellt.

Problemstellung: Im Klassenplenum wird eine Kann-das-stimmen-Aufgabe vorgestellt[28]: „In einem Jahr trinkst du mehr als 1000 l. – Kann das stimmen?" Es werden erste Vermutungen gesammelt und Begründungen für die Vermutungen erfragt. Dabei kann auch beispielhaft ein Glas gezeigt und gemeinsam überlegt werden, wie viel eigentlich 1000 l sind.

Erarbeitung: „Findet heraus, ob die Aussage stimmt."
Die Kinder bearbeiten die Aufgaben zu zweit. Dabei müssen Angaben geschätzt oder recherchiert werden, die z. B. folgende Fragen beantworten:
- „Wie viel Gläser trinkt ein Kind an einem Tag leer?"
- „Wie viel passt in ein Glas?"
- „Trinkt man an allen Tagen gleich viel?"
- „Wie viele Tage hat ein Jahr?"
- …

Die geschätzten Angaben müssen anschließend passend miteinander verrechnet werden. Die Bearbeitung wird im Größenbuch festgehalten.

28 In der Kartei Ruwisch & Schaffrath (2022) finden sich zahlreiche weitere Aufgaben zu Rauminhalten.

Austausch: Die Kinder stellen ihre Ergebnisse vor (ggf. mithilfe einer Dokumentenkamera). Dabei wird gemeinsam über die verschiedenen Annahmen (geschätzte und recherchierte Zahlen) gesprochen und diskutiert, inwieweit diese passend sind, mit dem Ziel, die jeweiligen Ergebnisse auf ihre Angemessenheit zu überprüfen. Darüber hinaus kann überlegt werden, warum das Ergebnis ggf. von der eingangs getroffenen Vermutung abweicht.

Impulse zum Entdecken, Erklären, Begründen und Argumentieren:
- „Wie kommst du zu deiner Annahme von ...?“
- „Wie kann man diese Annahme begründen?“
- „Wie kann man diese Annahme überprüfen?“
- „Warum findest du die Vorgehensweise von ... überzeugend/nicht so überzeugend?“

Weitere Unterrichtsideen zu Rauminhalten finden sich in
Grundschule Mathematik, H. 34, 2012, Volumina

Einzelartikel
Ribeiro, S. (2016). Bauen mit Einheitswürfeln. Flächen- und Rauminhalte mit Hilfe von Einheitswürfeln durchdringen. In: Grundschulmagazin. H. 84, S. 29–33.
Rink, R. & Lemensiek, A. (2018). „Trinkst du so viel wie ein Pferd?“ – Gemeinsam Größenvorstellungen im Größenbereich Volumen aufbauen. In: Benölken, R., Berlinger, N. & Veber, M. (Hrsg.). Alle zusammen! Offene, substantielle Problemfelder als Gestaltungsbaustein für inklusiven Mathematikunterricht. Münster: WTM Verlag, S. 251–258.

Größenbereichsübergreifende Themenhefte
Grundschule Mathematik
H. 41, 2014, Vom Raten zum Schätzen
H. 47, 2015, Größen messen
H. 58, 2018, Üben in Sachstrukturen
H. 61, 2019, Längen in Bezug zu anderen Größen
H. 69, 2021, Stützpunktvorstellungen

Mathematik differenziert
H. 3, 2020, Größen schätzen, messen, rechnen

Grundschulunterricht Mathematik
H. 2, 2019, Größenvorstellungen entwickeln

Mirwald, E. & Rink, R. (2021). Zahlen und Größen gemeinsam unterrichten und für besseres Verstehen sorgen. Klasse 1 bis 4. Berlin: Cornelsen Verlag.

6 Geldwerte

Geldwerte werden im Mathematikunterricht in der Regel als erster Größenbereich thematisiert. Bereits im Zahlenraum bis 20, also in Klasse 1, ist eine sinnvolle Behandlung möglich. Da Geld auch zur Veranschaulichung arithmetischer Themen verwendet wird, sollten Kinder frühzeitig ihr Vorwissen über Geld vertiefen. Entgegen den Erwartungen von Lehrpersonen sind die Vorerfahrungen von Schulanfängerinnen und -anfängern zu Geldwerten sehr heterogen ausgeprägt. Viele Schulanfängerinnen und -anfänger waren noch nie allein einkaufen und erhalten auch kein Taschengeld. Für andere ist der Umgang mit Geld hingegen selbstverständlich.

6.1 Besonderheiten

Geldwerte stellen unter den Größenbereichen eine Ausnahme dar, denn es handelt sich nicht um eine Mess-, sondern um eine sogenannte Zählgröße (Franke & Ruwisch 2010, S. 182). Ein zentraler Unterschied zu den anderen in der Grundschule behandelten Größenbereichen besteht daher darin, dass bei Geldwerten *keine Messerfahrungen* gemacht werden und damit über diesen Weg auch kein Stützpunktwissen bzw. keine Stützpunktvorstellungen aufgebaut werden können (Grassmann et al. 2005, S. 9). Stützpunktwissen bzw. Stützpunktvorstellungen entwickeln sich vielmehr über bewusste Erfahrungen, z. B. in Einkaufssituationen. Es gibt für diesen Größenbereich keine Messinstrumente und auch keine standardisierten Maßeinheiten. Daher finden sich im Folgenden Aufgaben und Module zum Vergleichen und Wechseln, zu Stützpunkten und zum Schätzen, jedoch nicht zum Messen.

Die bisherigen begrifflichen Klärungen in Kapitel 2 gelten daher nur zum Teil für Geldwerte. Für den Geldwert von Repräsentanten gilt bspw. wie in anderen Größenbereichen die eindeutige Vergleichbarkeit: So sind zwei Gegenstände oder zwei Geldbeträge entweder gleich viel wert oder einer ist mehr bzw. weniger wert als der andere. Geldwerte können wie Größen in anderen Größenbereichen addiert werden und werden durch Maßzahl und Maßeinheit benannt. Der Wert einer Ware wird aber nicht durch einen Messprozess ermittelt, er ist also nicht objektiv messbar, sondern wird durch wirtschaftliche Überlegungen festgelegt. Preise von Waren sind daher nicht stabil und sind von mehreren Faktoren wie z. B. Qualität und Marke sowie Menge, Volumen und Packungsgröße abhängig (vgl. Möller 1997; Franke & Kurz 2003; Franke & Ruwisch 2010). Der Preis einer Ware ist abgesehen von Waren mit Preisbindung flexibel und wird subjektiv – u. a. aufgrund des sozioökonomischen Status – unterschiedlich erlebt. Was für den einen teuer ist, ist für eine andere Person angemessen oder günstig (Bräunling & Reuter 2022; Franke & Ruwisch 2010, S. 232). Der Wert einer Ware wird durch Zählen des Geldwerts, dargestellt durch eine Münz- oder Scheinkollektion, ermittelt. Daher spricht man beim Geldwert von einer Zählgröße und nicht von einer Messgröße.

In der jeweiligen Währung existieren in der Regel nur zwei Maßeinheiten – in Deutschland Euro und Cent.[29] Teilweise ist auch nur eine Einheit von Bedeutung. So verlor z. B. die Unterteilung der italienischen Lira, der Centesimo, nach dem Zweiten Weltkrieg aufgrund der Entwertung der Lira seine Bedeutung. Die Beschränkung auf zwei Einheiten erleichtert das Umrechnen innerhalb einer Währung und ermöglicht eine frühe Einführung der Kommaschreibweise, wobei das Komma nur an einer Stelle – zwischen Euro und Cent – auftritt. Die Einheit des Geldwerts kann nicht beliebig klein gewählt werden. So stellt in Deutschland Cent die kleine Einheit dar. Im Alltag sind aber dennoch kleinere Einheiten zu finden, so z. B. bei Mineralölpreisen an Tankstellen (Franke & Ruwisch 2010).

Im Größenbereich *Geldwerte* gibt es außerdem keine standardisierten Maßeinheiten, sondern es existieren *verschiedene* Währungen, deren Wechselkurse immer neu festgelegt werden (Ruwisch 2011, S. 38). Repräsentanten für Geldwerte sind also einerseits Münzen und Scheine einer Währung, aber auch Wertgegenstände (Waren) (Baireuther 1999).

Die Repräsentanten für Geldwerte in Form von Münzen und Scheinen treten beim Euro nur in der 2er-, 5er- und 10er-Bündelung auf (Tab. 6.1), was zu Schwierigkeiten beim Legen von oder Handeln mit Geldbeträgen führen kann. So zeichnen Kinder z. B. Drei- oder Sieben-Euro-Münzen. Diese Bündelung gilt durchgängig für den Euro, wobei der 500-Euro-Schein seit 2018 nicht mehr ausgegeben wird.

<table>
<tr><td colspan="7">Geldscheine</td><td colspan="8">Münzen</td></tr>
<tr><td colspan="9">Euro</td><td colspan="6">Cent</td></tr>
<tr><td>500</td><td>200</td><td>100</td><td>50</td><td>20</td><td>10</td><td>5</td><td>2</td><td>1</td><td>50</td><td>20</td><td>10</td><td>5</td><td>2</td><td>1</td></tr>
</table>

Tab. 6.1: 2er-, 5er- und 10er-Bündelung bei der Währung Euro

29 Euro ist aber auch die Bezeichnung der Währung insgesamt, sodass auf der Vorderseite der Cent-Münzen Eurocent zu lesen ist. Als Lehrperson sollte man sich bewusst sein, dass dies bei Kindern für Verwirrung sorgen kann und ggf. klärungsbedürftig ist.

Für den US-amerikanischen Dollar gibt es dagegen keine vergleichbar durchgängige Bündelung (Tab. 6.2; Münzen: 1 ct, 5 ct, 10 ct, 25 ct, 50 ct (selten), 1 $ (selten), Scheine: 1 $, 2 $ (selten), 5 $, 10 $, 20 $, 50 $, 100 $).

Geldscheine						S/M	Münzen				
Dollar							Cent				
100	50	20	10	5	2	1	50	25	10	5	1

Tab. 6.2: Unterschiedliche Bündelungen bei der Währung US-Dollar

Die Anzahl (und die Größe) der Münzen bzw. Scheine bestimmt nicht den Wert des dargestellten Geldbetrags. So müssen Kinder erst lernen, dass z. B. fünf 1-Cent-Münzen nicht mehr wert sind als eine 5-Cent-Münze, oder die 5-Cent-Münze nicht mehr wert ist als die 10-Cent-Münze, obwohl sie einen größeren Durchmesser hat. Diese Erfahrungen können nur im handelnden Umgang mit Geld gemacht werden. Im Unterricht sollte dabei nicht nur Spielgeld, sondern immer wieder auch „echtes“ Geld Verwendung finden (Bräunling & Reuter 2022).

Vergleichen, Wechseln, Schätzen

Vergleichen und Wechseln

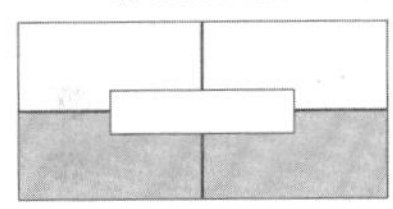

Der Schwerpunkt in diesem Kapitel liegt auf Erfahrungen zum Vergleichen, Wechseln und Schätzen. Dabei spielt auch das Wissen über Geld, das Wissen über Maßeinheiten und der Umgang mit Größenangaben eine wichtige Rolle.

Wenn zwei Geldbeträge im Hinblick auf ihren Wert *verglichen* werden sollen, dann ist ein Vergleich der Anzahl der verwendeten Münzen und Scheine in der Regel nicht zielführend. So sind zehn 1-Cent-Münzen zwar mehr Münzen als eine 20-Cent-Münze (Abb. 6.1), aber dennoch weniger wert.

Abb. 6.1: Unterscheidung zwischen Anzahl und Wert

Diese Unterscheidung zwischen Anzahl und Wert, also das Invarianzverständnis, muss von Kindern zu Schulbeginn häufig erst erlernt werden: Viele

Geldstücke zu haben, ist nicht gleichbedeutend mit viel Geld zu haben. Zum Vergleich der beiden Geldbeträge kann man beispielsweise die zehn 1-Cent-Münzen in ein 10-Cent-Stück und das 20-Cent-Stück in zwei 10-Cent-Münzen wechseln. Es wird also ge- bzw. entbündelt. Eine 10-Cent-Münze und zwei 10-Cent-Münzen können dann durch eine Eins-zu-Eins-Zuordnung direkt in Bezug auf ihren Wert miteinander verglichen werden. Es ist aber auch möglich, zehn 1-Cent-Münzen und eine 20-Cent-Münze indirekt miteinander zu vergleichen, indem die zehn 1-Cent-Münzen gezählt werden und ihnen der Wert 10 Cent zugeordnet wird und dieser mit dem Wert der 20-Cent-Münze verglichen wird. Auch in diesem Fall kann Wechseln hilfreich sein, um den Wert der Münz- oder Scheinkollektion leichter erfassen zu können.

Es wird bereits an dieser Stelle deutlich, dass ein Vergleich von Geldwerten ohne Wissen über die arithmetischen Beziehungen zwischen den verschiedenen Repräsentanten nicht wirklich möglich ist, da im Alltag Geldbeträge in der Regel nicht so dargestellt sind, dass eine Eins-zu-Eins-Zuordnung möglich ist. Dem *Wechseln* von Geldbeträgen kommt also eine zentrale Rolle zu (Grassmann et al. 2005). Den Kindern kann beim Wechseln bewusst werden, dass etwa ein 5-Euro-Schein nur halb so viel wert ist wie ein 10-Euro-Schein (Franke & Ruwisch 2010, S. 232). Der Begriff des *Wechselns* ist von dem des Wechselgeldes zu unterscheiden. Wechselgeld ist lediglich das Herausgeben eines bestimmten Betrages. Der Ausdruck *Wechseln* hingegen impliziert den Vorgang, einen beliebigen Geldbetrag auf unterschiedliche Weise zu veranschaulichen (Grassmann et al. 2008, S. 26). Dabei kann z. B. ein 10-Euro-Schein sowohl in zehn 1-Euro-Münzen, als auch in zwei 5-Euro-Scheine gewechselt werden, am Wert ändert sich dadurch nichts (Grassmann et al. 2006, S. 37 f.). Das Wechseln kann wie oben beschrieben beim Vergleichen beliebiger Münz- und Scheinkollektionen hilfreich sein (Grassmann et al. 2005, S. 9). Es ist aber auch eine wichtige Voraussetzung, um Geld beim Rechnen im größeren Zahlenraum, beispielsweise beim Bündeln und Entbündeln im Rahmen der schriftlichen Addition oder Subtraktion, unterstützend zu nutzen (Grassmann et al. 2008, S. 26). Prinzipiell können nicht nur Geldbeträge, sondern auch Waren im Hinblick auf ihren Wert verglichen werden. Ist ein Preis angegeben, dann erfolgt der Vergleich über den ausgewiesenen Geldbetrag. Ist keine Preisangabe vorhanden, so ist ein Vergleich prinzipiell möglich. Hierbei ist allerdings zu beachten, dass der Wert einer Ware auch subjektiv ist, woraus unterschiedliche Ansichten über den Wert resultieren können (Franke & Ruwisch 2010, S. 187).

Schätzen

Schätzen ist bei Geldwerten in Bezug auf Waren ein anspruchsvoller Prozess (Rink 2014, S. 8), da der Wert von Gegenständen subjektiv ist und Preise (stark) schwanken können. Stützpunktwissen ist folglich nicht dauerhaft und unterliegt zeitlichen Veränderungen (Inflation und Deflation). Darüber hinaus bewegt sich das Stützpunktwissen für Waren in Intervallen: So kann eine Tafel Schokolade zwischen 1 € und 5 € kosten, abhängig von Geschäft, Marke und Qualität. Daher lassen sich Preise bzw. der Wert von Waren am besten in Intervallen schätzen.

Stützpunkte

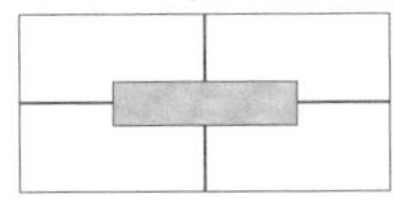

Im Gegensatz zu anderen Größenbereichen, beispielsweise den *Längen,* kann der Wert einer Ware in der Regel nicht auf den Wert *einer* anderen Ware zurückgeführt werden. Zur Bestimmung der Höhe eines Hauses kann etwa die Größe eines Menschen genutzt werden, indem man ihn im Zuge eines mentalen Prozesses mehrmals „aufeinanderstellt", bis die Höhe des Hauses ungefähr erreicht ist (Rink 2014, S. 6). Bei der Bestimmung des Wertes eines Hauses, dem *quantitativen Schätzen,* müssen hingegen verschiedene Dinge berücksichtigt werden: Wohnfläche, Grundstücksgröße, Lage, Alter der Immobilie, Angebot und Nachfrage ... Beim *qualitativen Schätzen* werden Objekte hinsichtlich ihres Wertes geordnet. Dazu dienen die Ordnungsrelationen „kostet mehr/kostet weniger" (Heid 2018, S. 57).

6.2 Vorkenntnisse in unterschiedlichen Schuljahren

Auch zum Größenbereich Geld haben Kinder zu Schulbeginn zahlreiche Vorerfahrungen gesammelt (Grassmann et al. 2005, S. 55). Wie in anderen Bereichen zeichnen sich die Vorerfahrungen insbesondere durch ihre Heterogenität aus. So zeigen Grassmann et al. (2006), dass die Vorerfahrungen zu Geld, teilweise entgegen den Erwartungen der Lehrpersonen (Grassmann et al. 2006), nicht so stark entwickelt sind wie bei arithmetischen Inhalten. Dabei fiel auf, dass die befragten Lehrpersonen die Vorerfahrungen zu Schulbeginn *unterschätzten,* teilweise aber am Ende von Klasse 1 dagegen *überschätzten.*

Vergleichen und Wechseln

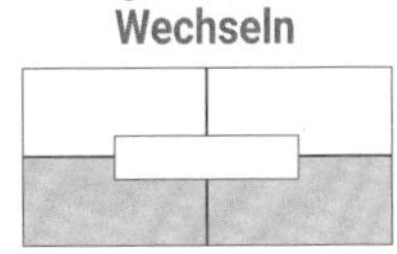

Die längsschnittliche Studie von Grassmann et al. (2005, 2006, 2008) zeigt, dass das Wissen über Münzen und Scheine im Laufe der Grundschulzeit zunimmt. Dabei fällt das Nennen aller Münzen und Scheine aus dem Gedächtnis schwerer als das Benennen von vorliegenden Repräsentanten. Auch die Kompetenz des Ordnens von Münzen und Scheinen nach dem Wert steigt im Laufe der Grundschulzeit deutlich an. So sind bereits Ende der zweiten Klasse nahezu alle Kinder dazu in der Lage, Münzen und Scheine einer Maßeinheit in die richtige Reihenfolge zu bringen. Die Lösungsquoten nehmen allerdings bei der Mischung der Einheiten Cent und Euro ab. Außerdem zeigt sich, dass besonders zu Schulanfang den Kindern das Wechseln von Geld noch schwerfällt. Dies lässt sich unter anderem auf die Unsicherheiten in der Unterscheidung von Wert und Anzahl zurückführen. Im Allgemeinen besitzen Kinder wenige Preisvorstellungen bezüglich Alltagsgegenständen. Ab einem Wert von 100 Euro nehmen die Preisvorstellungen ab, Ausnahmen stellen persönlich bedeutsame Gegenstände dar. Beim Rechnen mit Geld sind eher geringe Leistungen festzustellen, so gelang es 40 % der Kinder Ende der ersten Klasse nicht, einfache Additions- und Subtraktionsaufgaben adäquat zu lösen. Ende der zweiten Klasse zeigten die Kinder schwache Ergebnisse beim Rechnen im Einkaufskontext.

Schätzen

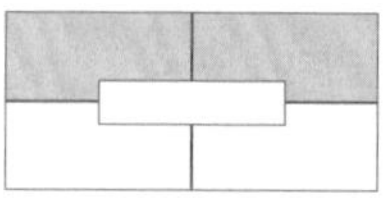

Nach Claar (1996) kommen bereits Kleinkinder im Alter von 2–3 Jahren mit Geld in Berührung, aber erst im Vorschulalter findet eine erste Verknüpfung zwischen Waren und Geld statt. So wird den Kindern bewusst, dass sie für eine Ware im Geschäft Geld bezahlen müssen und manchmal Rückgeld bekommen. Im Alter von 6 bis 8 Jahren verstehen sie die Beziehung zwischen gegebenem Geld, Ware und Rückgeld. Dies wird auf das zunehmend stärker ausgeprägte Zahlverständnis sowie die zunehmenden Rechenfähigkeiten der Kinder zurückgeführt. Die Studie zeigt aber auch auf, dass Grundschulkinder am Ende der vierten Klasse immer noch große Schwierigkeiten haben, die Preise von verschiedenen Waren zu schätzen. Sie besitzen kaum Stützpunktvorstellungen zu Repräsentanten von Geldwerten alltäglicher Objekte.

Stützpunkte

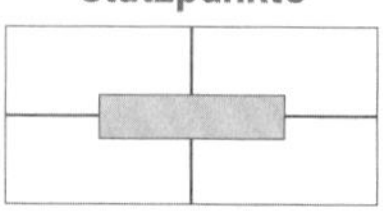

Möller (1997) stellte fest, dass die kulturelle Umwelt der Kinder sowie die Medien einen Einfluss auf deren Preisvorstellungen von Waren haben. Sie weist darauf hin, dass Grundschulkinder bereits mit Einkaufssituationen vertraut sind. Dies bestätigen auch Franke und Kurz (2003) mit ihrer Untersuchung zum Vorwissen zu Geld von Schulanfängerinnen und Schulanfängern. Sie stellten fest, dass alle Erstklässlerinnen und Erstklässler bereits mit Einkaufssituationen vertraut sind, aber nur 9 % der Befragten allein Einkaufen gingen. Grassmann et al. (2005; 2006; 2008) stellten hingegen fest, dass am Schulanfang 29 % der befragten Kinder bereits allein einkaufen gehen, gegen Ende der ersten Klasse sind es bereits 42 % und am Ende von Klasse zwei stieg der Anteil der Kinder, die allein einkaufen auf 55 % an. Bei dieser längsschnittlichen Untersuchung zur Größe Geld gaben 89 % der Befragten an, mit ihren Eltern im Supermarkt einzukaufen. Franke und Kurz (2003) untersuchten neben den Einkaufserfahrungen, dem Wissen über unser Münzsystem und den arithmetischen Fähigkeiten im Umgang mit Geld (Wechseln, Addition usw.) auch die Wert- und Preisvorstellungen von Schulanfängerinnen und -anfängern. Sie konnten feststellen, dass Kinder, die realistische Preise von Gegenständen nannten, mehrheitlich auch schon allein oder mit anderen einkaufen gingen. Außerdem zeigte sich, dass Kinder Preise von Waren dann richtig angaben, wenn sie eine persönliche Bedeutung für sie hatten. Den Preis von Alltagsgegenständen zu schätzen, gelang ihnen hingegen kaum.

Insgesamt zeigen die zum großen Teil schon länger zurückliegenden Forschungsergebnisse, dass Kinder zwar früh mit Geld in Berührung kommen, die Kompetenzen jedoch sehr heterogen und durchaus ausbaufähig sind.

6.3 Lernstandserhebungen

Die folgenden Aufgaben geben einen Einblick in die im Anhang befindlichen Aufgaben zur Erhebung von Lernständen. Dabei erfolgt eine exemplarische Einordnung in die Teilbereiche des Modells: Vergleichen, Wechseln, Stützpunkte, Schätzen. Sowohl beim Vergleichen als auch beim Wechseln spielt das Wissen über Repräsentanten wie Münzen und Scheine eine wichtige Rolle.

Vergleichen und Wechseln

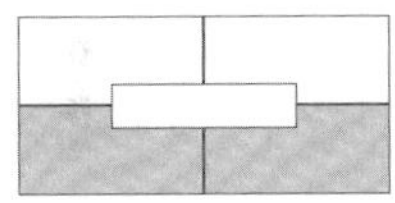

Eine grundlegende Kompetenz für den Umgang mit Größen stellt das Kennen und Verstehen der Standardrepräsentanten und -einheiten dar, also das Wissen, welche Münzen und Scheine in der eigenen Währung existieren. Des Weiteren umfasst dies auch das Kennen der Einheiten Euro und Cent (Franke & Ruwisch 2010, S. 193). Dies greift die folgende Aufgabe (Abb. 6.2 bis Abb. 6.4) auf, in der das Wissen zu Standardrepräsentanten erhoben wird (in Anlehnung an Grassmann et al. 2005).

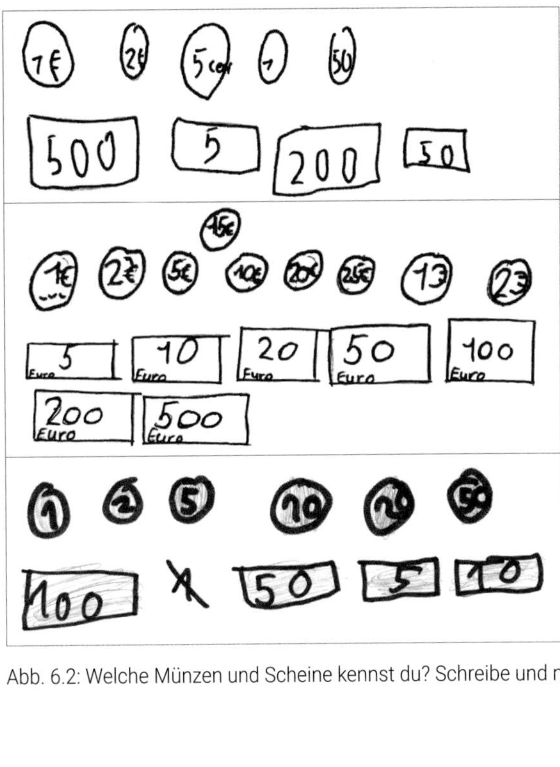

Abb. 6.2: Welche Münzen und Scheine kennst du? Schreibe und male. (Klasse 2)

Abb. 6.3: Welche Münzen und Scheine kennst du? Schreibe und male. (Klasse 3)

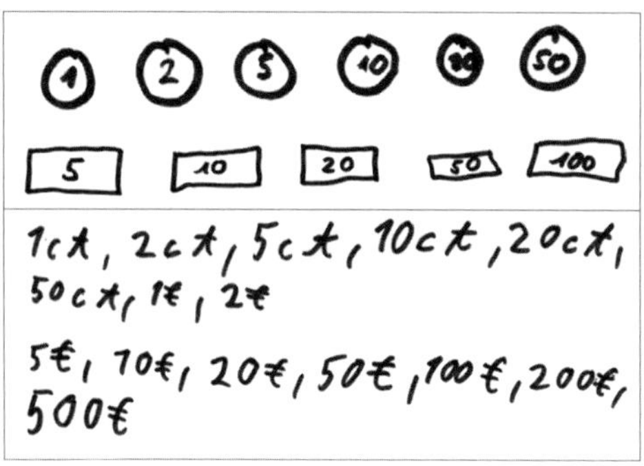

Abb. 6.4: Welche Münzen und Scheine kennst du? Schreibe und male. (Klasse 4)

Die Bearbeitungen der Kinder (Abb. 6.2 bis 6.4) geben Einblick in Hinblick auf verschiedene Aspekte:

- Kann das Kind alle Münzen und Scheine aus dem Gedächtnis zeichnen?
- Zeichnet es Münzen oder Scheine, die es nicht gibt?
- Notiert es passende Maßeinheiten?
- Ordnet es die Münzen und Scheine nach dem Wert?

In Klasse 2 fehlen häufig (einzelne) Münzen und Scheine, die Darstellung ist eher noch nicht geordnet, teilweise werden auch Münzen und Scheine gezeichnet, die es nicht gibt. In Klasse 3 nimmt die Anzahl der Münzen und Scheine zu, vereinzelt werden noch Münzen und Scheine gezeichnet, die es nicht gibt. In Klasse 4 sind die Darstellungen zumeist geordnet, aber auch hier sind die Darstellungen noch nicht immer vollständig.

Mit Aufgaben dieser Art (Abb. 6.5) werden Fähigkeiten im *Vergleichen* erhoben. Dabei sollen Münzen oder auch Münzen und Scheine nach ihrem Wert geordnet werden.

Abb. 6.5: Ordne die Münzen nach ihrem Wert. Beginne mit der Münze, die am wenigsten wert ist.

Ein typischer Fehler besteht darin, dass die Münzen nur nach dem Zahlenwert geordnet werden, unabhängig von den Einheiten Cent bzw. Euro. So gibt es Kinder, die der 50 Cent-Münze einen größeren Wert zuschreiben als der 1 Euro-Münze. Dies kann auch damit zusammenhängen, dass diese Münze größer ist.

Auch bei den folgenden Aufgaben (Abb. 6.6 und Abb. 6.7) werden Geldwerte verglichen. Es muss der Wert von Münz- und Scheinkollektionen dazu aber genau ermittelt werden. Dies kann durch Zählen und/oder Wechseln in der Vorstellung erfolgen. Die erste Aufgabe (Abb. 6.6) zielt zudem auf die Unterscheidung von Anzahl und Wert von Münzen. So sind im rechten Geldbeutel sechs Münzen, die aber weniger wert sind als die eine Münze im linken Geldbeutel.

Abb. 6.6: Mit welchem Geldbeutel kannst du dir mehr kaufen? Kreuze an.

Das Bestimmen von Geldbeträgen kann je nach Münz- und Scheinauswahl im Schwierigkeitsgrad verändert werden (Abb. 6.7). So sind gemischte Euro- und Cent-Kollektionen, bei denen man wechseln muss, herausfordernder als Münzkollektionen, bei denen nicht gewechselt werden muss. Beim ersten Beispiel müssen beispielsweise zwei 50 Cent-Stücke in der Vorstellung in einen Euro gewechselt werden oder der 5 Euro-Schein in 500 Cent. Beim zweiten Beispiel ist dies nicht notwendig. Euro- und Centmünzen können getrennt bestimmt werden.

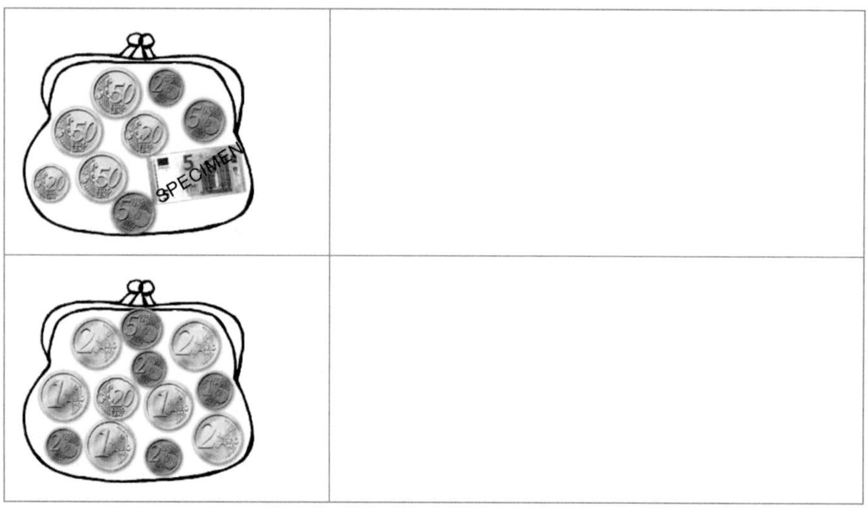

Abb. 6.7: Wie viel Geld ist in den Geldbeuteln? Mit welchem kannst du dir am meisten kaufen?

Bei dieser Aufgabe (Abb. 6.8) sollen die Kinder einen Geldbetrag *wechseln* und ihn auf unterschiedliche Art und Weise darstellen. Mit dieser Aufgabe ist auch die Invarianz angesprochen. So kann ein Geldbetrag in der Regel auf viele unterschiedliche Arten dargestellt werden, ohne dass sich der Wert ändert.

Dieser Schein  **lässt sich in Münzen wechseln.**
Zeichne verschiedene Möglichkeiten.

Abb. 6.8: Geldbeträge wechseln

Bei dieser Aufgabe ist es interessant zu sehen, ob Kinder nur eine oder mehrere Möglichkeiten notieren können, ob sie systematisch nach weiteren Möglichkeiten suchen und ob sie neben Euromünzen auch Centmünzen verwenden.

Mit der folgenden Aufgabe wird *Wissen über Maßeinheiten* überprüft (Abb. 6.9). Wissen die Kinder, in welchen Einheiten der Wert verschiedener Waren angegeben wird? Können sie abhängig von der angegeben Maßzahl die passende Einheit zuordnen? Darüber hinaus sind hier auch Preisvorstellungen gefragt, wodurch der Bereich Stützpunkte ebenfalls berührt wird.

a) Peters Mutter kauft Lebensmittel für 25 ______.
b) Paul bekommt 200 ______ Taschengeld in der Woche.
c) Ein Hühner-Ei kostet 30 ______.

Abb. 6.9: Ergänze die passende Einheit. (in Anlehnung an Emmrich 2008)

Teilaufgabe b) ist herausfordernder, da hier nicht die übliche Maßeinheit verwendet wird und die Maßzahl daher sehr groß ist. In Klasse 1 und 2 sollten solche Beispiele ggf. noch nicht eingesetzt werden.

Auch mit dieser Aufgabe wird *Wissen über Maßeinheiten* erhoben (Abb. 6.10): Können Kinder Umrechnungen, auch von gemischten Größenangaben, vornehmen?

359 ct = ____, ____ €
8 € 7 ct = ____, ____ €
4,60 € = ____ € ____ ct

Abb. 6.10: Rechne um.

Stützpunkte

Mit Aufgaben dieser Art können Stützpunktwissen und Stützpunktvorstellungen zu Preisen erfasst werden (Abb. 6.11). Die Kinder sollen verschiedene Repräsentanten zu einem Intervall nennen. Solche Aufgaben sind für Grundschulkinder durchaus herausfordernd. Dies hängt auch damit zusammen, dass dasselbe Produkt in verschiedenen Läden und Ausführungen unterschiedliche Preise haben kann.

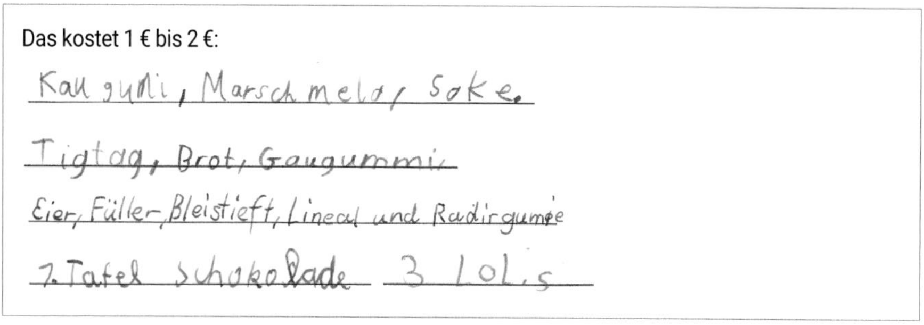

Abb. 6.11: Schreibe immer drei Dinge auf.

Kinder nennen häufig Dinge, die sie selbst einkaufen wie Süßigkeiten, Schreibwaren, Spielzeug, Sportgeräte und z. T. auch Lebensmittel oder Kleidungsstücke. Die Größenordnung passt teilweise, teilweise aber auch nicht, was zeigt, dass nicht durchgängig adäquate Vorstellungen vorliegen.

Schätzen

Bei den folgenden Aufgaben müssen die Kinder *qualitative Schätzungen* vornehmen (Abb. 6.12 und Abb. 6.13). Die Kinder müssen den Wert der gezeigten oder genannten Objekte miteinander vergleichen. Dies muss in jedem Fall in der Vorstellung passieren. Im Unterschied zu anderen Größenbereichen gibt es bei Waren nicht die Möglichkeit eines konkreten qualitativen Vergleichs.

Bei der Aufgabe in Abbildung 6.12 (vgl. auch Grassmann et al. 2005) gibt es Kinder, die der Schokoladentafel einen geringeren Wert zuweisen als dem Apfel, oder auch den Schuhen einen geringeren Wert als dem Teddybären. Je nach Ausführung kann letzteres auch der Fall sein. Es ist also notwendig, im Unterricht auch stets darüber zu sprechen, wie Kinder zu ihren Einschätzungen kommen und nach Begründungen zu fragen.

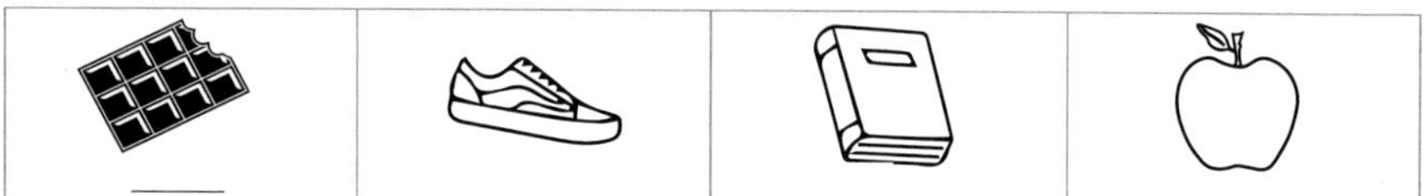

Abb. 6.12: Ordne die Gegenstände nach ihrem Wert. Beginne mit dem Gegenstand, der am wenigsten kostet.

ein Brötchen	☐
ein Stück Kuchen	☐
ein Brot	☐
eine Brezel	☐

Abb. 6.13: Welcher Gegenstand kostet am wenigsten?

Bei Aufgaben zum *quantitativen Schätzen* kann zwischen Aufgaben unterschieden werden, in denen nach dem Geldwert gefragt wird und eine Begründung gegeben werden soll (Abb. 6.14), und solchen, bei denen ein Geldwert einer Ware passend zugeordnet werden soll (Abb. 6.15). Bei Aufgaben des ersten Typs kann man durch die Begründung einen Einblick in verfügbares Stützpunktwissen und -vorstellungen erhalten. Beim zweiten Typ wird zusätzlich auch *Wissen über Maßeinheiten* erfasst.

So teuer ist mein Schulmäppchen mit allem, was darin ist, ungefähr: Begründe: Mein Mäppchen kostet 50 euro
Begründung: 20€ weil in meinem mepchen schon alles enthalten war.
Mein Schul mäppchen ist so ungefähr 2 Euro

Abb. 6.14: Schätze und begründe.

Die Spanne, in der sich die Schätzungen zum Preis des Schulmäppchens bewegen, ist groß. Ob Kinder bei ihren Angaben auf Stützpunktwissen oder -vorstellungen zurückgreifen, kann man anhand der gegebenen Begründungen erkennen. Bei den drei abgedruckten Antworten ist dies nicht der Fall. Vielmehr greifen die Kinder auf einen Gesamtpreis (50 €, 20 €, 2 €) zurück, an den sie sich ggf. erinnern oder den sie auch raten. Preise für enthaltende Stifte etc. werden in den Antworten in Abbildung 6.14 nicht herangezogen.

200 Cent	☐
20 Euro	☐
200 Euro	☐
2 Euro	☐
20 Cent	☐
2 Cent	☐

Abb. 6.15: Wie teuer ist ein Mathebuch ungefähr?

6.4 Unterrichtsmodule

Kompetenzen zu Geldwerten werden im Unterschied zu den anderen Größenbereichen nicht durch Messerfahrungen, sondern durch Einkaufserfahrungen aufgebaut. Den Kindern im Unterricht ausreichend Handlungserfahrungen zu ermöglichen, stellt für viele Lehrpersonen eine Herausforderung dar, da viele Lernangebote materialintensiv sind. Vergleichbares gilt, wenn auch aus anderen Gründen, für Einkaufserfahrungen. Diese sammeln Kinder eigentlich außerhalb der Schule. Diese sind durch veränderte Kindheiten und digitale Bezahlweisen rückläufig. Es werden zunehmend Interneteinkäufe getätigt, die aber durchaus Potenzial für den Aufbau von Preisvorstellungen bieten, wenn Kinder in den Auswahl- und Kaufprozess einbezogen werden.

Im schulischen Umfeld bieten sich zwar auch authentische Einkaufssituationen wie Basare, Kuchen- und Waffelverkäufe oder Flohmärkte, diese sind aber nur punktuelle Ereignisse. Sie reichen nicht aus und sind auch inhaltlich nicht dazu geeignet, dass Kinder Stützpunktwissen und -vorstellungen zu Alltagswaren ausbilden, da die Preise bei diesen Anlässen keine „wirklichen" Preise sind. Hingegen können Kinder in Schulkantinen Preisvorstellungen aufbauen, z. B. von Snacks und Süßigkeiten.

Konkrete Vergleiche können nur mit Geldbeträgen in Form von Münz- und Scheinkonstellationen oder Preisangaben vorgenommen werden. Auf der Ebene von Waren ohne Preisangabe sind Vergleiche stets mental.

6.4.1 Vergleichen und Wechseln

Um Geldbeträge aus Scheinen und Münzen vergleichen und wechseln zu können, benötigen Kinder Wissen über Geld. Es geht also zunächst um das Kennenlernen von Scheinen und Münzen.

Vergleichen und Wechseln

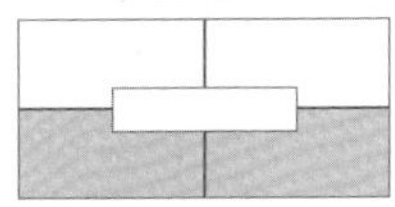

Modul 1: Münzen und Scheine kennenlernen (ab Klasse 1)

Die Kinder können im Vorfeld aufgefordert werden, verschiedene Münzen von zu Hause mitzubringen. Diese können für die Frottage genutzt werden (Abb. 6.17). Außerdem können dann im Austausch Rückseiten aus verschiedenen europäischen Ländern thematisiert werden. Manche Kinder haben auch Sammelbücher für Cent- und Euromünzen aus dem gesamten Euroraum, sodass ein umfangreicher Einblick in die unterschiedlichen Rückseiten möglich wird.

Problemstellung: An der Tafel hängen alle Cent- und Euro-Münzen sowie Euro-Scheine. Damit diese gut erkennbar sind, sollte Demonstrationsmaterial verwendet werden. Die Münzen und Scheine werden zunächst nach Euro und Cent sortiert und anschließend nach dem Wert geordnet (Abb. 6.16). Dadurch wird das Transitivitätsverständnis angeregt. In diesem Zusammenhang kann auch thematisiert werden, wie man Münzen und Scheine schnell und unterscheidbar im Größenbuch selbst zeichnen kann. Weiter kann darüber gesprochen werden, wozu man Geld braucht, wer Taschengeld bekommt und was sich die Kinder dafür kaufen. Um einkaufen zu gehen, muss man sich mit Geld auskennen, auch um zu kontrollieren, ob das Rückgeld stimmt.

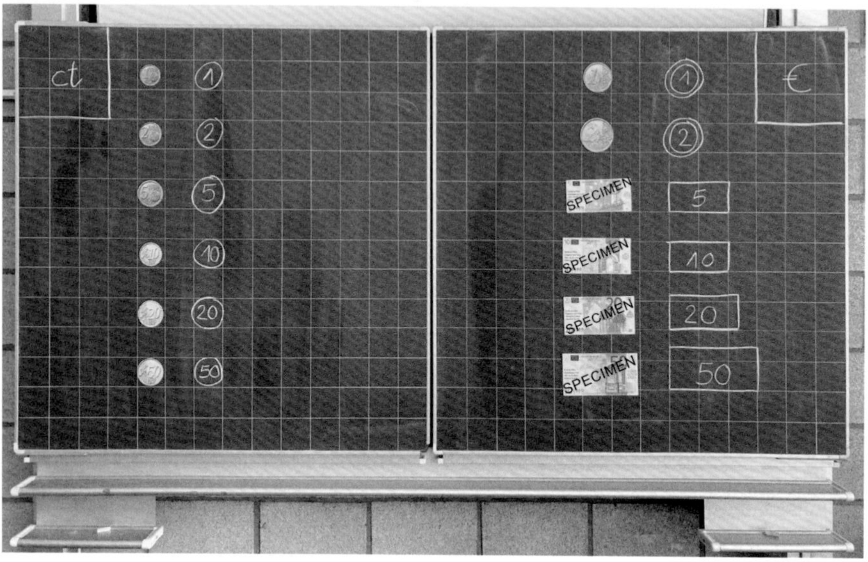

Abb. 6.16: Münzen und Scheine sortieren, ordnen und zeichnen

Erarbeitung: „Bastele dir einen Geldbeutel und stelle dein eigenes Münzgeld her. Dazu brauchst du echte Münzen und weißes Papier. Verwende zum Durchpausen einen Bleistift oder Buntstifte (Abb. 6.17; dies funktioniert besonders gut mit einem Bleistift). Untersuche die Vorder- und Rückseiten der Münzen. Schneide Vorder- und Rückseiten aus und klebe die zueinander gehörigen aufeinander. Fülle die Münzen in deinen gefalteten Geldbeutel. Wenn du möchtest, kannst du auch Scheine herstellen. Untersuche dazu die Vorder- und Rückseiten."

Abb. 6.17: Münzfrottage

Zum Falten des Geldbeutels empfiehlt es sich, mit einem Faltplakat zu arbeiten (Abb. 6.18). So sind die Faltschritte für die Kinder gut nachvollziehbar.

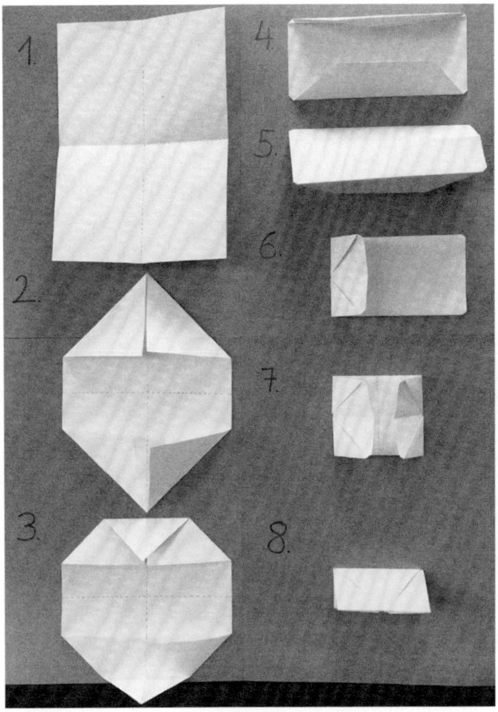

Abb. 6.18: Faltplakat Geldbeutel

Austausch: Im Klassenplenum tauschen sich die Kinder über ihre Erkundungen zu den Vorder- und Rückseiten der Münzen, ggf. auch der Scheine aus. Wichtig ist dabei herauszuarbeiten, dass die Vorderseiten der Münzen in allen Ländern des Euroraums gleich sind, wohingegen sich die Rückseiten unterscheiden. Es sollte darüber gesprochen werden, was auf den deutschen Rückseiten zu erkennen ist (Eichenblatt, Brandenburger Tor, Bundesadler), und dass die Scheine überall gleich aussehen (idealisierte Fenster- und Brückenmotive). Es kann eine Zuordnung von Vorder- und Rückseiten vorgenommen werden. Dazu wird echtes Geld benötigt, da bei käuflichem Demonstrationsmaterial in der Regel nur die Vorderseiten verfügbar sind.

Impulse zum Entdecken, Beschreiben, Erklären, Begründen und Argumentieren:
- „Was kannst du auf den Vorder- und Rückseiten der Münzen (Scheine) erkennen?“
- „Wie kannst du die passenden Rückseiten finden?“
- „Wie kannst du herausfinden, in welchem Land die Münzen geprägt wurden?“

Modul 2: Münzen und Scheine ordnen und Geldbeträge herstellen (ab Klasse 1)

Problemstellung: Im Sitzkreis liegen alle Münzen und Scheine in mehrfacher Ausfertigung, ein Bild einer Kassenschublade sowie eine handelsübliche abschließbare Geldkassette (Abb. 6.19). Es wird darüber gesprochen, wie Kassiererinnen und Kassierer im Supermarkt Scheine und Münzen in der Kasse verwahren. Es wird über mögliche Ordnungen gesprochen, sodass man gewünschtes Rückgeld schnell findet bzw. verstauen kann.

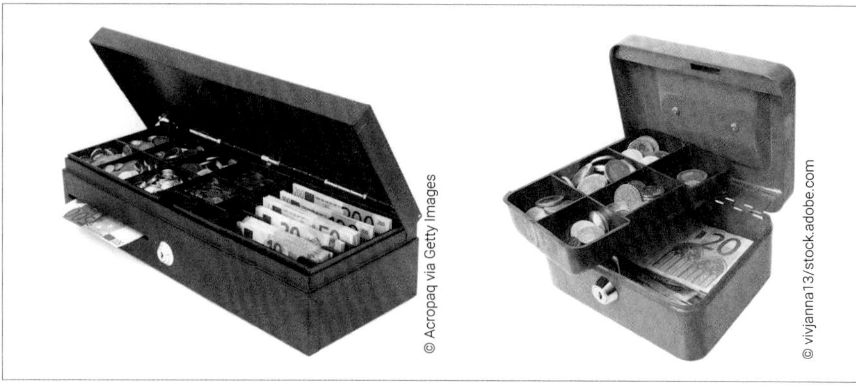

Abb. 6.19: Kassenschublade und Geldkassette

Erarbeitung: „Stellt euch zu zweit eine Kassenschublade für euer Spielgeld her. Ihr könnt dazu z. B. leere Streichholzschachteln verwenden und aneinanderkleben. Sortiert und ordnet euer Geld in eurer Schublade. Schreibt Preisschilder für eure Schulsachen und kauft mit 10 € (20 €) ein. Wechselt euch mit Einkaufen und Kassieren ab.“

Austausch: Im Plenum können verschiedene Aspekte thematisiert werden. Es bietet sich an, über die gewählten Preise für die Schulsachen zu sprechen, um Preisvorstellungen aufzubauen. Hier können von den Kindern ganz verschiedene Punkte eingebracht werden: Neupreis versus Gebrauchtpreis oder auch unterschiedliche Preise für ein und dasselbe Produkt in unterschiedlichen Geschäften. Wenn Preise unbekannt sind, können diese auch als Hausaufgabe oder im Internet recherchiert werden. Weiter kann darüber gesprochen werden, wie man Rückgeld ermitteln und kontrollieren kann. Da heute vielfach digital bezahlt wird, muss das Ergänzen vom zu bezahlenden Betrag zum gegebenen Schein ggf. von der Lehrperson eingebracht werden. Weiter kann auch genaues Bezahlen angesprochen werden: Welche Möglichkeiten gibt es, diesen Betrag genau zu bezahlen? Welche Scheine und Münzen braucht man? Dies bereitet bereits das Wechseln vor.

Impulse zum Entdecken, Beschreiben, Erklären, Begründen und Argumentieren:

- „Wie habt ihr euch für eure Preise auf den Preisschildern entschieden?“
- „Wie könnt ihr Preise von Dingen herausfinden?“
- „Warum kann es für dieselbe Ware unterschiedliche Preise geben?“
- „Wie geht ihr beim Rückgeldgeben vor?“
- „Wie gehen Kassierer und Kassiererinnen beim Rückgeldgeben vor?“
- ...

Modul 3: Geldbeträge wechseln (ab Klasse 1)

Problemstellung: An der Tafel hängen Karten mit Eurobeträgen zwischen 3 € und 10 €/20 € oder mit Centbeträgen zwischen 3 ct und 10 ct/20 ct (Abb. 6.20).

3 €	10 €	8 €	5 €	6 €

Abb. 6.20: Eurobeträge für Klasse 1

Gemeinsam wird überlegt, mit welchen Euro-Münzen bzw. Euro-Scheinen man die Beträge legen kann. Sie werden mit Magnetgeld an die Tafel geheftet. Es sollte an einem Beispiel thematisiert werden, dass es unterschiedliche Möglichkeiten gibt. Wenn man nur Euro-Münzen und Euro-Scheine verwenden darf, ist die Anzahl der Möglichkeiten überschaubar. Es kann dann auch der Frage nachgegangen werden, wie viele verschiedene Möglichkeiten es gibt bzw. ob man alle Möglichkeiten gefunden hat. Eine Beschränkung der Möglichkeiten kann auch dadurch erreicht werden, dass nur eine bestimmte Anzahl an Scheinen bzw. Münzen verwendet werden darf (z. B. 100 € mit höchstens 15 Scheinen). Die Beträge können für andere Klassenstufen variiert werden (Abb. 6.21).

30 ct	4 ct	65 € 20 ct	19,95 €	1 €	100 €

Abb. 6.21: Cent- und Eurobeträge ab Klasse 2

Erarbeitung: „Legt die Beträge auf möglichst viele unterschiedliche Weisen mit eurem Spielgeld. Schreibt und zeichnet die verschiedenen Möglichkeiten in eurem Größenbuch auf.“ (Abb. 6.22)

Abb. 6.22: 10 Euro wechseln

Austausch: Im Plenum wird exemplarisch zu einem Betrag darüber gesprochen, wie man vorgehen kann, um viele (alle) Möglichkeiten zu finden. Die verschiedenen Möglichkeiten sollten dabei systematisch an der Tafel mit Magnetgeld aufgehängt werden. Dabei sollten gezielte Wechselprozesse einer Münze bzw. eines Scheins thematisiert werden (Abb. 6.23).

	5 €
	2 € + 2 € + 1 €
	2 € + 1 € + 1 € + 1 €
	1 € + 1 € + 1 € + 1 € + 1 €

Abb. 6.23: 5 €-Schein wechseln – systematische Darstellung aller Möglichkeiten mit Euromünzen

Impulse zum Entdecken, Beschreiben, Erklären, Begründen und Argumentieren:

- „Wie kann man vorgehen, um verschiedene Möglichkeiten zu finden?"
- „Wie kann man vorgehen, um alle Möglichkeiten zu finden?"
- „Wie kann man die verschiedenen Möglichkeiten (übersichtlich) notieren?"
- „Wie viele Scheine/Münzen brauchst du mindestens?"
- „Welche neuen Möglichkeiten entstehen, wenn du die 50-Cent-Münze hinzunimmst?"
- ...

Modul 4: Problemaufgaben zum Wechseln von Geld (ab Klasse 2)

Problemstellung: An der Tafel ist eine problemhaltige Aufgabe zum Wechseln notiert (Schipper et al. 2015b, S. 216; Schipper et al. 2017, S. 243):

„Annika hat in ihrer Hosentasche 2 Münzen. Wie viel Geld kann das sein? Schreibe und zeichne verschiedene Möglichkeiten auf."

An der Tafel werden verschiedene Möglichkeiten mit Magnetgeld in einer Tabelle gesammelt sowie passende Terme notiert. Im Weiteren arbeiten die Kinder zu zweit an dieser Aufgabe und anderen problemhaltigen Aufgaben (Schipper et al. 2015b, S. 216; Schipper et al. 2017, S. 243).

Erarbeitung: „Bearbeitet in eurem Größenbuch verschiedene Problemaufgaben. Notiert und zeichnet mögliche Lösungen in einer Tabelle in euer Größenbuch."

- „Ines hat 3 gleiche Münzen. Wie viel Geld kann es sein? Schreibt und zeichnet verschiedene Möglichkeiten auf."
- „Teo hat zwei Scheine. Er hat weniger als 50 €. Welche Scheine kann er haben? Schreibt und zeichnet verschiedene Möglichkeiten auf."
- „Mona hat zwei gleiche Scheine. Sie hat weniger als 150 €. Welche Scheine kann sie haben? Schreibt und zeichnet verschiedene Möglichkeiten auf."
- „Simon muss 320 € (666 €/95,75 €) bezahlen. Findet verschiedene Möglichkeiten."
- „Katja hat 162 € (810 €, 152,50 €) mit fünf Scheinen bzw. mit insgesamt 5 Scheinen und Münzen gelegt. Wie hat sie das gemacht? Findet verschiedene Möglichkeiten." (Abb. 6.24)
- „Candy hat ausprobiert, dass sie 400 € mit zwei, drei, vier oder fünf Scheinen legen kann. Probiert es aus. Geht es auch mit sechs, sieben oder ... Scheinen? Legt eine Tabelle an."
- „Frau Nolte hat drei verschiedene Geldscheine. Welche Geldbeträge könnten es sein? Welches ist der kleinstmögliche Betrag? Welches der größtmögliche? Legt eine Tabelle an."

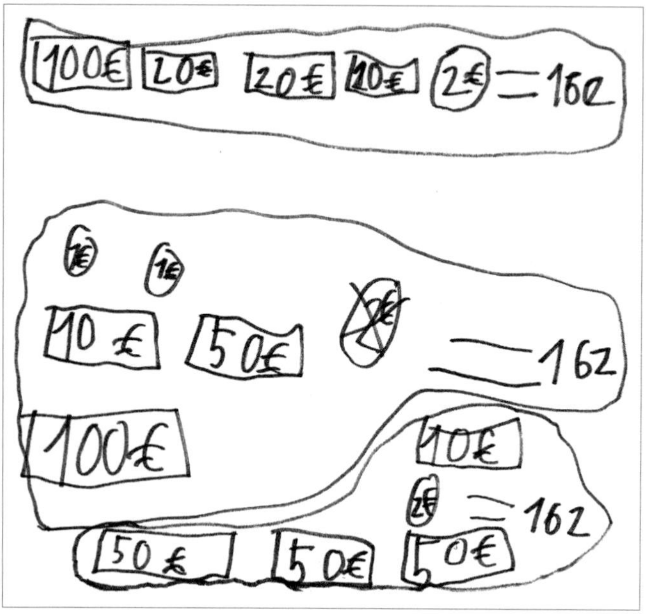

Abb. 6.24: Katja hat 162 € mit fünf Scheinen bzw. mit insgesamt 5 Scheinen und Münzen gelegt.

Austausch: Im Plenum wird darüber gesprochen, welche Möglichkeiten gefunden wurden und wie man diese übersichtlich (in einer Tabelle) notieren kann. Die verschiedenen Möglichkeiten werden systematisch an die Tafel mit Magnetgeld gehängt. Gezielte Wechselprozesse einer Münze bzw. eines Scheins werden thematisiert.

Impulse zum Entdecken, Beschreiben, Erklären, Begründen und Argumentieren:
- „Wie kann man vorgehen, um verschiedene Möglichkeiten zu finden?“
- „Wie kann man vorgehen, um alle Möglichkeiten zu finden?“
- „Wie kann man die verschiedenen Möglichkeiten (übersichtlich) notieren?“
- „Wie viele Scheine/Münzen braucht man mindestens?“
- …

6.4.2 Stützpunkte

Stützpunkte

Stützpunktwissen und Stützpunktvorstellungen sind zentrale Voraussetzungen, um Schätzungen von Geldwerten vornehmen zu können. Im Kern geht es bei Geldwerten um sogenannte Preisvorstellungen. Wie Studien zeigen, haben Kinder nur wenig verfügbare Vorstellungen zu persönlich bedeutsamen Waren. Waren des alltäglichen Bedarf gehören häufig nicht dazu. Diese müssen also im Unterricht gezielt einbezogen werden. Um Stützpunkte aufzubauen und diese für Schätzprozesse dauerhaft sowohl als Wissen als auch in der Vorstellung verfügbar zu machen, werden diese in Form von Repräsentanten-Tischen oder -Plakaten gesammelt und ausgestellt. Sie werden auch im Größenbuch (Rink 2014, 2017), das über die gesamte Grundschulzeit geführt werden kann, festgehalten, am besten auf den letzten Seiten. Ziel ist es, dass jedes Kind sich bewusst entscheidet, welche Repräsentanten es sich für verschiedene Preisintervalle merken will. Die Liste der Repräsentanten wird über die Schuljahre hinweg individuell erweitert und wenn nötig angepasst.

Modul 5: Münz- und Scheinsteckbriefe (ab Klasse 1)

Dieses Modul sollte wiederholt durchgeführt werden.

Problemstellung: Im Sitzkreis liegen Ausdrucke der Vorder- und Rückseiten von Münzen und Scheinen. Es sollte gut erkennbar sein, was jeweils abgebildet ist. Die Kinder beschreiben die Münzen und Scheine und ordnen Vorder- und Rückseiten einander zu. Dieses Modul kann in allen Schuljahren eingesetzt werden und dient einerseits der Festigung und Wiederholung von Wissen über Geld und andererseits dem Aufbau von Stützpunktwissen. In den Klassen 1 und 2 wird die Auswahl der Münzen und Scheine an den jeweiligen Zahlenraum angepasst (bis 20, bis 100). Ergänzend können echte Münzen und Scheine vorhanden sein, um den Kindern das bewusste Wahrnehmen besonderer Merkmale zu ermöglichen und ggf. weitere Aspekte wie Sicherheitsmerkmale von Scheinen und unterschiedliche Randprägungen von Münzen zu thematisieren. Exemplarisch können zu einer Münze und zu einem Schein verschiedene besondere Merkmale notiert werden (vgl. auch Schipper et al. 2017, S. 242).

Erarbeitung: „Welche Münze oder welcher Schein ist gesucht? Erstellt zu zweit Steckbriefe zu verschiedenen Münzen und Scheinen. Notiert immer ein besonderes Merkmal und eine Ware, die man dafür kaufen kann.“ (Abb. 6.25)

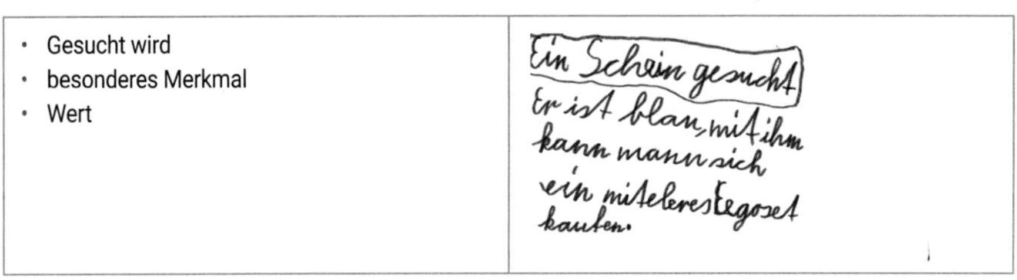

Abb. 6.25: Steckbrief 20-Euro-Schein

Austausch: Immer zwei Kinderpaare lesen sich wechselseitig ihre Steckbriefe vor und versuchen, die gesuchte Münze bzw. den gesuchten Schein herauszufinden. Weiter geben sie sich Rückmeldung, ob der angegebene Wert der Ware angemessen ist. Durch das Heranziehen von (digitalen) Katalogen kann dieser überprüft und ggf. korrigiert werden.

Impulse zum Entdecken, Beschreiben, Erklären, Begründen und Argumentieren:
- „Welche besonderen Merkmale hat eine bestimmte Münze/ein bestimmter Schein?“
- „Was kann man sich für eine bestimmte Münze/einen bestimmten Schein alles kaufen?“

Modul 6: Repräsentanten-Plakate (ab Klasse 2)
Problemstellung: Bei Geldwerten eignen sich Plakate, die mit Recherchen aus Katalogen oder über digitale Medien gestaltet werden. Dabei sollten sowohl für Kinder interessante Waren wie Spielsachen, Spielgeräte, Sportgeräte, Sportzubehör, Süßigkeiten, technische Gegenstände, aber auch Waren des täglichen Bedarfs mit einbezogen werden. Es bietet sich an, je nach Schuljahr dem Alter und Interesse passende inhaltliche Schwerpunkte zu setzen. Mit den recherchierten Repräsentanten (Abbildungen, Fotos, digitale Bilder, Zeichnungen) inklusive ausgewiesener Preise werden in diesem Modul verschiedene Plakate zu Preisintervallen gestaltet. Jeder Repräsentant auf dem Plakat wird beschriftet und mit dem genauen Preis ausgewiesen. Je nach Produkt (Marke, Ausführung) können dieselben Repräsentanten in verschiedenen Preisintervallen auftauchen, was Anlass für Diskussionen bietet. Je nach Klassenstufe können Plakate zu mehr oder weniger Preisintervallen im entsprechenden Zahlenraum gestaltet werden. Mögliche Preisintervalle könnten sein: weniger wert als 1 €, 1 € bis 5 €, 5 € bis 10 €, 10 € bis 20 €, 20 bis 50 €, 50 bis 100 €.

Erarbeitung: „Findet in Katalogen verschiedener Geschäfte oder auf deren Internetseite Dinge, die ungefähr ... kosten. Notiert viele verschiedene Beispiele. Wählt aus eurer Sammlung die Dinge, die euch am besten gefallen, aus und gestaltet damit euer Plakat. Beschriftet alle Gegenstände und notiert auch den exakten Preis.“
Es bietet sich an, die Plakate in Gruppen arbeitsteilig zu gestalten.

Austausch: Die Kinder tauschen sich darüber aus, welche Gegenstände und Waren sie für ihr Plakat ausgewählt haben und warum sie diese besonders geeignet finden. Im Größenbuch hält anschließend jedes Kind auf einer Seite zu verschiedenen Preisintervallen fest, welche Dinge es sich merken will (Lieblingsrepräsentanten).

Impulse zum Entdecken, Beschreiben, Erklären, Begründen und Argumentieren:

- „Welche Dinge willst du dir zu den Preisintervallen ‚weniger wert als 1 €, 1 € bis 5 €, 5 € bis 10 €, 10 € bis 20 €, 20 bis 50 €, 50 bis 100 €‘ unbedingt merken?“
- „Warum können dieselben Dinge ganz unterschiedliche Preise haben?“

6.4.3 Schätzen

Schätzen

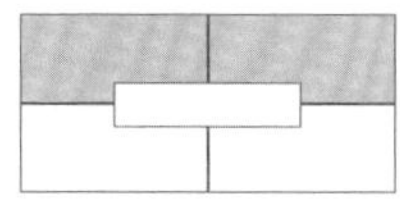

Schätzen von Geldwerten kann nur unter Rückgriff auf Stützpunktwissen und Stützpunktvorstellungen gelingen, sonst sprechen wir von Raten. Nicht alle Kinder werden von Beginn an in der Lage sein, den Wert von Waren zu schätzen, da Stützpunkte noch nicht sicher aufgebaut sind (Abb. 6.26). Dies ist jedoch kein Hinderungsgrund, Schätzaufgaben in der Klasse zu bearbeiten. Die Kinder sollten dazu aufgefordert werden, Plakate mit Stützpunktwissen und auch ihre Notationen im Größenbuch zu nutzen. In den folgenden Modulen werden grundständige und eingebettete Schätzaufgaben vorgestellt.

Modul 7: Einkaufszettel für einen Wochenendeinkauf (ab Klasse 3)
Problemstellung: Im Plenum wird über Wochenendeinkäufe gesprochen. Die Kinder erzählen, wie diese in ihrer Familie aussehen und was alles eingekauft wird. Es empfiehlt sich, allen Kindern vorher den Auftrag zu geben, einmal mit den Eltern zum Wochenendeinkauf mitzugehen. Nicht alle Kinder einer Klasse haben dazu eigene Erfahrungen (in Anlehnung an Rasch 2011, S. 86).

Erarbeitung: „Schreibt einen Einkaufszettel für einen Wochenendeinkauf. Schreibt auf, wie viel die Dinge auf eurem Einkaufszettel voraussichtlich kosten werden. Überlegt, wie viel Geld ihr mitnehmen müsst, damit das Geld für den Einkauf reicht. Überprüft eure Preise anhand eines Einkaufsprospekts oder eines Internetauftritts verschiedener Geschäfte. Reicht das Geld? Bleibt Geld übrig?“

Wichtig ist, dass die Kinder zunächst ohne Kenntnis der genauen Preise abschätzen, wie viel Geld sie voraussichtlich brauchen werden (Abb. 6.27). Sie können dazu aber ihr Größenbuch oder auch in der Klasse aufgehängte Repräsentanten-Plakate nutzen. Anschließend werden die getroffenen Annahmen in (digitalen) Katalogen überprüft. Hier können auch Preise verschiedener Geschäfte miteinander verglichen werden.

Austausch: Im Plenum stellen die Kinder ihre angenommenen und tatsächlichen Ausgaben für den Wochenendeinkauf anhand ihrer Notationen im

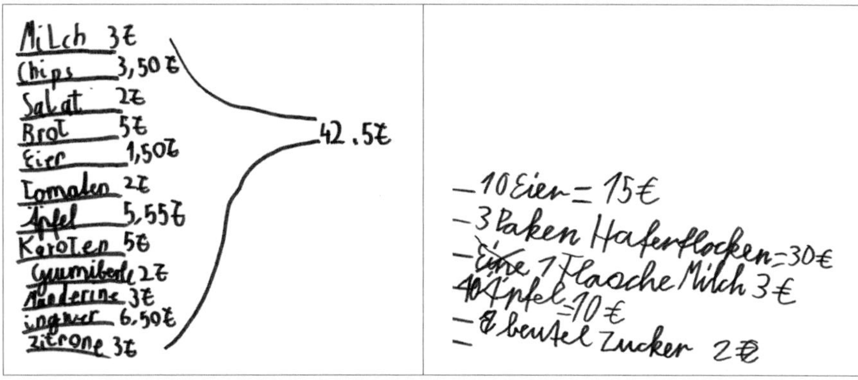

Abb. 6.26: Einkaufszettel für einen Wochenendkauf mit geschätzten Preisen

Größenbuch vor (Dokumentenkamera). Abweichungen und mögliche Ursachen werden diskutiert. Abschließend können im Größenbuch weitere Stützpunkte ergänzt werden.

Impulse zum Entdecken, Beschreiben, Erklären, Begründen und Argumentieren:

- „Welche Dinge kosten unter 1 €?“
- „Welche Dinge kosten 1 € bis 5 €?“
- „Welche Dinge kosten 5 € bis 10 €?“
- „Welche Dinge kosten 10 € bis 20 €?“

Modul 8: Wie viel sind die Dinge in einem Federmäppchen ungefähr wert? (ab Klasse 2)

Problemstellung: Zu Beginn des neuen Schuljahres liegt im Sitzkreis ein Federmäppchen, in dem alles außer den Buntstiften fehlt. Die Stifte sind durch das Spitzen so kurz, dass auch der Kauf neuer Stifte ansteht. Außerdem werden in Klasse 2 ein Füller sowie Tintenpatronen benötigt. Die Kinder sammeln, was alles neu gekauft werden muss.

Erarbeitung: „Überlegt zu zweit, wie viel Geld für eine neue Befüllung des Federmäppchens zu Beginn des Schuljahres ungefähr benötigt wird. Überprüft die Preise anhand eines (digitalen) Katalogs verschiedener Geschäfte. Wie teuer ist eine Neubefüllung mindestens?“

In den Klassen 3 oder 4 kann der ungefähre Wert der Schulmaterialien im Schulranzen ermittelt werden: Wie viel sind die Dinge in einem Schulranzen ungefähr wert? (in Anlehnung an Schipper et al. 2017, S. 240)

Austausch: Die Kinder stellen im Plenum ihre Überlegungen und den geschätzten und tatsächlich ermittelten Mindestpreis vor. Es sollte auch darüber diskutiert werden, für welche Produkte die Kinder sich entscheiden würden, und wovon dies abhängt (Preis, Qualität).

Impulse zum Entdecken, Beschreiben, Erklären, Begründen und Argumentieren:
- „Wie teuer ist eine Neubefüllung eines Federmäppchens mindestens?"
- „Wie würdest du dein Mäppchen befüllen?"
- ...

Mögliche Anschlussaktivitäten:
- „Wie viel sind die Dinge in deinem Schulranzen wert?"
- „Wie viel sind die Spielgeräte auf dem Schulhof/in der Turnhalle wert?"
- „Wie viel sind die Musikinstrumente im Musikzimmer wert?"
- „Welchen Wert haben die Bücher in der Klassen-/Schulbibliothek?"

Modul 9: Kann das stimmen? (ab Klasse 3)

Problemstellung: Im Klassenplenum wird eine Kann-das-stimmen-Aufgabe vorgestellt[30]: „Mit 500 € kannst du für alle Kinder deiner Schule den Eintritt ins Kino bezahlen. Kann das stimmen?" Es werden erste Vermutungen gesammelt und Begründungen für die Vermutungen erfragt.

Erarbeitung: Die Kinder bearbeiten die Aufgabe zu zweit. Dabei müssen zunächst verschiedene Angaben geschätzt oder recherchiert werden, die z. B. folgende Fragen beantworten:
- „Wie viele Kinder sind an unserer Schule?"
- „Wie teuer ist ein Eintritt ins Kino?"

Die geschätzten Angaben müssen anschließend passend miteinander verrechnet werden. Die Bearbeitung wird im Größenbuch festgehalten (Abb. 6.27).

Austausch: Die Kinder stellen ihre Ergebnisse vor (ggf. mithilfe einer Dokumentenkamera). Es wird über die getroffenen Annahmen (geschätzte und recherchierte Zahlen) gesprochen und diskutiert, inwieweit sie passend sind. Ziel ist es, die Gruppenergebnisse in Hinblick auf ihre Angemessenheit zu überprüfen. Dabei können durchaus verschiedene Ergebnisse angemessen sein. Es kann auch darüber gesprochen werden, ob es Schulen, Filme oder Kinos geben kann, bei denen das Geld reicht bzw. nicht reicht und bei welchen Annahmen das jeweils der Fall wäre.

30 In der Kartei Ruwisch & Schaffrath (2009) findet sich nur eine Aufgabe zu Geldwerten. Dies ist dem Umstand geschuldet, dass sich Preise verändern. Sie finden im Download-Material eine Auswahl an Kann-das-stimmen-Aufgaben zu Geldwerten, die Sie ggf. anpassen müssen.

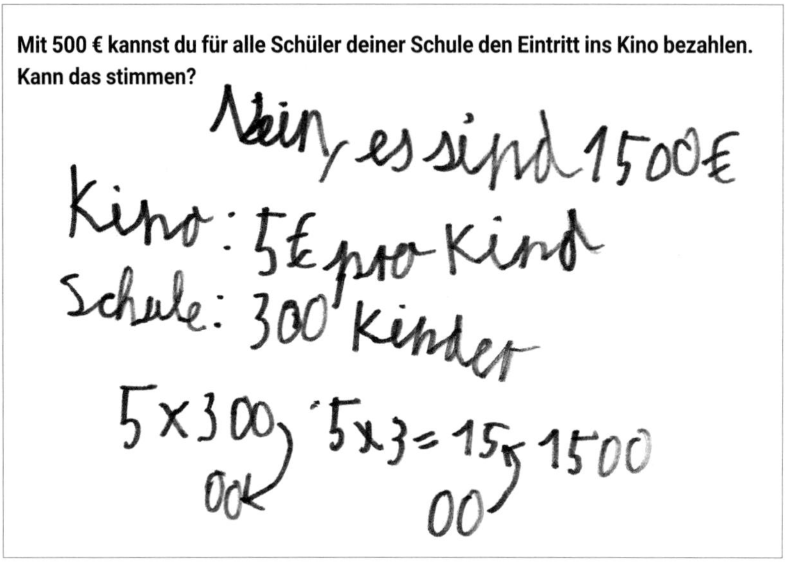

Abb. 6.27: „Mit 500 € kannst du für alle Schülerinnen und Schüler deiner Schule den Eintritt ins Kino bezahlen. Kann das stimmen?"

Impulse zum Entdecken, Beschreiben, Erklären, Begründen und Argumentieren:

- „Wie kommst du zu deiner Annahme (z. B. 5 €/300 Kinder)?
- „Wie könnte man diese Annahme begründen?"
- „Wie könnte man diese Annahme überprüfen?"
- „Warum findest du die Vorgehensweise von ... überzeugend/nicht so überzeugend?"

Weitere Unterrichtsideen zu Geldwerten finden sich in
Grundschule Mathematik
H. 28, 2011, Geld

Mathematik differenziert
H. 4, 2013, Geld: Alltagswert und Rechenhilfsmittel

Größenbereichsübergreifende Themenhefte
Grundschule Mathematik
H. 41, 2014, Vom Raten zum Schätzen
H. 47, 2015, Größen messen
H. 58, 2018, Üben in Sachstrukturen
H. 61, 2019, Längen in Bezug zu anderen Größen
H. 69, 2021, Stützpunktvorstellungen

Mathematik differenziert
H. 3, 2020, Größen schätzen, messen, rechnen

7 Zeitspannen

Der Größenbereich *Zeitspannen* erfährt eine systematische Behandlung ab dem ersten Schuljahr, in dem insbesondere das Kennen- und Lesenlernen der Uhr sowie die Beschäftigung mit (individuellen) Tages- und Jahresabläufen eine Rolle spielen können. Im Laufe der Schuljahre werden diese Grundlagen genutzt, um den Größenbereich in Sachsituationen mit konkretem Alltagsbezug tiefer zu durchdringen.

7.1 Besonderheiten

Es muss zwischen Zeitspannen und Zeitpunkten unterschieden werden. Dabei sind Zeitspannen die zugrundeliegende Größe, während es sich bei Zeitpunkten um Skalenwerte auf einer Messskala handelt. Anfangs- und Endzeitpunkt können miteinander zu einer Zeitspanne verrechnet werden, die dann die Dauer eines Vorgangs angibt.

Bei den Messwerkzeugen im Größenbereich *Zeitspannen* kann zwischen zwei verschiedenen Arten von Messwerkzeugen unterschieden werden:

- Messwerkzeuge, die die Zeitspanne messen, wie z. B. Stoppuhr und Sanduhr;
- Messwerkzeuge, bei denen sich Zeitpunkte ablesen lassen, wie z. B. Uhren, Kalender; diese Zeitpunkte können dann zur Berechnung von Zeitspannen genutzt werden.

Da häufig bei der Angabe von Zeitspannen auf die Verrechnung von Zeitpunkten zurückgegriffen wird, spielt die Thematisierung der Messwerkzeuge für Zeitpunkte und damit das Ablesen von Uhrzeiten eine wesentliche Rolle im Unterricht. Dies stellt – insbesondere bei analogen Uhren – eine komplexe Tätigkeit dar, was u. a. darauf zurückzuführen ist, dass in der Messskala der analogen Uhr zwei verschiedene Skalen übereinanderliegen: Stunden- und Minutenskala. Diese beiden Skalen müssen zeigeradäquat abgelesen werden. Falls es sich um eine Uhr mit Sekundenzeiger handelt, entspricht die Einteilung der Minutenskala der der Sekundenskala.

Abb. 7.1: Unterschiedliche Ziffernblätter

Jeder fünfte Strich – dieser ist bei vielen Uhren länger und/oder dicker hervorgehoben – steht für eine Stunde und kann – abhängig von der jeweiligen Uhr (Abb. 7.1) –beschriftet sein. Ist die Stundenskala beschriftet, sind dies in der Regel die Zahlen von eins bis zwölf für die Stunden der ersten Tageshälfte. Die Minutenskala ist häufig nicht beschriftet. Die Ziffernblätter von Alltagsuhren weisen jedoch große Unterschiede auf, teilweise fehlen sämtliche Beschriftungen, die Skalen sind unterschiedlich grob bis hin zu Uhren, bei denen das Ziffernblatt weder Striche noch Zahlen hat. Um hier Uhrzeiten ablesen zu können, müssen die Kinder je nach Ziffernblatt über ein mentales Bild eines beschrifteten Ziffernblattes verfügen.

Abb. 7.2: Lernuhr

Eine Ausnahme stellen sogenannte Lernuhren (Abb. 7.2) dar, die durch weitere Beschriftungen der Skalen zusätzliche Informationen mit aufnehmen: Die Minutenskala ist in Fünferschritten am äußeren Rand beschriftet, in der Stundenskala finden sich in zweiter Reihe die Stunden 13 bis 24. Diese Ergänzungen können einerseits unterstützen. Andererseits muss die Bedeutung der verschiedenen Zahlen verstanden werden, um diese Hilfestellung annehmen zu können.

Die Herausforderung für die Kinder beim Ablesen der Uhrzeit besteht darin, Stunden- und Minutenzeiger skalenadäquat zuzuordnen und den Zeitpunkt richtig abzulesen. Für den Minutenzeiger muss für die nicht beschriftete Skala verstanden worden sein, dass die längeren Striche bzw. die größeren Punkte für Fünfminutenabschnitte stehen und eine eventuelle Stundenbeschriftung ignoriert werden muss. Irritation kann in diesem Zusammenhang bei Kindern jedoch dadurch entstehen, dass beim Ablesen einiger Uhrzeiten diese Zahlen dann doch in der Benennung der Uhrzeit auftauchen (Abb. 7.3 und Abb. 7.4):

Abb. 7.3: „*Fünf* vor halb …"

Abb. 7.4: „*Zehn* vor …"

Darüber hinaus gibt es für verschiedene Uhrzeiten unterschiedliche Bezeichnungen, z. B. für 6:45 Uhr „sechs Uhr fünfundvierzig" oder „Viertel vor sieben" oder „dreiviertel sieben" (regional). Dabei ist die Benennung „Viertel vor …" bei einer analogen Uhr naheliegend und herleitbar, muss aber in Bezug auf digitale Uhren mit der Anzeige 6:45 Uhr in Zusammenhang gebracht werden können. Bei der analogen Uhr muss situationsabhängig mitgedacht werden, ob es sich um die Zeit in der ersten oder in der zweiten Tageshälfte handelt.

Eine weitere Besonderheit im Größenbereich *Zeitspannen* besteht darin, dass die Einheiten – abgesehen vom ganz kleinen und ganz großen Bereich – nicht dekadisch und auch nicht regelmäßig aufgebaut sind. Damit grenzt sich dieser Größenbereich klar von den anderen Größenbereichen ab. So gibt es die Umrechnungszahlen 60 (Sekunden, Minuten und Stunden), 7 (Tage, Wochen), 12 (Monate, Jahr) sowie 10, 100, 1000 … (Zehntel-, Hundertstel-, Milli-, Nano- … -sekunden sowie Jahrzehnte, -hunderte …). Daneben gibt es Umrechnungszahlen, die im Detail abweichen und deswegen situationsabhängig entweder als Durchschnittwerte – 30 (Tage, Monat), 52 (Wochen, Jahr) sowie 365 (Tage, Jahr) – oder mit den jeweiligen genauen Werten genutzt werden. Damit weist dieser Größenbereich sehr viele unterschiedliche Umrechnungszahlen und Einheiten auf (Franke & Ruwisch 2010).

Zeitspannen sind nicht visuell wahrnehmbar und unterliegen in der Wahrnehmung einer starken Subjektivität. So kann eine Zeitspanne in Abhängigkeit von der dahinterliegenden Tätigkeit als unendlich lang oder auch als sehr kurz empfunden werden. Gleichzeitig unterliegen Zeitspannen einer gewissen Flüchtigkeit, da es sich bei den Repräsentanten für Zeitspannen immer um einmalige Vorgänge handelt. So lässt sich die Zeitmessung für einen Vorgang nicht überprüfen, wenn man ihn nicht z. B. durch eine Audio- oder Videoaufnahme festgehalten hat (Franke & Ruwisch 2010, S. 217).

Für *Zeitspannen* gibt es sowohl zyklische als auch lineare Vorstellungen. So weist die Zeit einerseits das Phänomen der Wiederholung auf: Tages-, Wochen-, Monats-, Jahresabläufe sowie die Jahreszeiten. Andererseits erlebt der Mensch in seinem Leben eine Linearität der Zeitachse in Bezug auf die Aspekte Vergangenheit, Gegenwart und Zukunft. Diese Linearität wird gerne durch den Rückgriff auf einen Zeitstrahl dargestellt. Hierdurch wird ein Bezug zum Größenbereich *Längen* deutlich. Diese Verknüpfung zeigt sich auch auf der sprachlichen Ebene durch die parallele Nutzung von Begriffen, wie z. B. „Etwas dauert genauso *lange* wie etwas anderes."

Der direkte Vergleich der Dauer zweier Vorgänge ist – wie bei allen anderen Größenbereichen auch – nur möglich, wenn diese zeitlich und räumlich parallel durchgeführt werden.

7.2 Vorkenntnisse in unterschiedlichen Schuljahren

Kinder kommen schon vor Schulbeginn mit der Thematik *Zeit* in Berührung. Hierbei spielen verschiedene Zugänge eine Rolle:

- subjektives Zeiterleben (Zeitspannen), z. B. „Wie lange dauert es noch bis zu meinem Geburtstag?" oder „In fünf Minuten gehen wir los.";
- Bedeutung von Uhrzeiten (Zeitpunkte), z. B. „Um 15 (drei) Uhr bist du verabredet.";
- Dauer von Aktivitäten (Zeitspannen), z. B. „Wir gehen zwei Stunden lang ins Schwimmbad." oder „Du musst deine Zähne drei Minuten lang putzen."

Messen

Durch diese alltäglichen Erfahrungen entwickeln Kinder schon vor Schulbeginn ein Bewusstsein für Vergangenheit und Zukunft, für Zeitangaben wie *gestern* und *heute* und verfügen über Wissen zu verschiedenen Wochentagen und Jahreszeiten (Lorenz 2012, S. 143). Mehr als die Hälfte der Kinder im letzten Kindergartenjahr kann für einen Tagesverlauf typische Aktivitäten aufzählen (Becker 2009, S. 129). Fast alle Schulanfängerinnen und Schulanfänger können die Wochentage im Gesamtzusammenhang aufzählen, bei den Monaten gelingt dies etwas mehr als der Hälfte der Kinder. Hier findet im Laufe der Schuljahre eine stetige Wissenszunahme statt, sodass sich am Ende von Klasse 2 fast alle Kinder in den Wochentagen orientieren können. Am Ende von Klasse 4 sind nahezu alle Kinder in der Lage, sich in einem Kalender zu orientieren (Becker 2009, S. 130 ff.).

Lässt man Kinder Uhrbilder zeichnen, zeigen sich auch hier – wie bei den Linealbildern (Kap. 3) – unterschiedliche Typen, die zeigen, welche Aspekte einer Uhrenskala von den Kindern bereits wahrgenommen werden (Becker 2009, S. 136 ff.).

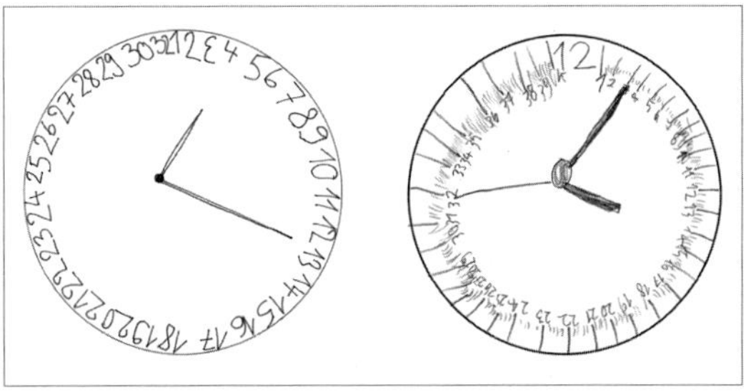

Abb. 7.5: Typ „aufgewickelter Zahlenstrahl"

Abb. 7.6: Typ „Zahlen-/Stricheuhr"

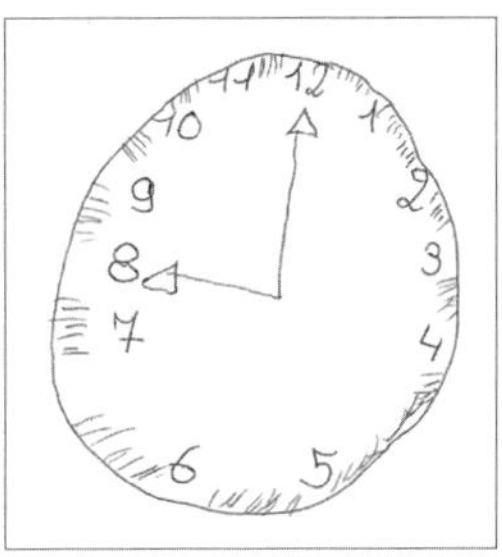

Abb. 7.7: Typ „Zahl-Zwischenstriche-Uhr"

Abb. 7.8: Typ „Einheitsuhr"

Folgende Typen lassen sich unterscheiden:

- Typ „aufgewickelter Zahlenstrahl“ (Abb. 7.5): Es befinden sich so viele Zahlen im Kreis auf dem Ziffernblatt, wie in den Kreis hineinpassen.
- Typ „Zahlen-/Stricheuhr“ (Abb. 7.6): Es befinden sich 12 Zahlen oder Striche auf dem Ziffernblatt. Diese enden an einer Stelle auf dem Ziffernblatt und es bleibt eine unbeschriftete Kreisfläche übrig oder die Zahlen sind (annähernd) gleichmäßig verteilt.
- Typ „Zahl-Zwischenstriche-Uhr“ (Abb. 7.7): Zahlen und Striche wechseln sich ab.
- Typ „Einheitsuhr“ (Abb. 7.8): Auf dem Ziffernblatt befinden sich Striche – ggf. in zwei unterschiedlichen Längen – die längeren Striche sind mit den Zahlen eins bis zwölf gekennzeichnet.

Die angeführten Typen sind nicht trennscharf und treten teilweise auch in Kombination auf. Weiterhin können Uhrbilder dahingehend voneinander unterschieden werden, ob die Zwölf oben mittig positioniert wird oder nicht und ob Zeiger eingezeichnet sind oder nicht. Weiter unterscheidet sich die Anzahl der gezeichneten Striche: z. B. vier oder fünf Striche zwischen zwei Zahlen. Während in der ersten Klasse bereits gut ein Drittel der Kinder dazu in der Lage ist, ein (nahezu) korrektes Bild einer analogen Uhr zu zeichnen, nimmt die Rate bis zum vierten Schuljahr (etwa dreiviertel der Kinder) kontinuierlich zu (Becker 2009, S. 137 ff.).

Die meisten Kinder können schon zu Schulbeginn den Verwendungszweck von Uhren benennen. Hier kennen sie insbesondere die Funktion der Bestimmung von Zeitpunkten – sie wissen also, dass man an einer Uhr die Uhrzeit ablesen kann. Schmidt und Weiser (1986, S. 137) haben aufgezeigt, dass Schulanfängerinnen und Schulanfänger dagegen noch über keine Messidee für das Messen von Zeitspannen verfügen. Dies ist vermutlich darauf zurückzuführen, dass für diese Altersklasse das Messen von Zeitspannen z. B. mithilfe einer Stoppuhr sowie das Berechnen von Zeitspannen mit Rückgriff auf zwei Zeitpunkte noch nicht vertraut bzw. als schwierig einzustufen ist.

Das Lernen des Ablesens der Uhrzeit gilt als anspruchsvolles Thema (Burny et al. 2012). Vielen Kindern fällt es schwer, Uhrzeiten an einer analogen Uhr abzulesen; dies gilt auch noch für einige Kinder im vierten Schuljahr. Interessanterweise zeigt sich, dass es Kindern bis zum dritten Schuljahr leichter fällt, die Uhrzeit auf einer analogen Uhr abzulesen als auf einer digitalen Uhr, während ältere Kinder erfolgreicher beim Ablesen der Uhrzeit auf einer digitalen Uhr sind (Burny et al. 2012). Dieses Phänomen kann damit zusammenhängen, dass in den ersten Schuljahren der Schwerpunkt im Unterricht eher auf den Umgang mit analogen Uhren gelegt wird, ältere Kinder dagegen im Alltag häufiger mit digitalen Uhren in Kontakt kommen (z. B.

Mobiltelefon). Studien deuten darauf hin, dass verschiedene Faktoren wie unausgereifte Zählstrategien, Schwierigkeiten im Erinnerungsvermögen sowie Probleme beim räumlichen Vorstellungsvermögen Fehler beim Ablesen der Uhrzeit begünstigen (Burny et al. 2012). Da die Bedeutung der Zahlen auf dem Ziffernblatt abhängig vom Zeiger ist, können darüber hinaus Fehler entstehen, die auf eine fehlerhafte Mustererkennung zurückzuführen sind. So kann es z. B. passieren, dass ein Kind 14:45 Uhr aufgrund des ähnlichen Zeigermusters fälschlicherweise als 9:15 Uhr (21:15 Uhr) abliest (Abb. 7.9):

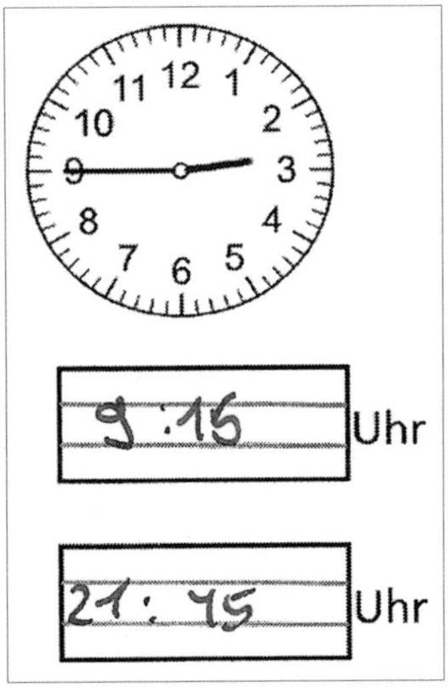

Abb. 7.9: Fehlerhafte Mustererkennung beim Ablesen von Uhrzeiten

Es gibt bereits Schulanfängerinnen und Schulanfänger, die Uhrzeiten mit voller und halber Stunde ablesen können. Im zweiten Schuljahr können gut dreiviertel der Kinder 10:00 Uhr erfolgreich ablesen, bei 2:30 Uhr gelingt dies etwa der Hälfte der Kinder. Interessanterweise scheint das erfolgreiche Ablesen von vollen Stunden abhängig von der eingestellten vollen Stunde zu sein: So fiel das Ablesen der Uhrzeit 3:00 Uhr den Kindern über alle Altersgruppen hinweg leichter als das Ablesen der Uhrzeit 10:00 Uhr (Becker 2009, S. 140 ff.). Für eine systematische Untersuchung dieses Phänomens gibt es allerdings keine Studien.

Burny et al. (2012, S. 356) haben verschiedene Fehlertypen (Abb. 7.10) zusammengetragen, die beim Ablesen von Uhrzeiten auftreten können und die über die Schuljahre hinweg kontinuierlich abnehmen:

	1. Fokussierung auf nur einen Zeiger: statt „Viertel nach zehn" wird „10 Uhr" oder „Viertel nach drei" abgelesen 2. Fehlinterpretation der Zahlen: statt „Viertel nach zehn" wird „drei nach zehn" abgelesen 3. Verwechslung der Begriffe „vor" und „nach": statt „Viertel nach zehn" wird „Viertel vor zehn" abgelesen
	4. Fehlinterpretation der Zeigerstellung: statt „halb elf" wird „halb zehn" abgelesen
	5. Verwechslung von Stunden- und Minutenzeiger: statt „drei Uhr" wird „Viertel nach zwölf" abgelesen
	6. Wahl des falschen „Bezugspunkts": statt „18 Minuten vor 12" wird „drei vor Viertel vor Zwölf" abgelesen;

Abb. 7.10: Fehlertypen nach Burny et al. 2021, S. 356

Die Fehlertypen eins bis fünf sind als Verständnisfehler einzuordnen, da Kinder, bei denen diese Fehler auftreten, grundsätzliche Aspekte des Uhrlesens nicht verstanden haben oder nicht berücksichtigen. Der 6. Fehlertyp ist dagegen eher als Nichtberücksichtigung einer Konvention und weniger als Verständnisfehler einzuordnen. Während es bei „fünf vor halb …" üblich ist, die noch fehlenden Minuten bis zur halben Stunde zu benennen, ist dies beim Bezugspunkt „Viertel vor …" nicht der Fall. Die Angabe „drei vor Viertel vor Zwölf" entspricht also nicht der Konvention, die beim Ablesen der Uhr befolgt wird, aus inhaltlicher Perspektive ist sie jedoch richtig.

Für die Berechnung von Zeitspannen zeigt sich, dass Kindern, wenn ausschließlich eine Einheit eine Rolle spielt (z. B. Stunden: Wie viel Zeit vergeht von 15 bis 17 Uhr?), die Beantwortung von entsprechenden Fragen keine Schwierigkeiten bereiten (Kamii et al. 2012). Dies ist vermutlich darauf zurückzuführen ist, dass in diesen Fällen die Berechnung analog zum Rechnen mit natürlichen Zahlen verläuft. Sobald jedoch z. B. 30-Minuten-Schritte integriert werden (Wie viel Zeit vergeht von 8:30 Uhr bis 11 Uhr?) zeigen Studien

Schwierigkeiten bei Kindern bis zur sechsten Klasse. Nicht allen Kindern gelingt es, die Einheiten „Stunden“ und „Minuten“ in ihrer Beziehung zueinander zu berücksichtigen. Sie verrechnen die Stunden und Minuten jeweils separat und erhalten so häufig das Ergebnis „3 Stunden und 30 Minuten“ (Kamii et al. 2012, S. 298).

7.3 Lernstandserhebungen

Die folgenden Aufgaben geben einen Einblick in die im Anhang befindlichen Aufgaben zur Lernstandserhebung. Dabei erfolgt eine exemplarische Einordnung in die Teilbereiche des Modells: Messen, Stützpunkte und Schätzen. Der Teilbereich *Vergleichen* kann im Größenbereich *Zeitspannen* nicht im Rahmen eines Paper-Pencil-Tests erhoben werden. Die Dauer eines Vorgangs ist eine abstrakte Eigenschaft, die nicht in der Abbildung des Vorgangs (anders als z. B. bei Längen, die visuell wahrnehmbar sind) abgelesen werden kann.

Messen

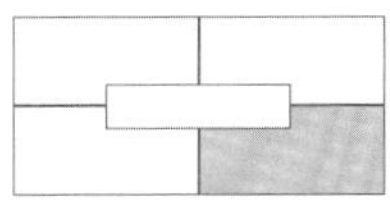

Durch das Zeichnen eines Uhrenbildes (Abb. 7.11) lässt sich das *Wissen über Messwerkzeuge* von Kindern erheben. Hier lassen sich verschiedene Typen – entsprechend zu den Linealbildern – unterscheiden. Eigene Befunde zu diesem Aufgabenformat zeigen, dass auch im vierten Schuljahr noch alle Typen auftreten, also nicht alle Kinder im vierten Schuljahr in der Lage sind, eine Einheitsuhr zu zeichnen (zur weiteren Erläuterung der Typen s. Abschnitt 7.2 zu den Vorkenntnissen).

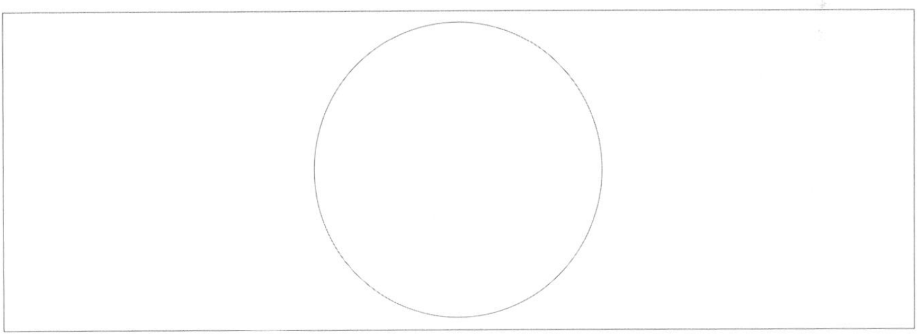

Abb. 7.11: Hier siehst du eine Uhr. Zeichne ein, was noch fehlt.

Bei Aufgaben wie in Abb. 7.12 wird der *Umgang mit dem Messwerkzeug* Uhr überprüft. Es wird erhoben, inwieweit das Kind dazu in der Lage ist, Uhrzeiten an einer analogen Uhr abzulesen und inwieweit es über Wissen zur Unterscheidung von Vor- und Nachmittagszeit verfügt. In anderen Aufgaben im Rahmen der Lernstandserhebung wird auch erfasst, ob das Kind für vorgegebene Uhrzeiten die Zeigerstellung auf einer analogen Uhr eintragen kann.

Abb. 7.12: Wie viel Uhr ist es? Gib immer beide Uhrzeiten an.

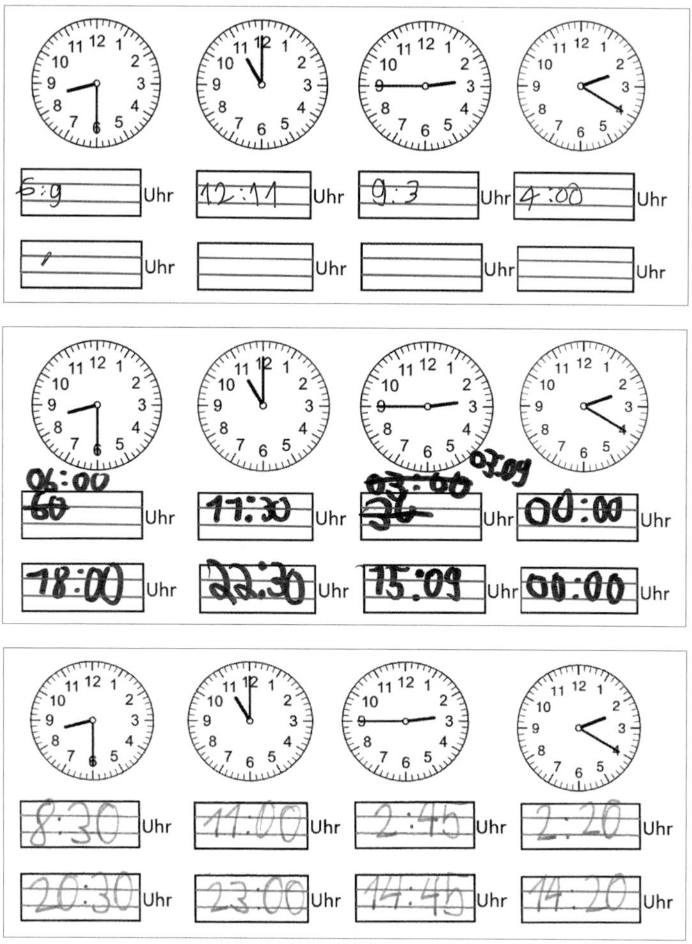

Abb. 7.13: Schülerdokumente Klasse 3 und 4

An den Schülerdokumenten aus den Klassen 3 und 4 (Abb. 7.13) zeigt sich, dass auch in diesen beiden Klassenstufen das Ablesen der Uhrzeiten an einer analogen Uhr noch nicht immer erfolgreich ist. So finden sich auch hier noch Kinder, die z. B. den Stundenzeiger als Minutenzeiger (und umgekehrt) deuten sowie die Stundenskala auch für den Minutenzeiger nutzen.

Mit der Aufgabe in Abb. 7.14 wird *Wissen über Einheiten* überprüft: Weiß das Kind, mit welchen Einheiten die Zeitangaben von verschiedenen Vorgängen in der Regel angegeben werden? Und kann es die zur vorgegebenen Maßzahl passende Einheit angeben? Aufgaben dieser Art geben darüber hinaus auch einen Einblick in den Bereich *Stützpunkte*.

a) Schildkröten können 80 ________ alt werden.
b) Paul rennt bei den Bundesjugendspielen die 50 Meter in 8 ________.
c) Von München nach Hamburg fährt man mit dem Auto ungefähr 480 ________.

Abb. 7.14: Trage die passende Einheit ein.

Bei verschiedenen anderen Aufgaben (Abb. 7.15) wird weiteres *Wissen über Einheiten* erhoben, indem der Blick auf die unterschiedlichen Zeiteinheiten und ihre Beziehungen untereinander geworfen wird. Kennt das Kind die Umrechnungszahlen zwischen den Einheiten und kann es Umrechnungen auch von gemischten Größenangaben vornehmen?

a) 1 Stunde = ________ Minuten
b) 1 Minute = ________ Sekunden
c) 1 Stunde 23 Minuten = ________ Minuten

Abb. 7.15: Rechne um.

Aufgaben wie in Abb. 7.16, bei denen die Kinder dazu aufgefordert sind, Vorgänge zu benennen, die eine vorgegebene Dauer haben, geben Einblick in *Stützpunktwissen* und *-vorstellungen*.

Stützpunkte

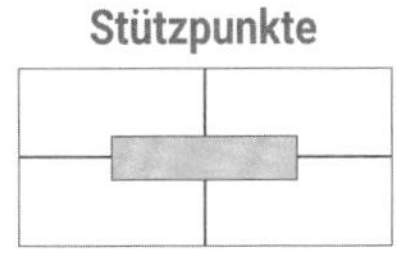

Das kann ich in *1 Sekunde* schaffen.	Das kann ich in *1 Minute* schaffen.	Das kann ich in *10 Minuten* schaffen.	Das kann ich in *1 Stunde* schaffen.

Abb. 7.16: Schreibe immer drei Dinge auf.

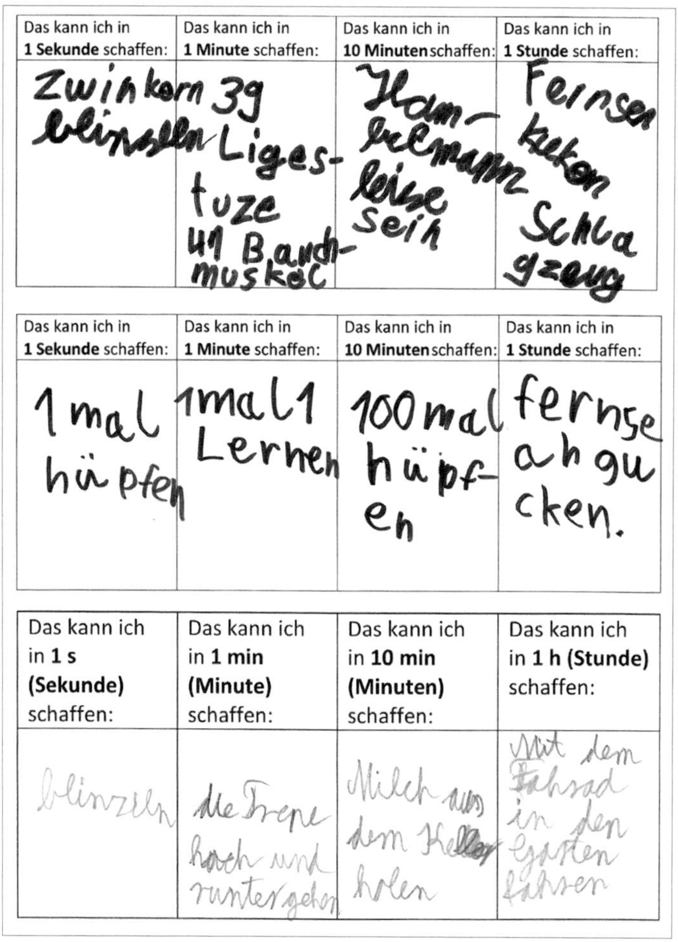

Das kann ich in **1 Sekunde** schaffen:	Das kann ich in **1 Minute** schaffen:	Das kann ich in **10 Minuten** schaffen:	Das kann ich in **1 Stunde** schaffen:
Zwinkern blinseln	39 Liges-tuze 41 Bauch-muskel	Ham-pelmann leise seih	Fernseh kuken Schlagzeug

Das kann ich in **1 Sekunde** schaffen:	Das kann ich in **1 Minute** schaffen:	Das kann ich in **10 Minuten** schaffen:	Das kann ich in **1 Stunde** schaffen:
1 mal hüpfen	1mal 1 Lernen	100 mal hüpf-en	fernse ahgu cken.

Das kann ich in **1 s** **(Sekunde)** schaffen:	Das kann ich in **1 min** **(Minute)** schaffen:	Das kann ich in **10 min** **(Minuten)** schaffen:	Das kann ich in **1 h (Stunde)** schaffen:
blinzeln	die Trepe hoch und runtergehen	Milch aus dem Keller holen	Mit dem Fahrad in den Garten fahren

Abb. 7.17: Schülerdokumente Klasse 3 und 4

An den Schülerdokumenten wird deutlich (Abb. 7.17), dass die ungefähre Größenordnung der genannten Vorgänge für die Zeitspannen 1 s und 1 min meist passend ist. Bei den Beispielen für die Zeitspannen 10 min und 1 h werden die Angaben teilweise diffuser. So wirft z. B. die Angabe „Hampelmann“ als Repräsentant für 10 Minuten die Frage nach der Häufigkeit auf, die nicht angegeben ist. Damit sind nicht alle Stützpunkte (z. B. auch „leise sein“) gleichermaßen für den Rückgriff im Rahmen einer Schätzung geeignet. In der Regel nennen die Kinder erst ab dem dritten Schuljahr bei dieser Aufgabe (geeignete) Repräsentanten. Und es gibt auch im vierten Schuljahr noch Kinder, die nur einen oder keinerlei Repräsentanten nennen können oder bei denen die Größenordnung unpassend ist.

Schätzen

Bei den Aufgaben zum Bereich *Schätzen* müssen die Kinder unter Rückgriff auf Stützpunktwissen und -vorstellungen qualitative und quantitative Schätzungen durchführen und diese teilweise auch begründen. Durch die Begründung kann deutlich werden, auf welches Wissen und welche Vorstellungen zurückgegriffen wurde.

In Aufgaben (Abb. 7.18) zum qualitativen Schätzen sind die Kinder aufgefordert, die Dauer von angegebenen Tätigkeiten mental miteinander zu vergleichen. Hier finden sich sowohl Aufgaben, bei denen nur zwei Tätigkeiten miteinander verglichen werden sollen, als auch Aufgaben, bei denen mehr als zwei Tätigkeiten vorgegeben sind.

Was dauert länger?

☐ die erste große Pause ☐ dein Schulweg

Begründe:

Abb. 7.18: Was dauert länger?

Die Schülerdokumente (Abb. 7.19) geben einen Einblick über Vorstellungen und Wissen der Kinder: So gibt es Kinder, die über Wissen verfügen, auf das sie zum Begründen zurückgreifen können. Bei anderen Kindern zeigen sich dagegen Unsicherheiten in Bezug auf Wissen und Vorstellungen zu Zeitspannen: So scheint die Angabe einer Dauer von 50 s für den Schulweg unrealistisch zu sein.

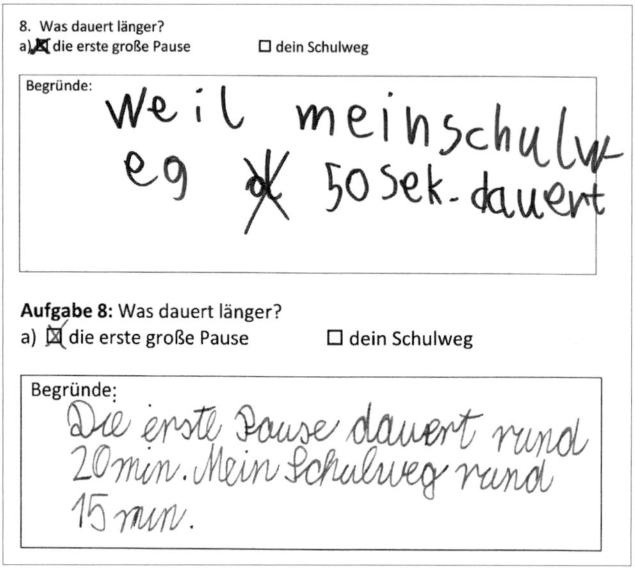
8. Was dauert länger?
a) ☒ die erste große Pause ☐ dein Schulweg
Begründe: weil meinschulweg [crossed out] 50 Sek. dauert

Aufgabe 8: Was dauert länger?
a) ☒ die erste große Pause ☐ dein Schulweg
Begründe: Die erste Pause dauert rund 20min. Mein Schulweg rund 15 min.

Abb. 7.19: Schülerdokumente Klasse 3 und 4

Bei Aufgaben zum quantitativen Schätzen kann zwischen Aufgaben unterschieden werden, in denen nach einer Zeitangabe gefragt wird und eine Begründung gegeben werden soll (Abb. 7.20), und solchen, bei denen eine gegebene Zeitangabe einer Tätigkeit passend zugeordnet werden soll (Abb. 7.21). Bei Aufgaben des ersten Typs kann man durch die Begründung einen Einblick in verfügbares Stützpunktwissen und -vorstellungen erhalten. Beim zweiten Typ wird zusätzlich Wissen über Einheiten (Messen) erfasst.

Wie lang dauert es ungefähr, das ABC aufzusagen? ____________________
Begründe:

Abb. 7.20: Schätze und begründe.

10 min	☐
1 Stunde	☐
1 Tag	☐
100 min	☐
1 min	☐
1 s	☐

Abb. 7.21: Wie lange kann ein Kind unter Wasser die Luft ungefähr anhalten?

7.4 Unterrichtsmodule

Die vorgestellten *Unterrichtsmodule* folgen derselben Systematik wie die Aufgaben zur Erhebung von Lernständen. In jedem Bereich – Vergleichen, Messen, Stützpunkte und Schätzen – finden sich Unterrichtsvorschläge, die in verschiedenen Schuljahren durchgeführt werden können. Empfehlungen in Bezug auf die bevorzugte Klassenstufe werden gegeben.

7.4.1 Vergleichen

Vergleichen

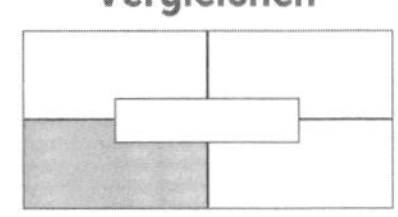

Mit den folgenden Unterrichtsmodulen sammeln Kinder Erfahrungen zum direkten Vergleichen von Zeitspannen. In diesen Vergleichssituationen sind die Kinder zum einen dazu aufgefordert, über direkte Vergleiche Zeitspannen zu vergleichen. Zum anderen sollen die Ergebnisse mithilfe von Satzbausteinen (dauert länger als/dauert kürzer als/dauert am längsten/dauert am kürzesten/dauert genauso lang wie) dokumentiert werden. Darüber hinaus wird durch die Aufforderung, mehrere Aktivitäten nach ihrer Dauer zu ordnen, das Transitivitätsverständnis angesprochen.

Modul 1: Dauer von Vorgängen vergleichen (ab Klasse 1)

Problemstellung: An der Tafel hängen Karten, auf denen verschiedene Vorgänge festgehalten sind. Einige Vorgänge sollen paarweise in Hinblick auf ihre Zeitdauer miteinander verglichen werden, bei anderen treten die Kinder in einen direkten „Wettstreit" bei der Durchführung der gleichen Aktivität, z. B.:

- Wer kann länger die Luft anhalten?
- Wer kann länger auf einem Bein stehen?
- Wer kann sich schneller die Schuhe zubinden?
- Was dauert länger:
  - ABC aufsagen oder Schuhe zubinden,
  - Luft anhalten oder auf einem Bein stehen,
  - Tafel wischen oder Müll rausbringen?

Erarbeitung (Partner- oder Gruppenarbeit): „Was dauert länger? – Überlegt, wie ihr die Aktivitäten miteinander vergleichen könnt. Notiert in eurem Größenbuch, was und wie ihr es herausgefunden habt."

Austausch: Die Gruppen beschreiben sich gegenseitig, was sie jeweils herausgefunden haben und wie sie dabei vorgegangen sind. Es wird verglichen, ob alle Gruppen die gleichen Ergebnisse erzielt haben und über Gründe für mögliche Abweichungen wird diskutiert.

Impulse zum Entdecken, Erklären, Begründen und Argumentieren:

- „Wie kann man herausfinden, welche von zwei Aktivitäten länger dauert?"
- „Gibt es eine Aktivität, die unterschiedlich lang dauern kann? Wovon hängt die Dauer ab?"
- „Bei welcher Aktivität wart ihr euch über die Dauer nicht einig? Womit kann diese Abweichung zusammenhängen?"

Modul 2: Dauer von Vorgängen ordnen (ab Klasse 1)

Problemstellung: In der Mitte des Sitzkreises liegen Karten, auf denen verschiedene Vorgänge abgebildet oder aufgeführt sind, z. B.:

- Tafel wischen,
- Papierflieger falten,
- Müll rausbringen,
- Luft anhalten,
- auf einem Bein stehen,
- einen Ton ohne Unterbrechung singen.

Die Kinder sollen die Vorgänge nach ihrer Dauer ordnen. Gemeinsam werden erste Ideen gesammelt, wie man die Dauer der Vorgänge vergleichen kann. Die Kinder können erste Vermutungen zur Ordnung äußern.

Erarbeitung: „Ordnet die Aktivitäten nach ihrer Dauer. Welches ist die Aktivität, die am kürzesten dauert? Welche Aktivität dauert am längsten? Notiert in eurem Größenbuch, was und wie ihr es herausgefunden habt. Verwendet dabei auch die folgenden Satzbausteine: ‚dauert kürzer als', ‚dauert länger als', ‚dauert genauso lange wie', ‚dauert am längsten', ‚dauert am kürzesten'."

Austausch: Die Kinder vergleichen die von ihnen festgelegte Ordnung mit der von anderen Gruppen und beschreiben sich gegenseitig, wie sie vorgegangen sind. Über eventuelle Abweichungen und die zugrunde liegenden Ursachen wird diskutiert.

Impulse zum Entdecken, Erklären, Begründen und Argumentieren:
- „Wie kann man herausfinden, welche von zwei Aktivitäten länger dauert?"
- „Wie könnt ihr die Dauer der Aktivitäten gut miteinander vergleichen?"
- „Wie kann man die Aktivitäten nach ihrer Dauer ordnen, ohne den Überblick zu verlieren?"
- „Gibt es eine Aktivität, die unterschiedlich lang dauern kann? Wovon hängt die Dauer einer Aktivität ab?"
- „Bei welcher Aktivität wart ihr euch über die Dauer nicht einig? Womit kann diese Abweichung zusammenhängen?"

7.4.2 Messen

Messen

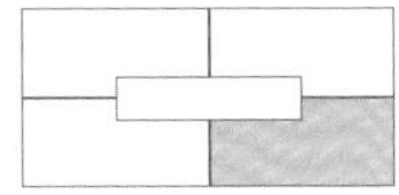

Mit den folgenden Modulen (Modul 3 bis 13) erwerben die Kinder Wissen über Messwerkzeuge; sie sammeln Messerfahrungen mit verschiedenen Messwerkzeugen und erlernen so den Umgang mit diesen. Durch die Thematisierung von Beziehungen zwischen den verschiedenen Zeiteinheiten erwerben sie Wissen zu Einheiten.

Modul 3: Messwerkzeuge kennenlernen (ab Klasse 2)

Problemstellung: Im Sitzkreis liegen verschiedene Uhren bzw. Abbildungen davon (Abb. 7.22) sowie Karten mit den Namen der Uhren. Gemeinsam werden die Namen der Uhren geklärt.

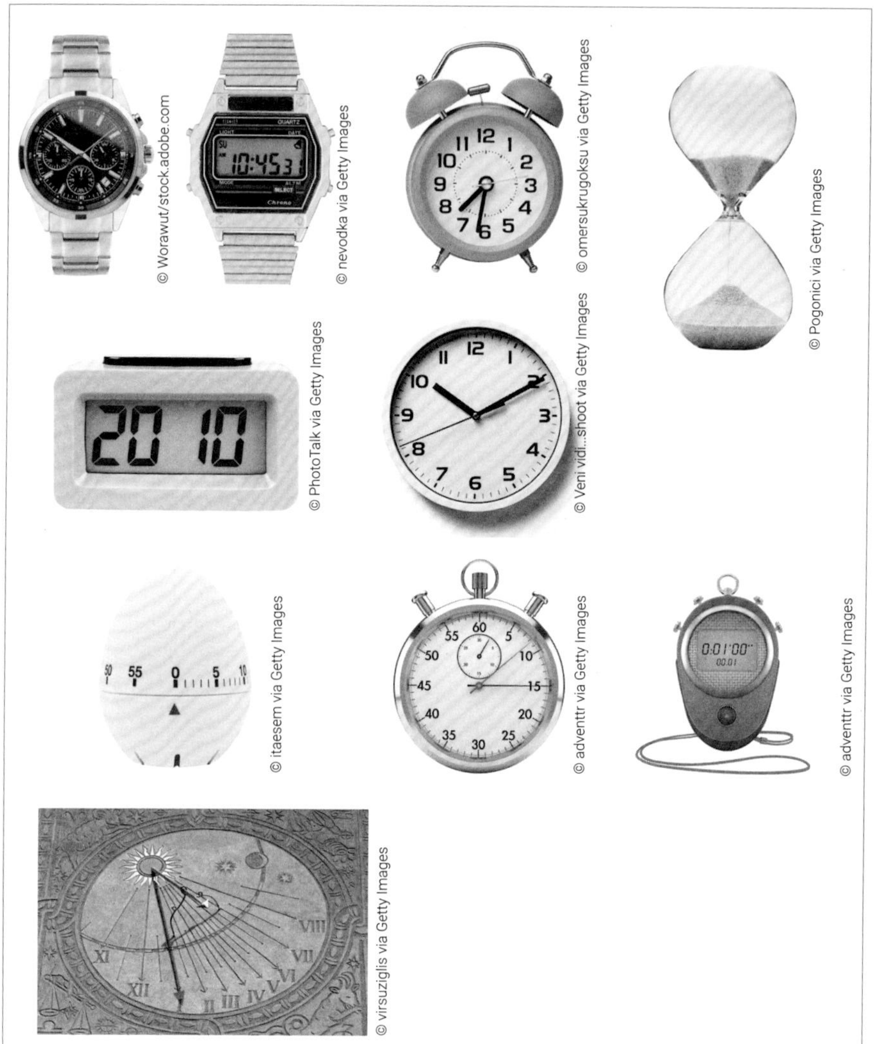

Abb. 7.22: Armbanduhren (digital und analog), Küchenuhr (digital und analog), Küchenwecker, Sanduhr, Stoppuhr (digital und analog), Sonnenuhr

Erarbeitung (Gruppenarbeit):

„Erstellt einen Steckbrief zu ‚eurer' Uhr:

- Was kann man an dieser Uhr ablesen?
- Was unterscheidet diese Uhr von anderen Uhren?
- Wofür nutzt man diese Uhr? Was ‚kann' diese Uhr vielleicht auch nicht?
- Wie kann diese Uhr noch aussehen?"

Den Kindern sollten neben den konkret zur Verfügung stehenden Uhren, die sie auch ausprobieren können, eine große Auswahl an unterschiedlichen Uhrenbildern zur Verfügung stehen, die in den Steckbrief integriert werden können.

Austausch: Die Gruppen stellen sich gegenseitig ihre Uhren-Plakate vor. Dabei werden insbesondere die Unterschiede in Bezug auf die Angabe von Zeitpunkt und Zeitspanne sowie die Unterschiedlichkeit von analogen Ziffernblättern in den Blick genommen.
Abschließend stellt die Lehrkraft Uhrenrätsel, z. B.:

- Ich helfe dabei, rechtzeitig aufzustehen. (Wecker)
- Ich muss richtig stehen, um zu funktionieren. (Sanduhr)
- Ich helfe dabei, dass nichts anbrennt. (Küchenwecker)

Impulse zum Erklären, Begründen und Argumentieren:

- „Wie nutzt man diese Uhr?"
- „Wie liest man bei einer Uhr mit Ziffernblatt und Skala die Uhrzeit ab?"
- „Wofür verwendet man diese Uhr?"
- „Wie kann man diese Uhr verwenden, um herauszufinden, wie lange etwas dauert?"

Modul 4: Kennenlernen der Uhr: Ablesen der vollen Stunde (Klasse 1)

Problemstellung: Zum Einstieg kann das Bilderbuch „Der kleine Käfer Immerfrech" (Carle 2011) vorgelesen werden (in Anlehnung an Lüken 2012), in dem ein Marienkäfer immer zur vollen Stunde einem neuen (größeren) Tier begegnet. Dies kann Anknüpfungspunkt für das Ablesen der vollen Stunde sein.

Zur Verfügung stehen eine große Lernuhr sowie kleine Lernuhren (Anzahl in Klassenstärke). Gemeinsam wird zunächst gesammelt, was alles auf dem Ziffernblatt zu sehen ist (Zahlen, große und kleine Striche) und dass es einen großen und kleinen Zeiger gibt. Es wird besprochen, wie volle Stunden abgelesen werden. Es werden Uhrzeiten mit der vollen Stunde eingestellt und abgelesen.

Erarbeitung: „Wie spät ist es?" und „Stelle auf deiner Uhr ... ein."
Den Kindern stehen verschiedene Aufgabenkarten zur Verfügung:

- Karten mit Uhrzeiten in Ziffernblattdarstellung[31];
- Karten mit der Angabe einer Uhrzeit (z. B. 3:00 Uhr, 6:00 Uhr).

31 Im Einzelhandel sind Ziffernblattstempel erhältlich, die gut zur Dokumentation von Uhrzeiten eingesetzt werden können.

Die Kinder arbeiten zu zweit und ziehen immer abwechselnd eine Aufgabenkarte. Beide Kinder stellen auf ihrer Lernuhr die angegebene Uhrzeit ein und vergleichen anschließend ihre Einstellungen. Bei den Karten, bei denen Uhrzeiten in Form einer Uhrdarstellung präsentiert werden, klären die Kinder gemeinsam, welche Uhrzeit angezeigt ist. Für jede Aufgabenkarte werden im Größenbuch die Uhrzeit und das zugehörige Uhrenbild dokumentiert:

Abb. 7.23: Auszug Größenbuch Klasse 1

Abb. 7. 24: Auszug Größenbuch Klasse 2

Austausch: Gemeinsam werden Uhrzeiten eingestellt und abgelesen. Als weiteres Aufgabenformat kann ein Kind beschreiben, wie eine einzustellende Uhrzeit aussieht („Der große Zeiger zeigt auf die ..., der kleine Zeiger zeigt auf die ..."), während die anderen Kinder die Uhrzeit an ihren Lernuhren einstellen und die Uhrzeit benennen.

Impulse zum Erklären, Begründen und Argumentieren:
- „Wie stehen die Zeiger bei 12:00 Uhr, ...?"
- „Beschreibe eine Uhrzeit und dein Partnerkind stellt die Uhrzeit auf seiner Lernuhr ein."

Mögliche Anschlussaktivität:
- Thematisierung der „Nachmittags-" und „Abendstunden" (13–24 Uhr)

Modul 5: Kennenlernen der Uhr: Ablesen von halben und Viertel-Stunden/ Viertel, halb und dreiviertel (Klasse 2)

Problemstellung:
Zur Verfügung stehen eine große Lernuhr sowie kleine Lernuhren (Anzahl in Klassenstärke). Es wird zunächst das Ablesen der vollen Stunde wiederholt: *Wie spät ist es?* Dann wird besprochen, wie halbe (und Viertel-) Stunden abgelesen werden. Dabei wird geschaut:

- Was passiert mit dem Stundenzeiger, wenn der Minutenzeiger weiterläuft?
- Wo befindet sich der Stundenzeiger, wenn der Minutenzeiger die halbe Stunde (viertel nach/viertel vor) anzeigt?
- Wie viele Minuten hat eine Stunde?
- Wieso schreibt man 5:30 Uhr für halb sechs?

Erarbeitung:
„Wie spät ist es?“ und „Stelle auf deiner Uhr ... ein.“
Den Kindern stehen verschiedene Aufgabenkarten zur Verfügung:

- Karten mit Uhrzeiten in Ziffernblattdarstellung;
- Karten mit der Angabe einer Uhrzeit (z. B. 3:30 Uhr, 6:30 Uhr, später ergänzt durch 3:15 Uhr, 6:45 Uhr).

Die Kinder arbeiten zu zweit und ziehen immer abwechselnd eine Aufgabenkarte. Beide Kinder stellen auf ihrer Lernuhr die angegebene/abgebildete Zeit ein und vergleichen anschließend ihre Einstellungen. Bei den Karten, bei denen Uhrzeiten in Form einer Uhrdarstellung präsentiert werden, klären die Kinder gemeinsam, welche Uhrzeit angezeigt ist. Für jede Aufgabenkarte werden im Größenbuch die Uhrzeit und das zugehörige Uhrenbild dokumentiert (Abb. 7.24).

Austausch: Es werden Uhrzeiten eingestellt und abgelesen. Als weiteres Aufgabenformat kann ein Kind beschreiben, wie eine einzustellende Uhrzeit aussieht, während die anderen Kinder die Uhrzeit an ihren Lernuhren einstellen und die Uhrzeit benennen. In diesem Zusammenhang sollten auch ähnliche Einstellungen, wie z. B. 12:15 Uhr und 3:00 Uhr thematisiert werden.

Impulse zum Erklären, Begründen und Argumentieren:

- „Wie stehen die Zeiger bei 5:30 Uhr, ...?“
- „Die eingestellte Uhrzeit 1:50 Uhr sieht so ähnlich aus wie eine andere Uhrzeit: welche (10:10 Uhr)? Woher weißt du, ob die Uhr 12:15 Uhr oder 3:00 Uhr anzeigt?“
- „Beschreibe eine Uhrzeit und dein Partnerkind stellt die Uhrzeit auf seiner Lernuhr ein.“

Mögliche Anschlussaktivitäten: Im nächsten Schritt wird noch einmal explizit thematisiert, wie viele Minuten es von einer Zahl zur nächsten sind, um hieran das Ablesen und Einstellen weiterer Uhrzeiten (z. B. fünf nach/vor; zehn nach/vor) anschließen zu können. Es sollten auch typische Fehlvorstellungen, die sich in Formulierungen wie „zwei Minuten nach vier" für 4:10 Uhr zeigen, thematisiert werden.

Modul 6: Uhrzeitenmemory (ab Klasse 2)[32]

Problemstellung:
In der Mitte des Sitzkreises liegen Karten mit verschiedenen Darstellungen von unterschiedlichen Uhrzeiten[33]: Auf welchen Karten steht die gleiche Uhrzeit? Immer drei Karten gehören zusammen. Es wird über die Zuordnungen gesprochen.

10:15 Uhr
22:15 Uhr

„viertel nach zehn"

Erarbeitung: „Spielt das Uhrzeitenmemory und findet die zusammengehörigen Trios."

Die Kinder spielen das Uhrzeitenmemory (anders als beim Ursprungsspiel gehören immer drei Karten zusammen). Das Set verbleibt bei demjenigen, der es gefunden hat. Wer die meisten Sets gefunden hat, hat gewonnen.

Austausch: Es werden verschiedene Bezeichnungen für die gleiche Uhrzeit verglichen (z. B. „zwanzig nach" und „zehn vor halb").

Impulse zum Erklären, Begründen und Argumentieren:
- „Warum gehören die drei gefundenen Karten zusammen?"
- „Warum passt eine der drei Karten nicht?"
- „Wie könnte eine vierte passende Karte aussehen?"

32 Für eine erste Klasse kann man Triokarten herstellen, die z. B. nur die volle Stunde angeben.

33 Für die Generierung der Uhrzeitbilder kann z. B. die lizenzfreie Seite https://www.oliverboorman.biz/projects/tools/clocks.php genutzt werden (Zugriff: 22.09.2022).

Modul 7: Bau einer Sanduhr (ab Klasse 1)

Problemstellung: Jedes Kind baut eine eigene Sanduhr (in Anlehnung an Assmus 2012 und Hinze 2007). Durch den Bau setzen sich die Kinder mit der Zeitmessung mithilfe einer Sanduhr auseinander und experimentieren mit verschiedenen Sanduhren.

Erarbeitung: „Baue mithilfe der Anleitung eine Sanduhr. Probiere aus: Wie viel Sand brauchst du für 1 (3; 5; 10) Minute(n)?“

Eine Sanduhr bauen (Assmus 2012)

Du brauchst:

- zwei kleine Plastikflaschen (0,5 l) mit Schraubverschluss
- feinen Sand (z. B. Vogelsand)
- Klebeband
- Bohrer (ø 5 mm)
- Sieb

So geht's:

1. Schraube die Deckel von den Flaschen ab und klebe beide Deckel mit doppelseitigem Klebeband oder Textilklebeband zusammen.
2. Bohre von innen nach außen in die Mitte der beiden Deckel ein kleines Loch. Entferne scharfe Kanten. Lass dir dabei von einem Erwachsenen helfen.
3. Als Nächstes musst du den Sand sieben, um größere Körner zu entfernen. Der Sand muss hierfür ganz trocken sein. Lass den Sand langsam durch das Sieb laufen.
4. Fülle den gesiebten Sand mit dem Trichter in eine der Flaschen.
5. Schraube die zusammengeklebten Deckel auf die Flasche mit dem Sand.
6. Als letztes schraubst du die leere Flasche auf den Deckel.

Die Kinder experimentieren mit verschiedenen Sandmengen. Dabei kann beobachtet werden, dass die Durchlaufzeit neben der Sandmenge auch von der Größe des Durchlaufloches abhängig ist.[34]

Abschließend sollten Sanduhren für verschiedene Zeitspannen („ungefähr“ 1; 3; 5 und 10 Minuten) gebaut sein.

Austausch: Die Kinder überlegen sich für die verschiedenen Zeitspannen, wie viele Wiederholungen einer Tätigkeit (z. B. Kniebeugen machen; Hampelmänner machen) jeweils im Rahmen der Zeitspanne möglich sind. An-

34 In der Praxis zeigt sich bei den selbstgebauten Sanduhren, dass sich die Durchlaufzeiten der beiden Seiten unterscheiden. Das hängt damit zusammen, dass sich das Durchlaufloch nicht symmetrisch herstellen lässt.

schließend werden die Tätigkeiten durchgeführt und die Wiederholungen gezählt, während die ausgewählte Sanduhr durchläuft.

Impulse zum Erklären, Begründen und Argumentieren:
- „Warum ist die Durchlaufdauer von der Sandmenge und der Größe des Durchlaufloches abhängig?"
- „Wie kann man mit einer 1-Minuten-Sanduhr eine Dauer von 4 Minuten messen?"

Knobelanschlussaufgabe:
„Überlege, wie man mithilfe einer 3-Minuten- und einer 5-Minuten-Sanduhr eine Zeitspanne von einer Minute messen kann."

Modul 8: Kennenlernen des Kalenders (Klasse 2)
Problemstellung: Zu Beginn werden im Sitzkreis die Monatsnamen gesammelt und auf Karten geschrieben. Anschließend werden die Monate der Reihenfolge nach geordnet. Ausgehend davon beschäftigen sich die Kinder in der folgenden Phase mit einem Kalender, indem sie verschiedenen Fragen nachgehen.

Erarbeitung: „Finde mithilfe der Kalender heraus:
- Wie viele Tage haben die einzelnen Monate? Haben alle Monate gleich viele Tage?
- Welches ist der kürzeste/längste Monat?
- Wie viele Sonntage gibt es in den einzelnen Monaten?
- Vergleiche einen Kalender aus dem Jahr 2022 mit einem Kalender aus dem Jahr 2023:
  - Mit welchem Wochentag hat das Jahr 2022 angefangen?
  - Mit welchem Wochentag hat das Jahr 2023 angefangen?
  - Welcher Wochentag war der 31. Januar 2022, welcher Wochentag war der 31. Januar 2023? Was fällt dir auf?
  - An welchem Datum und an welchen Wochentagen war Weihnachten in den Jahren 2022 und 2023?
  - An welchem Datum und an welchen Wochentagen war Ostern in den Jahren 2022 und 2023?
- Jahresaktueller Kalender:
  - Heute ist Dienstag, der ... Morgen ist Mittwoch, der ... Vorgestern war ...
  - Welches Datum haben wir in einer Woche?"

Den Kindern stehen in dieser Arbeitsphase verschiedene Kalender zur Verfügung, mit deren Hilfe sie die Fragen beantworten können. Die Rechercheergebnisse werden im Größenbuch festgehalten.

Austausch: Die Kinder tauschen sich über die unterschiedlichen Kalender aus und vergleichen, worin sich diese unterscheiden:
- „Woran kann man erkennen, wann ein Feiertag ist?"
- „Ist Heiligabend immer am gleichen Wochentag?"
- „Ist Ostern immer am gleichen Wochentag?"

Impulse zum Erklären, Begründen und Argumentieren:
- „Wie kann man herausfinden, an welchem Wochentag Heiligabend ist?"
- „Wie kann man herausfinden, wann Ostern ist?"
- „Woran kann man schnell erkennen, welche Tage die Sonntage sind?"
- „Was passiert in einem Schaltjahr?"

Mögliche Anschlussaktivitäten:
Es stehen verschiedene Kalender zur Verfügung, die man vergleichend betrachtet:
- „Bei welchem Kalender findest du, dass man einen bestimmten Tag am besten finden kann? Woran liegt das?"
- „Wie sind die Wochenenden in den verschiedenen Kalendern markiert?"

Modul 9: Klassenkalender (ab Klasse 2)

Problemstellung: Ausgangspunkt für die weitere Beschäftigung mit dem Thema Kalender kann die Frage „*Woher wissen wir, wann das nächste Kind in der Klasse Geburtstag hat?*" sein. Hieran anknüpfend gestaltet die Klasse gemeinsam einen Kalender, in den anschließend die Geburtstage der Kinder und für die Klasse wichtige Termine fortlaufend eingetragen werden können.[35]

Erarbeitung (Gruppenarbeit): „Gestaltet ein (oder mehrere) Kalenderblätter. Überlegt dafür, welche Bilder gut zu eurem Monat passen."

Austausch: Die Kalenderblätter werden zusammengefügt. Alle Kinder können ihren Geburtstag eintragen.

35 Alternativ kann jedes Kind zum Jahresende als Weihnachtsgeschenk für die Eltern einen Kalender gestalten. In jedem Monat von Januar (z. B. Klasse 1) bis Dezember (z. B. Klasse 2) wird jahreszeitlich passend ein Kunstwerk mit einer anderen Technik erstellt. Dazu werden die Kunstwerke auf schwarzen Fotokarton (Format 35 × 50) aufgeklebt und mit einem Kalenderblatt versehen. Dies kann als reiner Geburtstagskalender ohne Wochentage (Eintragen der Geburtstage der Familie) oder als Jahreskalender mit Wochentagen (Markierung von Sonn- und Feiertagen) erfolgen. Im Prozess der Herstellung können die Namen, die Abfolge, die jahreszeitliche Zuordnung der Monate, die unterschiedliche Länge der Monate, die Wochentage thematisiert werden.

Hieran können sich noch weitere Auseinandersetzungen mit dem Kalender anschließen:

- „In welchem Monat haben die meisten Kinder Geburtstag?“
- „Gibt es einen Monat, in dem kein Kind Geburtstag hat?“
- „Gibt es ein Datum, an dem mehr als ein Kind Geburtstag hat?“
- „Welche und wie viele Kinder haben an einem Wochenende oder einem Feiertag Geburtstag (hierfür müssen auch die Feiertage eingetragen werden)?“
- „Welche und wie viele Kinder haben in den Ferien Geburtstag (hierfür müssen auch die Ferien eingetragen werden)?“
- „An welchem Wochentag hast du in diesem Jahr Geburtstag? An welchem Wochentag hast du nächstes Jahr Geburtstag? An welchem Wochentag hattest du letztes Jahr Geburtstag?“
- „An welchem Wochentag hast du deinen 18. Geburtstag? (Tipp: Denke an die Schaltjahre.)“
- „An welchem Wochentag wurdest du geboren? (Tipp: Denke an die Schaltjahre.)“
- „Warum verschieben sich die Wochentage von Jahr zu Jahr?“

Modul 10: Zeitspannen darstellen – Die Zeitscheibe (ab Klasse 2)

Problemstellung: Mithilfe einer Zeitscheibe lassen sich verschiedene Zeitspannen gut visualisieren. Bei einer Zeitscheibe handelt es sich um einen Kreisausschnitt, der die entsprechende Zeitspanne durch das Kreissegment geometrisch veranschaulicht (Kirschner & Reinhold 2012, S. 32). Gemeinsam wird für verschiedene Startzeitpunkte im Sitzkreis überlegt, welchen „Weg“ der Minutenzeiger in einer Viertelstunde „läuft“ und der benannte Kreisabschnitt exemplarisch eingefärbt.

Erarbeitung: „Bastele eine Zeitscheibe. Hierzu brauchst du eine weiße und eine graue Vorlage der Zeitscheibe. Schneide beide Scheiben aus und entlang der dicken schwarzen Linie bis zum Mittelpunkt ein. Stecke nun beide Vorlagen ineinander, sodass du die graue Scheibe herausdrehen kannst.“
„Stellt verschiedene Zeitspannen an der Zeitscheibe ein:

- Wie sieht eine Viertelstunde, eine halbe Stunde, ... aus?
- Welche anderen Zeitspannen kann man einstellen?
- Färbt verschiedene Zeitspannen in den Uhrbildern. Fertigt zu jeder Zeitspanne verschiedene Bilder in unterschiedlichen Lagen an.“

„Notiere deine Entdeckungen im Größenbuch.“

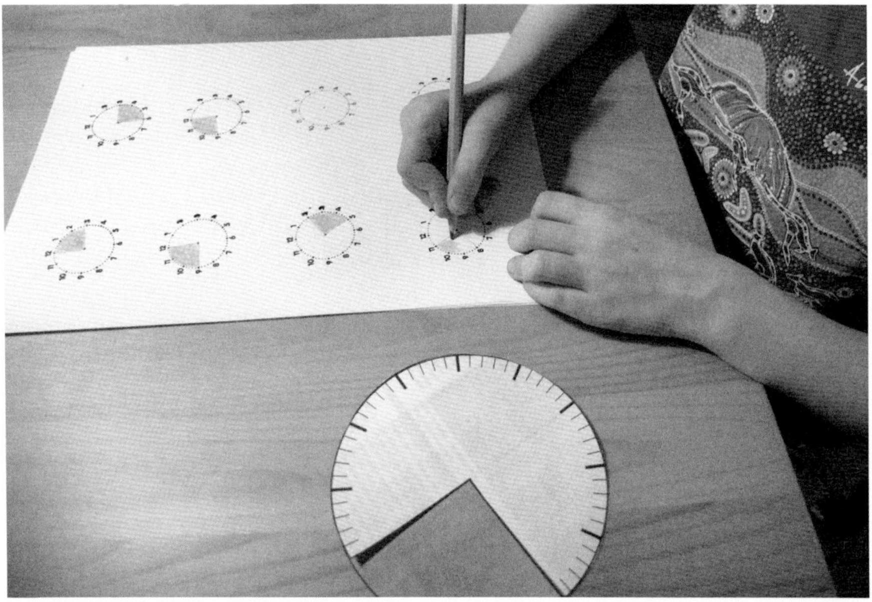

Abb. 7.25: Viertelstunden mit der Zeitscheibe finden

Austausch: Im Plenum werden Zeitspannen mit Blitzblick erkannt: Die Kinder zeigen sich wechselseitig Karten mit Zeitdauern für einen kurzen Moment (ca. 3 Sekunden):

- „Welche Zeitspanne habt ihr gesehen? Konntet ihr die Zeitspanne gut erkennen? Begründet."

Impulse zum Erklären, Begründen und Argumentieren:

- „Wie würden 15 Sekunden auf der Zeitscheibe aussehen? Wie 30 Sekunden? Was fällt euch auf? Erklärt."

Modul 11: Zeitspannenmemory 2 (ab Klasse 2)

Problemstellung: Auf den Memorykarten befinden sich Angaben von Zeitspannen in unterschiedlicher Darstellung. Auf immer drei Karten befindet sich die gleiche Zeitspanne (kann auch in eine Variante mit nur zwei Karten abgewandelt werden):

- reine Sekunden-, Minuten- oder Stundenangabe (z. B. 75 Minuten);
- gemischte Angabe (z. B. 1 Stunde und 15 Minuten);
- Angabe der Anfangs- und Endzeit (z. B. von 8:15 Uhr bis 9:30 Uhr).

75 Minuten	1 Stunde und 15 Minuten	von 8:15 Uhr bis 9:30 Uhr

Erarbeitung (Partner- oder Gruppenarbeit): „Spielt das Zeitspannenmemory und findet immer die drei (beiden) Karten, auf denen sich die gleiche Zeitspanne befindet.“

Die Kinder spielen Zeitspannenmemory. Wenn das Kind der Ansicht ist, dass drei (zwei) Karten zusammengehören, überprüfen die anderen Mitspielerinnen und Mitspielern die Zuordnung. Das Kind, das die meisten Zeitspannentrios (-paare) gefunden hat, hat gewonnen.

Austausch: Die Kinder berichten, bei welchen Karten es ihnen schwergefallen ist, die Dauer zu vergleichen. Gemeinsam wird überlegt, woran das liegt. Hier kann es sich anbieten, die Umrechnungszahl 60 zwischen Sekunden, Minuten und Stunden im Gegensatz zu den Umrechnungszahlen 100 und 1000 bei den anderen Größen erneut zu thematisieren.

Impuls zum Entdecken, Erklären, Begründen und Argumentieren:
„Wie berechnet man die Dauer, wenn ein Anfangs- und ein Endpunkt gegeben ist?“

Modul 12: Messen mit der Stoppuhr (ab Klasse 2)

Problemstellung: Auf Karten stehen verschiedene Tätigkeiten, bei denen die Frage ist, wie viel Zeit diese jeweils in Anspruch nehmen, z. B.:

- „Wie lange brauchst du, um das ABC aufzusagen?“
- „Wie lange kannst du die Luft anhalten?“
- „Wie lange kannst du auf einem Bein stehen?“
- „Wie lange brauchst du, um einmal um den Sportplatz zu laufen?“
- „Wie lange läuft die Toilettenspülung?“
- …

Gemeinsam wird geklärt, wie man mithilfe einer Stoppuhr die Dauer einer Tätigkeit bestimmt. Außerdem kann angeregt werden, die Dauer der Tätigkeit im Vergleich durch Zählen oder Klatschen zu bestimmen.

Erarbeitung (Partnerarbeit): „Wie lange brauchst du, um z. B. das ABC aufzusagen? Ein Kind führt die angegebene Tätigkeit aus, das andere Kind misst mit der Stoppuhr die Zeit. Die Messungen werden im Größenbuch z. B. in einer Tabelle notiert.

Wie lange brauchst du, um das ABC aufzusagen? Ein Kind führt die angegebene Tätigkeit aus, das andere Kind zählt/klatscht. Notiert auch diese Messungen im Größenbuch."

Die Kinder haben Karten mit verschiedenen Tätigkeiten, für die sie die benötigte Dauer bestimmen sollen.

Austausch: Die Kinder vergleichen ihre Messergebnisse mit den Messergebnissen anderer Paare. Dabei können verschiedene Fragen zur Reflexion anregen:

- „Habt ihr die gleichen Messergebnisse?"
- „Woran kann es liegen, dass sich eure Messergebnisse unterscheiden?"
- „Bei welcher Abweichung kann man noch sagen, dass zwei Aktivitäten ungefähr gleich lang gedauert haben?"
- „Welche Schwierigkeiten können beim Messen durch Zählen oder Klatschen entstehen?"

Im Plenum kann anschließend überlegt werden, warum die Zeitmessung für die gleiche Aktivität unterschiedlich sein kann. Dabei sollte auch thematisiert werden, warum es sinnvoll ist, beim Messen durch Zählen nicht bei eins, sondern bei 21 zu beginnen.

Impulse zum Entdecken, Erklären, Begründen und Argumentieren:

- „Wie bestimmt man mit der Stoppuhr die Dauer einer Aktivität?"
- „Wie ist (bei einer analogen Stoppuhr) die Skaleneinteilung zu verstehen?"
- „Worauf muss man beim Zählen/Klatschen achten?"
- „Wie kann es sein, dass die gleiche Aktivität unterschiedlich lange dauert?"
- „Ab welchem Unterschied würdest du sagen, dass die Dauer unterschiedlich ist?"
- „Warum ist es sinnvoller, beim Zählen bei 21 zu beginnen?"

Modul 13: Tagesablauf (ab Klasse 1)

Problemstellung: Was mache ich eigentlich den ganzen Tag?
In der Mitte des Sitzkreises liegen Karten mit verschiedenen Aktivitäten, die im Laufe des Tages bei einem Grundschulkind eine Rolle spielen können sowie Karten mit unterschiedlichen Uhrzeiten. Mithilfe der Karten wird begonnen, einen exemplarischen Tagesablauf zu legen.

Erarbeitung: „Erstelle eine Übersicht über deinen eigenen Tagesablauf und beantworte die Fragen:
- „Wie lange bin ich in der Schule?“
- „Wie viel Zeit verbringe ich mit Essen am Tag?“
- „Wie viel Zeit habe ich, um zu spielen?“
- „Bin ich mehr Zeit in der Schule als zu Hause?“
- …

Austausch: Die Kinder vergleichen ihre Tagesabläufe miteinander:
- „Wo gibt es Unterschiede? Was ist gleich?“

Impulse zum Erklären, Begründen und Argumentieren:
- „Überlege, warum du nur etwas länger als fünf Stunden in der Schule bist, wenn du sechs Schulstunden hast.“

7.4.3 Stützpunkte

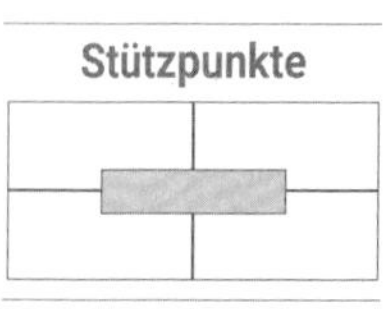

Stützpunktwissen und Stützpunktvorstellungen sind zentrale Voraussetzungen, um Schätzungen (mentale Vergleiche, mentale Messvorgänge) vornehmen zu können. Um diese für Schätzprozesse dauerhaft sowohl als Wissen als auch in der Vorstellung verfügbar zu machen, werden diese in den folgenden Modulen in Form von Repräsentanten-Plakaten gesammelt und ausgestellt und darüber hinaus auch im Größenbuch (Rink 2014), das über die gesamte Grundschulzeit geführt wird, festgehalten. Ziel ist es, dass jedes Kind sich bewusst entscheidet, welche Repräsentanten es sich für verschiedene Standardgrößen und ggf. Vielfache dauerhaft merken will.

Modul 14: Repräsentanten-Plakate 1 (ab Klasse 2)

Problemstellung: In der Mitte des Sitzkreises liegen Karten, auf denen die Zeitspannen 1s, 1 min, 3 min, 10 min sowie 1h notiert sind.
Welche Aktivitäten dauern ungefähr so lang, wie die notierten Größenangaben?

Erarbeitung 1: „Findet Aktivitäten, die (ungefähr) 1s/1 min/3 min/10 min/1h dauern. Überprüft eure Vermutungen, indem ihr die Aktivitäten durchführt und die Zeit mit einer Stoppuhr messt. Wenn es passt, notiert die Aktivität auf einer Karteikarte.“

Zwischenaustausch: Die Karteikarten werden gesammelt und nach der Zeitdauer geordnet. Gemeinsam wird überlegt, ob die gefundenen Repräsentanten für die längeren Zeitspannen 10 Minuten und eine Stunde passend sind. Im Anschluss wird unter Rückgriff auf die Karteikarten für jede der Zeitspannen ein Größenplakat erstellt.

Erarbeitung 2: „Erstellt ein Größenplakat für ‚eure' Zeitspanne. Nutzt dafür die Karteikarten mit den Vorschlägen aus der Klasse. Notiert die gefundenen Aktivitäten in eurem Größenbuch und markiert eure Lieblingsrepräsentanten jeweils mit einem farbigen Stift."

Austausch: Die Gruppen stellen sich ihre Repräsentanten-Plakate gegenseitig vor. Die Kinder notieren sich die Aktivtäten in ihrem Größenbuch und markieren sich jeweils einen Lieblingsrepräsentanten mit einem farbigen Stift.

Impulse zum Entdecken, Erklären, Begründen und Argumentieren
- „Wie habt ihr noch weitere Repräsentanten gefunden?"
- „Welches ist dein Lieblingsrepräsentant? Warum hast du dir diese Aktivität ausgesucht?"
- „Gibt es eine Aktivität, bei der ihr gedacht habt, dass sie eigentlich kürzer/länger dauert?"

Anschlussaktivitäten:
- Es können noch Größenplakate für weitere Zeitspannen entstehen (z. B. 5 min, 30 min).
- Jedes Kind hält im Größenbuch auf einer Seite ganz hinten zu verschiedenen Standardgrößen noch einmal separat fest, welche Dinge es sich dauerhaft merken will.

Modul 15: Repräsentanten-Plakate 2 (ab Klasse 4)

Problemstellung: Die Herstellung oder der Bau von Gegenständen oder auch natürliche Wachstumsprozesse benötigen Zeit. Die Kinder suchen sich eine Frage aus, die sie bearbeiten möchten.

Mögliche Fragen:
- Wie viel Zeit benötigt der Bau eines Hauses?
- Wie viel Zeit benötigt die Herstellung eines Pullovers oder einer Hose?
- Wie viel Zeit benötigt die Herstellung eines Fahrrads?
- Wie viel Zeit benötigt man, um ein Flugzeug zu bauen?
- Wie lange braucht eine Buche, um 10 Meter hoch zu wachsen?
- …

Erarbeitung: „Recherchiert Informationen, um eure Frage zu beantworten. Dokumentiert eure Recherche und die gefundenen Ergebnisse in euren Größenbüchern."

Die Schülerinnen und Schüler recherchieren im Internet, ggf. können auch Firmen angeschrieben werden.

Austausch: Die Gruppen stellen sich ihre Ergebnisse gegenseitig vor. Gemeinsam werden – abhängig von den zugrundeliegenden Fragestellungen – Zeitspannen festgelegt, für die Größenplakate entstehen (z. B. bis zu einem Monat/ein Monat bis zu einem halben Jahr/bis zu einem Jahr/bis zu 5 Jahren/ …).

Impulse zum Entdecken, Erklären, Begründen und Argumentieren:
- „Wie seid ihr bei der Recherche vorgegangen?"
- „Wie habt ihr herausgefunden, wie lange die Herstellung/das Wachstum/ … dauert?"
- „Gibt es einen Gegenstand, bei dem ihr gedacht habt, dass die Herstellung schneller geht/länger dauert?"

Mögliche Anschlussaktivität:
- Jedes Kind hält im Größenbuch auf einer Seite ganz hinten zu verschiedenen Standardgrößen fest, welche Dinge es sich dauerhaft merken will.

7.4.4 Schätzen

Schätzen

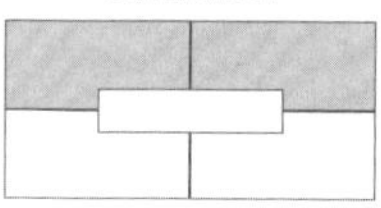

Es wird zwischen qualitativem und quantitativem Schätzen unterschieden. Beim qualitativen Schätzen werden zwei Zeitspannen mental verglichen (schwerer, leichter, gleich schwer). Beim quantitativen Schätzen wird eine Zeitspanne durch mentales Messen unter Rückgriff auf Stützpunktvorstellungen bestimmt. Findet der Vergleichs- oder Messvorgang nicht mental statt, dann sprechen wir nicht von Schätzen, sondern von Vergleichen bzw. Messen. Wird beim qualitativen und quantitativen Schätzen nicht auf Stützpunkte zurückgegriffen, handelt es sich um Raten. Deswegen ist es wichtig, dass die Kinder dazu angeregt werden, sich ihre Lieblingsrepräsentanten aus den vorangegangenen Modulen beim Schätzen mental vorzustellen.

In den folgenden Modulen werden sowohl eine grundständige als auch eine eingebettete Schätzaufgabe vorgestellt.

Modul 16: Zeitspannen schätzen 1 (ab Klasse 2)

Problemstellung: Es stehen Karten zur Verfügung, auf denen verschiedene Aktivitäten angegeben sind. Die Aktivitäten repräsentieren Zeitspannen bis

5 Minuten. Dieses Modul sollte wiederholt mit verschiedenen Aktivtäten angeboten werden.

Mögliche Aktivitäten:
„Wie lange
- kannst du die Luft anhalten;
- brauchst du, um das ABC aufzusagen;
- brauchst du, um ab 50 rückwärts zu zählen;
- brauchst du, um das Federmäppchen aus- bzw. einzuräumen;
- kannst du auf einem Bein zu stehen;
- brauchst du, um den nachfolgenden Satz aufzuschreiben: „Wie lange brauche ich, um diesen Satz zu schreiben?
- …“

Erarbeitung: „Schätzt die Dauer der einzelnen Aktivitäten. Notiert die Schätzungen in euren Größenbüchern. Überprüft anschließend die Dauer der Aktivitäten, indem ihr sie durchführt und dabei die Zeit messt. Wie gut habt ihr geschätzt?“

Austausch: Die Kinder tauschen sich über ihre Schätzstrategien aus. Außerdem sollte über die Schätzgenauigkeit und mögliche Gründe für eine Abweichung gesprochen werden. In diesem Zusammenhang kann auch auf das im Alltag gängige Vorgehen von kürzeren Vorgängen durch Zählen ab 21 eingegangen werden (Modul 12).

Impulse zum Entdecken, Erklären, Begründen und Argumentieren:
- „Auf welchen Lieblingsrepräsentanten habt ihr beim Schätzen zurückgegriffen?“
- „Was habt ihr euch vorgestellt/überlegt, als ihr den Lieblingsrepräsentanten mit der Dauer der Aktivität verglichen habt?“
- „Welchen Lieblingsrepräsentanten wählst du aus? Warum denkst du, dass er passend ist?“
- „Wann denkst du, dass du gut geschätzt hast?“
- „Was könnte ein Grund dafür sein, dass deine Schätzung so stark abweicht?“

Modul 17: Zeitspannen schätzen 2 (ab Klasse 3)

Problemstellung: Um die Kinder dabei zu unterstützen, ein gutes Zeitgefühl zu entwickeln, sind sie wiederholt dazu aufgefordert, die Dauer für ausgewählte Zeitspannen (30s/1 min/3 min/5 min) zu schätzen.

Erarbeitung: „Schätze, wie lang eine Minute (30s/3 min/5 min) ist."

Die Kinder schätzen in Partnerarbeit abwechselnd, wie lang eine Minute (30s/3 min/5 min) ist, indem einer schätzt und der andere die Zeit stoppt. Geschätzte und reale Zeit werden im Größenbuch festgehalten.

Austausch: Die Kinder tauschen sich über ihre Schätzstrategien aus. Darüber hinaus kann thematisiert werden, welche Abweichung als passend akzeptiert werden kann.

Impulse zum Entdecken, Erklären, Begründen und Argumentieren:

- „Woran denkst du, während die Zeit vergeht?"
- „Was kann einem helfen, um die Zeit im Kopf zu messen?"
- „Kennst du einen Vorgang, der ungefähr eine Minute (30 s/3 min/5 min) dauert?"
- „Wie viel kürzer oder länger darf die geschätzte Minute sein, damit man sagen kann, dass ‚ungefähr' eine Minute Zeit vergangen ist?"

Modul 18: Zeitspannen schätzen 3 (ab Klasse 3)

Problemstellung: Für fünf verschiedene Sanduhren sind die Laufzeiten nicht bekannt (Abb. 7.26). Die Kinder sind herausgefordert, diese jeweils zu ermitteln. Hinweis: Aufgrund der unterschiedlichen Größe der Durchlauflöcher ist ein Rückschluss über die Füllmenge nicht erfolgreich.

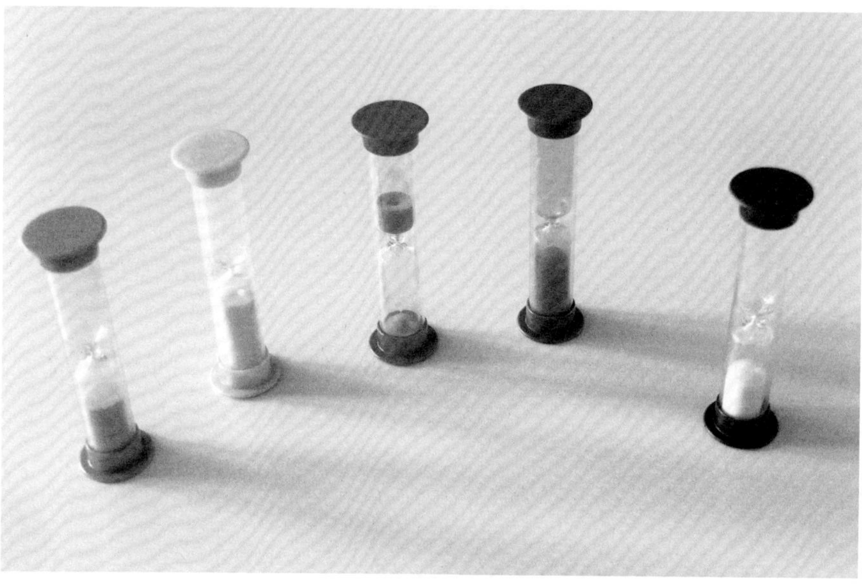

Abb. 7.26: Sanduhren

Erarbeitung: „Wie lange laufen die Sanduhren? Schätzt zuerst. Versucht, die unterschiedlichen Laufzeiten ohne weitere Hilfsmittel herauszufinden. Falls ihr überhaupt nicht weiterkommt, könnt ihr Zählen, Klatschen oder eine (Stopp-)Uhr zur Hilfe nehmen."

Austausch: Die Kinder tauschen sich über ihr jeweiliges Vorgehen aus.

Impulse zum Entdecken, Erklären, Begründen und Argumentieren:
- „Was kann helfen, um die Sanduhren miteinander zu vergleichen?"
- „Woran denkst du, während die Zeit vergeht?"
- „Was kann einem helfen, um die Zeit im Kopf zu messen?"

Modul 19: Kann das stimmen? (ab Klasse 3)

Es gibt viele verschiedene „Kann-das-stimmen-Aufgaben", bei denen der Umgang mit dem Größenbereich *Zeitspannen* im Vordergrund steht.[36] Ein möglicher Bearbeitungsablauf wird im Folgenden exemplarisch an einer Aufgabe vorgestellt.

Problemstellung: Im Klassenplenum wird eine Kann-das-stimmen-Aufgabe vorgestellt: „In einem Jahr hast du an mehr als 250 Tagen Schule. – Kann das stimmen?" (Ruwisch & Schaffrath 2009). Es werden erste Vermutungen gesammelt und Begründungen für die Vermutungen erfragt (Reuter & Schuler 2022).

Erarbeitung: „Findet heraus, ob die Aussage stimmt."
Die Kinder bearbeiten die Aufgaben zu zweit. Dabei müssen zunächst verschiedene Angaben geschätzt oder recherchiert werden, die z. B. folgende Fragen beantworten:
- Wie viele Tage hat ein Jahr?
- Welche Ferien gibt es?
- Wie lange sind diese Ferien?
- Wie viele Wochenendtage hat ein Jahr?
- Wie viele Feiertage hat ein Jahr?
- An welchen Tagen geht ihr nicht zur Schule?
- Welche Gründe gibt es, nicht in die Schule zu gehen?
- ...

Die geschätzten Angaben müssen anschließend passend miteinander verrechnet werden. Die Bearbeitung wird im Größenbuch festgehalten.

36 In der Kartei Ruwisch & Schaffrath (2022) finden sich zahlreiche weitere Aufgaben zu Zeitspannen.

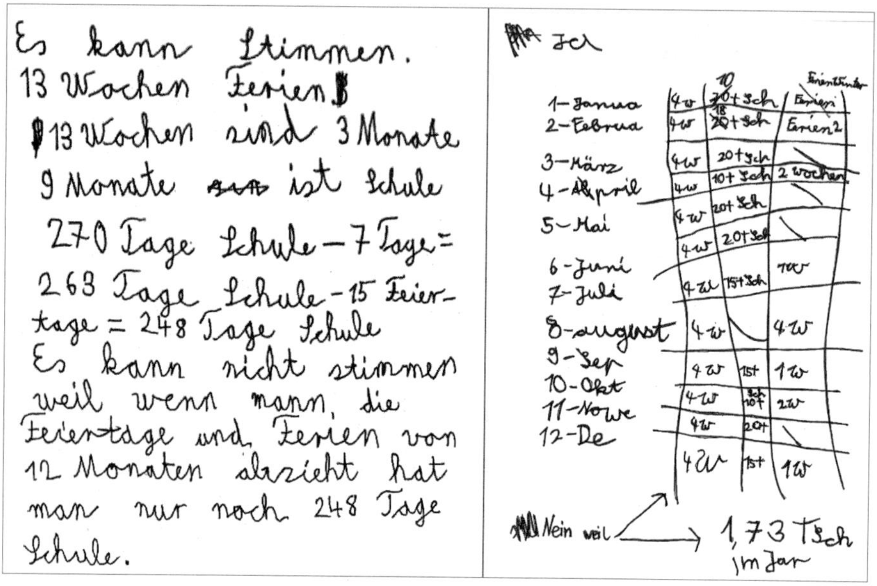

Abb. 7.27: Exemplarische Bearbeitungen der „Kann-das-stimmen-Aufgabe: In einem Jahr hast du an mehr als 250 Tagen Schule"

Die Schülerdokumente (Abb. 7.27) zeigen exemplarisch, dass die Gruppen über unterschiedliches Wissen verfügen und verschiedene Überlegungen in ihre Bearbeitung einbeziehen. Dies kann zu deutlich unterschiedlichen Ergebnissen führen. Hierauf sollte im anschließenden Austausch eingegangen werden.

Austausch: Die Kinder stellen ihre Ergebnisse vor (ggf. mithilfe einer Dokumentenkamera). Dabei wird über die verschiedenen Annahmen (geschätzte und recherchierte Zahlen) gesprochen und diskutiert, inwieweit diese passend sind, mit dem Ziel, die jeweiligen Ergebnisse auf ihre Angemessenheit zu überprüfen. Darüber hinaus kann überlegt werden, warum das Ergebnis ggf. von der eingangs getroffenen Vermutung abweicht.

Impulse zum Entdecken, Erklären, Begründen und Argumentieren:
- „Wie kommst du zu deiner Annahme von ...?"
- „Wie könnte man diese Annahme begründen?"
- „Wie könnte man diese Annahme überprüfen?"
- „Warum findest du die Vorgehensweise von ... überzeugend/nicht so überzeugend?"

Weitere Unterrichtsideen zur Zeit finden sich in
Grundschule Mathematik, H. 13, 2007, Zeit
Mathematik differenziert, H. 4, 2012, Die Zeit – Vorstellungen entwickeln

Größenbereichsübergreifende Themenhefte
Grundschule Mathematik
H. 41, 2014, Vom Raten zum Schätzen
H. 47, 2015, Größen messen
H. 58, 2018, Üben in Sachstrukturen
H. 61, 2019, Längen in Bezug zu anderen Größen
H. 69, 2021, Stützpunktvorstellungen

Mathematik differenziert
H. 3, 2020 Größen schätzen, messen, rechnen

Grundschulunterricht
H. 2, 2019, Größenvorstellungen entwickeln

Mirwald, E. & Rink, R. (2021). Zahlen und Größen gemeinsam unterrichten und für besseres Verstehen sorgen. Klasse 1 bis 4. Berlin: Cornelsen Verlag.

8 Gewichte

Der Größenbereich *Gewichte* erfährt eine systematische Behandlung in den Klassenstufen drei und vier, was durch die angestrebte Verzahnung von Zahl- und Größenvorstellung begründet ist. Die Zahlraumerweiterung bis 1000 im dritten Schuljahr bildet dabei die Grundlage, die Einheiten Gramm und Kilogramm mit der Umrechnungszahl 1000 einzuführen. Gleichzeitig kann bei der Thematisierung dieses Größenbereichs insbesondere auf Messerfahrungen und -verständnis aus dem bereits behandelten Größenbereich *Längen* zurückgegriffen werden.

8.1 Besonderheiten

Gewicht und Masse

Wenn man von „Gewicht" spricht, ist eigentlich die „Masse" gemeint. Der Unterschied besteht darin, dass die Bestimmung der Masse ortsunabhängig, die des Gewichts – eigentlich Gewichts*kraft* – ortsabhängig ist. Beispielhaft sei hier der Vergleich von Mond und Erde angeführt. So ist die Masse eines Gegenstandes, z. B. einer Tafel Schokolade, sowohl auf dem Mond als auch auf der Erde gleich. Die Gewichtskraft gibt dagegen die Wechselwirkung an, die zwei Körper in Abhängigkeit der Fallbeschleunigung aufeinander haben; hier: Erde und Schokolade sowie Mond und Schokolade. Sie entspricht dem, was wir beim Hochheben als Gewicht wahrnehmen. Die dazugehörige Einheit ist Newton. Da auf dem Mond ($1{,}62\,m/s^2$)[37] eine andere Fallbeschleunigung vorliegt als auf der Erde ($9{,}81\,m/s^2$), führt dies zu einer unterschiedlichen Gewichtskraft (die umgangssprachlich Gewicht genannt wird). Eine Tafel Schokolade hat auf dem Mond ein(e) Gewicht(skraft) von etwa 1/6 Newton und auf der Erde von etwa 1 Newton: Die Tafel Schokolade fühlt sich also auf der Erde etwa sechsmal so schwer an wie auf dem Mond, da die auf die Schokolade wirkende Kraft auf der Erde etwa sechsmal so stark ist wie auf dem Mond.

Waagen – abgesehen von der Balken- und Tafelwaage – sind auf den Messvorgang auf der Erde geeicht, indem eigentlich die Gewichtskraft gemessen wird und anschließend eine interne Umrechnung in die Einheiten Gramm und Kilogramm erfolgt. Damit sind diese Waagen für einen Messvorgang auf dem Mond ungeeignet, da es hier – aufgrund der zugrunde liegenden Umrechnungszahl der Fallbeschleunigung auf der Erde – zu einer falschen Maßangabe käme.

37 Hierbei handelt es sich um Näherungswerte, die ortsabhängig sind. Zu den Polen hin nimmt die Gewichtskraft zu, am Äquator ist sie am geringsten. Die Unterschiede sind allerdings mit Blick auf Alltagsfragen irrelevant.

Bei der Größe Gewicht handelt es sich um eine physikalische Größe, die eine Eigenschaft eines Gegenstandes angibt, die – im Gegensatz zu den geometrischen Größen – nicht visuell wahrnehmbar ist. Dies hängt damit zusammen, dass sich das Gewicht aus einer Abhängigkeit von Volumen und Dichte eines Gegenstandes ergibt. Bei mentalen Vergleichen führt dies dazu, dass die Reduktion auf einen Volumenvergleich (ohne Berücksichtigung der Dichte) in vielen Fällen nicht erfolgreich ist. Da also neben dem Volumen – das aufgrund der Dreidimensionalität schon eine Herausforderung darstellt – auch noch die Dichte berücksichtigt werden muss, kann ein mentaler Vergleichsvorgang, abhängig von den zu vergleichenden Objekten, eine Herausforderung darstellen.

Darüber hinaus können auch paarweise manuelle direkte Vergleiche eine Herausforderung darstellen. So kann die gefühlte Wahrnehmung des Gewichts aufgrund eines unterschiedlichen Druckgefühls im Zusammenhang mit der Auflagefläche durchaus täuschen (Reuter 2006, S. 36).

W

Anregung zur Weiterarbeit

„Probieren Sie es aus: Was ist schwerer? Ein Blatt DIN-A4-Papier oder eine 1-Cent-Münze?"

Darüber hinaus sind geringe Gewichtsunterschiede nur schwer wahrnehmbar. Kinder sollten also die Erfahrung machen, „dass der direkte Vergleich von Gewichten durch ‚Fühlen' nur sehr begrenzt möglich ist" (Grassmann 2001, S. 21) und so die Notwendigkeit einer Waagennutzung kennenlernen. Eine weitere Herausforderung besteht darin, dass sich das Gewicht von Gegenständen nur in einem kleinen Gewichtsbereich unmittelbar durch Wahrnehmung (in diesem Fall: Hochheben) erfahren lässt, da das Gewicht von Gegenständen schnell zu schwer ist.

Wie im Grundlagenkapitel dargestellt, handelt es sich bei einem Messvorgang um einen Vergleichsvorgang. Während dieser Vergleichsvorgang bei der Längenmessung – das Messwerkzeug, z. B. ein Zollstock, wird neben die auszumessende Länge gelegt (direkter Vergleich) – offensichtlich durchgeführt wird, ist er bei den meisten heutzutage gebräuchlichen Waagen nicht offensichtlich. Sichtbar wird er nur bei der Nutzung von Tafel- und Balkenwaagen, da bei diesen über die Nutzung der beiden Waagschalen ebenfalls ein direkter Vergleich durchgeführt wird. Man kann diese Waagen sowohl für qualitative Gewichtsvergleiche nutzen, indem die zwei zu vergleichenden Gegenstände auf die beiden Waagschalen gelegt werden, als auch für die Gewichtsbestimmung, indem man das auszuwiegende Objekt auf die eine Waagschale legt und auf die andere Waagschale Gewichtssteine ergänzt, bis sich die Waagschalen im Gleichgewicht befinden. Durch Aufsummieren der Gewichtssteine erhält man das Gesamtgewicht. Damit Kinder die Gelegenheit haben, diesen zugrundeliegenden Vorgang zu erfahren, ist es wichtig, dass im Unterricht auch diese Waagentypen zum Einsatz kommen. Dies unterstützt den Aufbau des Messverständnisses wesentlich (Reuter 2008, S. 41).

Die angeführten Besonderheiten haben Auswirkungen auf die Anforderungen an das Schätzen. Während der Schätzvorgang im Größenbereich *Längen* durch ein mentales Aneinanderlegen einer Stützpunktlänge – und damit durch ein mentales Ausmessen – vollzogen wird, weist der Größenbereich *Gewichte* eine weitere Besonderheit auf. Findet eine Gewichtsschätzung statt, wird der zu schätzende Gegenstand – sofern möglich – hochgehoben und mental mit gespeicherten Stützpunkten verglichen. Dabei findet jedoch weniger ein mentales Ausmessen durch Vervielfachung (ein, zwei, drei ... Tafeln Schokolade) statt. Stattdessen wird der zu schätzende Gegenstand mental mit Stützpunkten verglichen, indem eine Einordnung in Hinblick auf ‚leichter', ‚etwa gleich schwer', ‚schwerer' stattfindet, an die sich dann in Orientierung an dem Ergebnis des ersten Vergleichs ein erneuter mentaler Vergleich mit einem weiteren Stützpunkt anschließt. Dies setzt sich fort, bis eine Angabe stattfinden kann. Bei Gegenständen, die nicht hochgehoben werden können, findet ein mentaler Aushandlungsprozess statt, der Wissen und Vorstellungen zu Volumen und Materialeigenschaften (insbesondere Dichte) umfasst. Diese Wissens- und Vorstellungskomponenten müssen zueinander in Beziehung gesetzt werden. Daneben gibt es auch Schätzvorgänge in Bezug auf das Gewicht, die letztlich auf Volumenvergleiche zurückzuführen sind: So hat ein Markthändler einen Volumenstützpunkt für 100 g Feldsalat gespeichert. Soll er 300 g Feldsalat einpacken, findet hier eine i. d. R. recht genaue Orientierung am Volumen statt.

8.2 Vorkenntnisse in unterschiedlichen Schuljahren

Kinder erfahren schon früh, dass Gegenstände unterschiedlich schwer sind. Dabei erleben sie auch immer wieder, dass größere Gegenstände durchaus auch leichter sein können als kleinere Gegenstände. Trotz dieser alltäglichen Erfahrungen zeigt sich, dass auch Drittklässler Gewichtsvergleiche in der Regel auf einen Volumenvergleich zurückführen und auch darüber begründen (Reuter 2011). Das ist einerseits darauf zurückzuführen, dass ein solcher Volumenvergleich in vielen Fällen – sogar bei unterschiedlicher Dichte – erfolgreich ist, andererseits hängt diese Reduktion auf das Volumen auch damit zusammen, dass Kinder erst in der zweiten Hälfte der Grundschulzeit für die Eigenschaft *Dichte* ein eigenständiges Konzept aufbauen (Smith et al. 1985). Er wird von Kindern in ihren Überlegungen der Einfachheit halber ausgeklammert. Die Schwierigkeit besteht darin, aus dem Verhältnis von Größe und Dichte die richtigen Schlussfolgerungen zu ziehen: Wenn zwei Körper gleich schwer sein sollen, muss ein Körper mit geringerer Dichte größer sein als ein Körper mit höherer Dichte (Reuter 2011, S. 279).

Das Verständnis für die Invarianz von Gewichten entwickelt sich im Laufe der Grundschulzeit. Dabei zeigt sich, dass ein Großteil der Drittklässler über ein Invarianzverständnis in Bezug auf *Gewichte* verfügt. Die Begründungen greifen hierbei in der Regel auf das Identitäts- sowie das Kompensationsargument zurück (Kap. 2). Ein kleinerer Teil der Drittklässler verfügt jedoch noch nicht über ein konsistent ausgebildetes Invarianzverständnis. Hier zeigt sich, dass diese Kinder insbesondere nicht (konsequent) die Kompensation erkennen, die in diesem Zusammenhang häufig mit einem Nichterkennen der Volumeninvarianz zusammenhängt. Diese Kinder argumentieren entweder über eine Zu-/Abnahme in einer Dimension, ohne die gleichzeitige Ab-/Zunahme in einer anderen Dimension zu berücksichtigen (Reuter 2011, S. 281). Vielen Kindern sind verschiedene Waagentypen – insbesondere digitale, aber auch analoge Personen- und Küchenwaagen – aus dem Alltag bekannt, und sie sind in der Lage, situationsadäquat eine passende Waage auszuwählen. Es zeigt sich aber, dass das Ablesen einer analogen Waagenskala nicht immer erfolgreich ist. Hier fällt es vielen Kindern schwer, die Skalierung zu verstehen. Selbst dann, wenn dem Kind das Messergebnis aus dem Wiegevorgang mit einer digitalen Waage für einen Gegenstand bekannt ist, kann ein anschließendes Wiegen auf einer analogen Waage dazu führen, dass das Kind ein völlig anderes Messergebnis abliest und dabei auch kein kognitiver Konflikt entsteht.

Viele Kinder geben vor der unterrichtlichen Behandlung im Größenbereich *Gewichte* die Einheit „Gramm“ sowie die umgangssprachliche Einheit „Kilo“ an. Nicht allen Kindern ist klar, dass diese umgangssprachliche Abkürzung „Kilo“ für „Kilogramm“ steht. Außerdem zeigt sich, dass die Kinder oftmals zu diesem Zeitpunkt auch noch nicht wissen, in welchem Verhältnis die Einheiten zueinander stehen und wann welche Einheit passenderweise genutzt wird. Hier zeigt sich im Laufe des dritten Schuljahres durch die unterrichtliche Auseinandersetzung ein deutlicher Wissenszuwachs (Reuter 2011, S. 283).

Die Kinder verfügen in der Regel über keine Stützpunktvorstellungen, auf die in Schätzprozessen zurückgegriffen werden kann. Durch häufige Wiege-, Fühl- und Vergleichsanlässe, die miteinander verzahnt sind, bauen sich hier im Laufe der Zeit Stützpunkte mit tragfähigen Vorstellungen auf, auf die in Schätzprozessen zurückgegriffen werden kann.

8.3 Lernstandserhebungen

Die folgenden Aufgaben geben einen Einblick in die im Anhang befindlichen Aufgaben zur Lernstandserhebung. Dabei erfolgt eine exemplarische Einordnung in die Teilbereiche des Modells: *Messen*, *Stützpunkte* und *Schätzen*. Der Teilbereich *Vergleichen* im Größenbereich *Gewichte* kann nicht im Rahmen eines Paper-Pencil-Tests erhoben werden, da das Gewicht eines Gegenstandes nicht visuell wahrnehmbar ist und dadurch nicht durch eine Abbildung dargestellt werden kann. Aufgaben, die einen Gewichtsvergleich erfragen, sind demnach dem (qualitativen) Schätzen zuzuordnen, da der vorzunehmende Vergleichsvorgang mental durchgeführt wird.

Messen

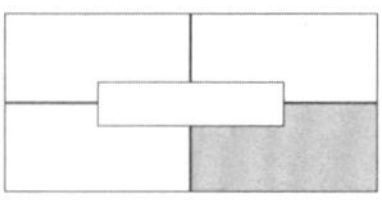

Die Aufgabe (Abb. 8.1), in der die Kinder dazu aufgefordert sind, das Bild einer analogen Waage zu vervollständigen, gibt einen Einblick in das Skalenwissen der Kinder und erhebt damit *Wissen über Messwerkzeuge* (in Anlehnung an Jacobey 2019).

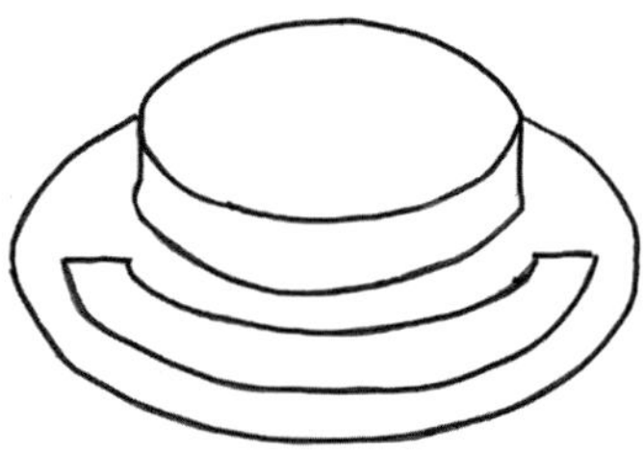

Abb. 8.1: Hier siehst du eine Waage. Zeichne ein, was noch fehlt.

Die Skalen (Abb. 8.2), die die Kinder hier eintragen, lassen sich in Anlehnung an Linealbilder entsprechenden Kategorien zuordnen (Nührenbörger 2002; Kap 3). Im Gegensatz zu den Linealbildern gibt es für jede Kategorie zwei Varianten: eine mit Zeiger und eine ohne Zeiger. Die jeweiligen Skalen geben einen Einblick, welche Skalenaspekte von den Kindern wahrgenommen und als relevant erachtet werden. Hierzu gehört auch der Blick auf den Zeiger, da dieser – im Gegensatz zu den Skalen bei Messwerkzeugen für andere Größen – relevant für das Ablesen des Gewichts ist. Vergleicht man die Darstellungen der Kinder über die Klassenstufen hinweg, dann zeigt sich, dass Skalenvarianten aus allen Kategorien – abgesehen von der Einheitsskala – in allen Schuljahren auftauchen. Bei der Einheitsskala als elaborierteste Form besteht zwischen der Anzahl der Zwischenstriche und den Maßzahlen ein Zusammenhang, der z. B. zur Beziehung zwischen Einheiten passt. Skalen, die eine Einheitsskala aufweisen, sind sogar in Klasse 4 noch sehr selten, was vermutlich auf eine geringere Vertrautheit mit dem analogen Waagentyp zurückzuführen ist.

Abb. 8.2: Waagenskalen Klasse 4

Abb. 8.3: Gewicht ablesen, analoge Küchenwaage

Abb. 8.4: Gewicht ablesen, digitale Küchenwaage

Aufgaben wie in Abb. 8.3 und Abb. 8.4 erfassen den *Umgang mit Messwerkzeugen*. Es wird überprüft, inwieweit das Kind in der Lage ist, das Gewicht eines Gegenstandes korrekt an einer analogen sowie digitalen Küchenwaage abzulesen.

Auch mit dieser Aufgabe (Abb. 8.5) wird der *Umgang mit Messwerkzeugen* (hier: Balkenwaage) überprüft. Hier wird durch die direkte Vergleichssituation auf das Messverständnis fokussiert.

Die Waage befindet sich im Gleichgewicht.

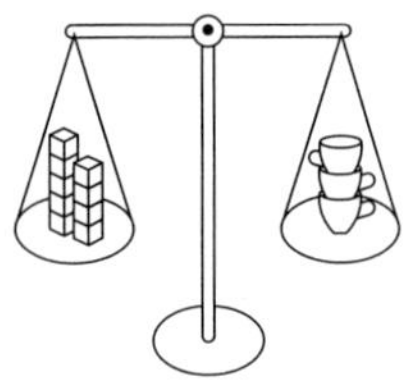

Marius nimmt eine Tasse von der Waage.
Wie viele Würfel muss er wegnehmen, damit die Waage wieder im Gleichgewicht ist?
Er muss _________ Würfel wegnehmen.

Abb. 8.5: Gleichgewicht herstellen (IQB, Vera 3, 2012)[38]

Mit der Aufgabe (Abb. 8.6) wird *Wissen über Einheiten* überprüft. Wissen die Kinder, in welchen Einheiten verschiedene Objekte gemessen werden und können sie abhängig von der angegeben Maßzahl die passende Einheit zuordnen? Aufgaben dieser Art geben auch einen Einblick in den Bereich *Stützpunkte.*

a) Annas Fahrrad wiegt 15000 ______.
b) Ein Elefant wiegt 7 ______.
c) Peters Mutter wiegt 65 ______.

Abb. 8.6: Trage die richtige Einheit ein. (in Anlehnung an Emmrich 2008)

Stützpunkte

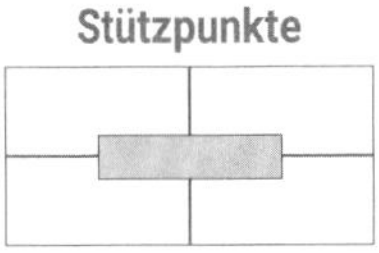

Aufgaben, wie in Abb. 8.7, in denen die Kinder dazu aufgefordert sind, Gegenstände zu benennen, die ein vorgegebenes Gewicht haben, geben Einblick in Stützpunktwissen und -vorstellungen des Kindes.

38 abrufbar unter https://www.iqb.hu-berlin.de/vera/aufgaben/map (Zugriff: 18.10.2022)

Das wiegt ungefähr *1 g.*	Das wiegt ungefähr *100 g.*	Das wiegt ungefähr *1 kg.*	Das wiegt ungefähr *1 t.*

Abb. 8.7: Schreibe immer drei Dinge auf.

Das ist ungefähr 1 g schwer:	Das ist ungefähr 100 g schwer:	Das ist ungefähr 1 kg schwer:	Das ist ungefähr 1 t schwer:
ein Ei	ein Regal	ein Schrank	ein Auto

Das ist ungefähr 1 g schwer:	Das ist ungefähr 100 g schwer:	Das ist ungefähr 1 kg schwer:	Das ist ungefähr 1 t schwer:
Feder	Füllerdeckel	Kleber	Haus

Das ist ungefähr 1 g schwer:	Das ist ungefähr 100 g schwer:	Das ist ungefähr 1 kg schwer:	Das ist ungefähr 1 t schwer:
Feder.	Schokolade	Milch. 1 L Milch = 1 kg Milch	Autos.

Abb. 8.8: Stützpunkte – Schülerdokumente Klasse 4

Die Schülerdokumente (Abb. 8.8) aus den vierten Klassen zeigen, dass auch in dieser Klassenstufe die Kinder noch nicht sicher über Stützpunktwissen und -vorstellungen verfügen.

Schätzen

In Aufgaben wie in Abb. 8.9 müssen die Kinder unter Rückgriff auf Stützpunktwissen und -vorstellungen qualitative Schätzungen durchführen, indem sie das Gewicht von Gegenständen mental miteinander vergleichen. Es gibt sowohl Aufgaben, bei denen die Gegenstände bildlich dargestellt sind als auch Aufgaben, bei denen die Darstellung verbal erfolgt. Außerdem unterscheiden sich die Aufgaben in Hinblick auf die Anzahl der zu vergleichenden Gegenstände sowie den abgedeckten Gewichtsbereich.

ein Apfel	ein Buch	ein Liter Milch	ein Päckchen Butter	ein Stift
______	______	______	______	______

Abb. 8.9: Ordne nach dem Gewicht. Beginne beim leichtesten Gegenstand mit 1.

Bei den Aufgaben zum quantitativen Schätzen kann zwischen den Aufgaben unterschieden werden, in denen nach einer Gewichtsangabe gefragt wird und eine Begründung gegeben werden soll (Abb. 8.10), sowie solchen Aufgaben, in denen vorgegebene Gewichtsangaben zugeordnet werden sollen (Abb. 8.12). Durch die Begründung kann man einen Einblick in verfügbares Stützpunktwissen und -vorstellungen erhalten.

So schwer ist ein Brötchen ungefähr:
Begründe:

Abb. 8.10: Schätze und begründe.

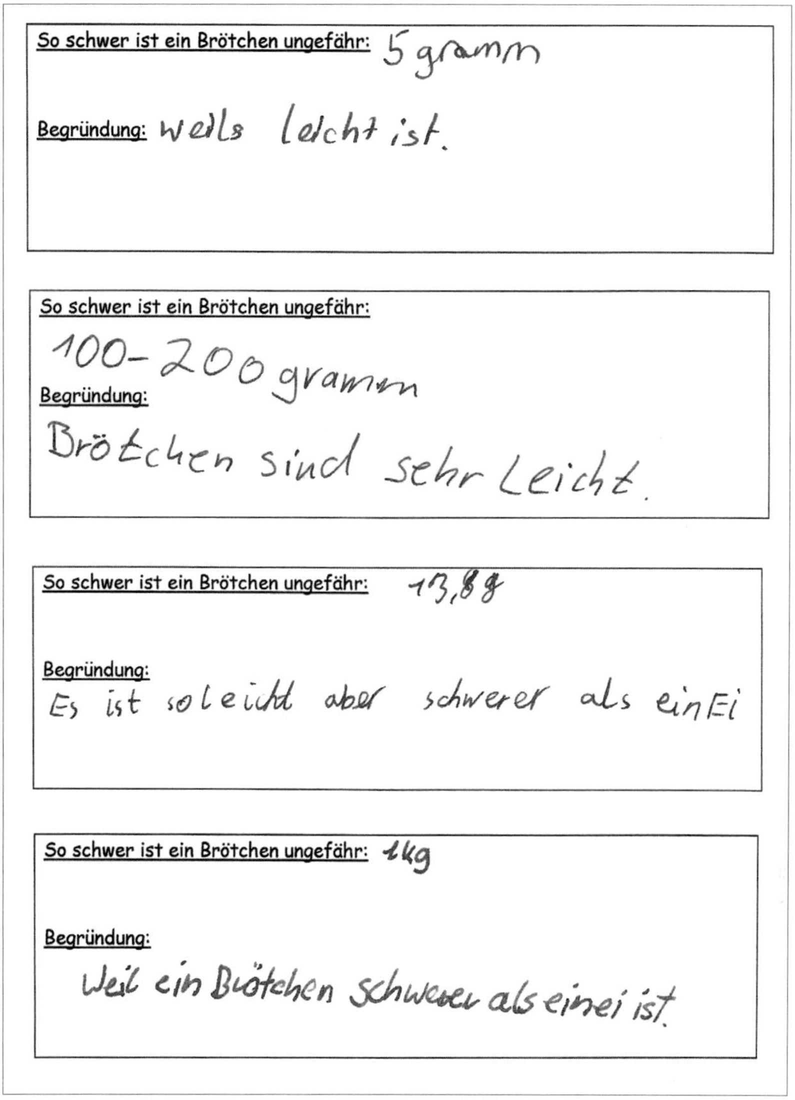

So schwer ist ein Brötchen ungefähr: 5 gramm

Begründung: weils leicht ist.

So schwer ist ein Brötchen ungefähr: 100–200 gramm

Begründung: Brötchen sind sehr Leicht.

So schwer ist ein Brötchen ungefähr: 13,8 g

Begründung: Es ist so leicht aber schwerer als ein Ei

So schwer ist ein Brötchen ungefähr: 1kg

Begründung: Weil ein Brötchen schwerer als einei ist.

Abb. 8.11: Gewichtsschätzungen für ein Brötchen – Schülerdokumente Klasse 4

Bei den Schülerantworten (Abb. 8.11) zeigt sich ein vergleichbares Bild wie bei den Aufgaben zu Stützpunktwissen und -vorstellungen. Einige Kinder greifen zwar auf einen Stützpunkt zurück (Ei), verfügen aber nicht über adäquate Vorstellungen sowie über die Fähigkeit eines passenden mentalen Vergleichs. Außerdem zeigt sich in den Antworten eine weite Streuung der Vorstellung „leicht“.

3 500 g	☐
0,35 t	☐
35 g	☐
35 t	☐
35 000 g	☐

Abb. 8.12: Welches der angegebenen Gewichte kann das Gewicht eines schweren Koffers sein?

8.4 Unterrichtsmodule

Die vorgestellten *Unterrichtsmodule* folgen derselben Systematik wie die Aufgaben zur Erhebung von Lernständen. In jedem Bereich – Vergleichen, Messen, Stützpunkte und Schätzen – finden sich Unterrichtsvorschläge, die in verschiedenen Schuljahren durchgeführt werden können. Empfehlungen in Bezug auf die bevorzugte Klassenstufe werden gegeben.

8.4.1 Vergleichen

Vergleichen

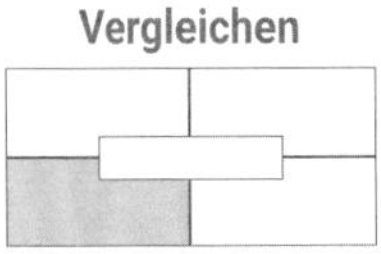

Mit den folgenden Unterrichtsmodulen sammeln Kinder Erfahrungen zum direkten Vergleichen von Gewichten und dem Ordnen von Repräsentanten. In Vergleichssituationen sind die Kinder zum einen dazu aufgefordert, über direkte manuelle Vergleiche Gegenstände in Hinblick auf ihr Gewicht miteinander zu vergleichen. Zum anderen sollen die Ergebnisse mithilfe eines Wortspeichers (schwerer als/leichter als/am schwersten/am leichtesten/genauso schwer wie) dokumentiert werden. In diesem Zusammenhang spielt die Auseinandersetzung mit verschiedenen der oben angesprochenen Besonderheiten der Größe *Gewichte* eine Rolle (Kap. 8.1). Darüber hinaus wird durch die Aufforderung, mehrere Gegenstände nach ihrem Gewicht zu ordnen, das Transitivitätsverständnis angesprochen.

Modul 1: Gewichtsvergleich 1 (Klasse 1/2)

Problemstellung: In der Mitte des Sitzkreises liegen verschiedene Alltagsgegenstände im mittleren Gewichtsbereich (z. B. bis 2 kg). Die Gegenstände sollen über paarweise manuelle Vergleiche nach dem Gewicht geordnet werden (Handwaage). Die Kinder äußern erste Vermutungen.

Abb. 8.13: Übersicht über mögliche Gegenstände mit einem geringen Gewicht

Erarbeitung: „Ordnet die Gegenstände nach ihrem Gewicht. Welches ist der leichteste Gegenstand? Welcher Gegenstand ist am schwersten? Gibt es Gegenstände, die gleich schwer sind? Haltet eure Ordnung in eurem Größenbuch fest. Verwendet dazu die folgenden Satzbausteine: ‚ist schwerer als', ‚ist leichter als', ‚ist genauso schwer wie', ‚ist am schwersten', ‚ist am leichtesten.'"

Austausch: Die Kinder vergleichen ihre Ordnung mit der Ordnung einer anderen Gruppe und beschreiben sich gegenseitig, wie sie vorgegangen sind. Dabei verwenden sie die Satzbausteine: „... ist schwerer als", „... ist leichter als", „... ist am schwersten", „... ist am leichtesten", „... ist genauso schwer wie".

Impulse zum Entdecken, Erklären, Begründen und Argumentieren:

- „Wie kann man herausfinden, welcher von zwei oder mehr Gegenständen schwerer/leichter/der schwerste/der leichteste ist?"

- „Wie kann man mehrere Gegenstände nach ihrem Gewicht ordnen? Wie muss man beim Vergleichen vorgehen?“
- „Ist der größte Gegenstand auch am schwersten und der kleinste am leichtesten?“
- „Gibt es Gegenstände, die sich fast gleich schwer angefühlt haben? Wie hast du eine Entscheidung getroffen?“
- „Bei welchen Gegenständen wart ihr euch nicht einig?“

Mögliche Anschlussaktivitäten:

- Im Anschluss können die Kinder ihre Ordnung mithilfe einer Tafel- oder Balkenwaage oder mit einer digitalen Küchenwaage überprüfen.
- Das Modul kann auch mit Alltagsgegenständen im unteren Gewichtsbereich (bis ungefähr 50 g) durchgeführt werden (Abb. 8.13).

Modul 2: Gewichtsvergleich 2 (Klasse 1/2)

Problemstellung: Es ist nicht unüblich, dass die Gäste am Ende einer Geburtstagsfeier eine kleine Tüte – „Party Bag“ – mit kleinen Geschenken und Süßigkeiten ausgehändigt bekommen. Diese Tüten stellen den Anknüpfungspunkt für dieses Modul dar (in Anlehnung an Benz et al. 2015). In der Mitte des Sitzkreises liegen drei gefüllte „Party Bags“. Da es sich um undurchsichtige Tüten handelt, kann nicht vom Inhalt auf das Gewicht geschlussfolgert werden. Es wird überlegt, wie man die drei Tüten nach ihrem Gewicht ordnen kann. Hierbei stehen nicht nur die paarweisen Gewichtsvergleiche, sondern auch das Ordnen von drei Objekten (Party Bags) und damit das Transitivitätsverständnis im Fokus.

Erarbeitung: „Füllt drei Party Bags mit Gegenständen aus dem Klassenzimmer. Achtet dabei darauf, dass es nicht leicht ist, herauszufinden, welches die leichteste und welches die schwerste Party Bag ist. Ordnet die Party Bags nach ihrem Gewicht. Welches ist die leichteste Party Bag? Welche Party Bag ist am schwersten? Haltet eure Ordnung in eurem Größenbuch fest. Verwendet dazu die folgenden Satzbausteine: ‚ist schwerer als‘, ‚ist leichter als‘, ‚ist genauso schwer wie‘, ‚ist am schwersten‘, ‚ist am leichtesten.‘“

Austausch: Die Kinder tauschen ihr Party-Bag-Set mit dem Set einer anderen Gruppe. Die Sets werden gegenseitig geordnet und die Ordnungen miteinander verglichen. Die Kinder beschreiben sich gegenseitig, wie sie vorgegangen sind. Dabei verwenden sie die Satzbausteine: „… ist schwerer als“, „… ist leichter als“, „… ist am schwersten“, „… ist am leichtesten“, „… ist genauso schwer wie“, „weil diese Tüte schwerer ist als diese Tüte, weiß ich auch, dass …“.

Impulse zum Entdecken, Erklären, Begründen und Argumentieren:

- „Wie kann man herausfinden, welcher von zwei oder mehr Gegenständen schwerer/leichter/der schwerste/der leichteste ist?“
- „Wie kann man mehrere Gegenstände nach ihrem Gewicht ordnen? Wie muss man beim Vergleichen vorgehen?“
- „Gibt es zwei Party Bags, die sich fast gleich schwer angefühlt haben? Wie hast du eine Entscheidung getroffen?“
- „Bei welchen Party Bags wart ihr euch nicht einig?“

Mögliche Anschlussaktivität:

- Im Anschluss können die Kinder ihre Ordnung mithilfe einer Tafel- oder Balkenwaage überprüfen.
- Statt der Tüten können auch unterschiedlich große (verschließbare) Schachteln befüllt werden (Abb. 8.13).

Modul 3: Gewichtsvergleich 3 (ab Klasse 1)

Problemstellung: In der Mitte des Sitzkreises liegen verschiedene quaderförmige Alltagsgegenstände im mittleren Gewichtsbereich, z. B. Packung Hefe, Packung Butter, Packung Backpapier, Packung Nudeln, Packung Müsli, Packung Kekse, Packung Speisestärke (in Anlehnung an Hinze 2008, S. 10 ff.). Die Gegenstände sind alle mit einer dünnen undurchsichtigen Folie (z. B. Alufolie) eingepackt und mit jeweils unterschiedlichen Symbolen gekennzeichnet. Alternativ können verschiedene, unterschiedlich große Schachteln, die z. B. in Geschenkpapier verpackt sind, mit unterschiedlichen Sandmengen gefüllt werden: Wichtig ist dabei, dass es auch kleine schwere sowie große leichte Schachteln gibt, die z. B. in Geschenkpapier verpackt sind.

Abb. 8.14: Ordnen nach Gewicht

Die verpackten Gegenstände/Schachteln sollen über paarweise manuelle Vergleiche nach dem Gewicht geordnet werden. Die Kinder äußern erste Vermutungen. In der Erarbeitungsphase stehen den Kindern für den sich anschließenden Arbeitsauftrag die gleichen Gegenstände auch unverpackt zur Verfügung. Für den späteren Austausch ist es interessant, ob das Wissen, um welche Gegenstände es sich handelt, zu einer anderen Ordnung führt als der Vergleich von verpackten Gegenständen.

Erarbeitung: „Ordnet die Gegenstände nach ihrem Gewicht. Welches ist der leichteste Gegenstand? Welcher Gegenstand ist am schwersten? Gibt es Gegenstände, die gleich schwer sind?

Haltet eure Ordnung im eurem Größenbuch fest. Verwendet dazu die folgenden Satzbausteine: ‚ist schwerer als', ‚ist leichter als', ‚ist genauso schwer wie', ‚ist am schwersten', ‚ist am leichtesten.'

Ordnet nun die unverpackten Gegenstände nach ihrem Gewicht. Welches ist der leichteste Gegenstand? Welcher Gegenstand ist am schwersten? Gibt es Gegenstände, die gleich schwer sind?

Ist eure Ordnung die gleiche wie im ersten Schritt oder gibt es Abweichungen?"

Austausch: Die Kinder vergleichen ihre Ordnungen mit der Ordnung einer anderen Gruppe und beschreiben sich gegenseitig, wie sie vorgegangen sind. Dabei verwenden sie die Satzbausteine: „... ist schwerer als", „... ist leichter als", „... ist am schwersten", „... ist am leichtesten", „... ist genauso schwer wie". Außerdem wird diskutiert, warum es ggf. sein kann, dass der Vergleich der unverpackten Gegenstände zu einer anderen Ordnung geführt hat als der Vergleich der verpackten Gegenstände.

Impulse zum Entdecken, Erklären, Begründen und Argumentieren:

- „Wie kann man herausfinden, welcher von zwei oder mehr Gegenständen schwerer/leichter/der schwerste/der leichteste ist?"
- „Wie kann man mehrere Gegenstände nach ihrem Gewicht ordnen? Wie muss man beim Vergleichen vorgehen?"
- „Ist der größte Gegenstand auch am schwersten und der kleinste am leichtesten?"
- „Gibt es Gegenstände, die sich fast gleich schwer angefühlt haben? Wie hast du eine Entscheidung getroffen?"
- „Bei welchen Gegenständen wart ihr euch nicht einig?"
- „Hat es einen Unterschied gemacht, ob du verpackte oder unverpackte Gegenstände miteinander verglichen hast? Womit kann das zusammenhängen?"

Mögliche Anschlussaktivität:

- Im Anschluss können die Kinder ihre Ordnung mithilfe einer Tafel- oder Balkenwaage überprüfen.

- Das Modul kann auch noch um *Schätzen* erweitert werden, indem die Kinder anschließend dazu aufgefordert werden, das Gewicht der Gegenstände zu schätzen. Hierbei kann zunächst die Beschäftigung mit den verpackten Gegenständen stattfinden (ordnen und schätzen), anschließend mit den unverpackten Gegenständen. Abschließend kann der Einfluss des Sichtbaren sowohl in Hinblick auf das Ordnen als auch auf das Schätzen in den Blick genommen werden.

Modul 4: Gewichtsmemory (ab Klasse 1)

Problemstellung: Den Kindern stehen verschiedene Gegenstände zur Verfügung, von denen immer zwei ungefähr gleich schwer sind (Abb. 8.15). Bei der Auswahl der Gegenstände muss darauf geachtet werden, dass die jeweiligen Paare einen deutlicheren Gewichtsunterschied untereinander aufweisen als die beiden Gegenstände eines Paares untereinander. Diese beiden Gegenstände sind versteckt durch das gleiche Symbol gekennzeichnet, sodass die Kinder ihre Vergleichsergebnisse anschließend kontrollieren können.

Abb. 8.15: Beispielpaare für ein Gewichtsmemory

Erarbeitung: „Spielt Gewichtsmemory und findet immer die beiden Gegenstände, die ungefähr gleich schwer sind."

Die Kinder spielen reihum in Partner- oder Gruppenarbeit Gewichtsmemory, indem immer ein Kind zwei Gegenstände paarweise manuell miteinander vergleicht. Wenn das Kind der Ansicht ist, dass die beiden Gegenstände nicht gleich schwer sind, legt es die Gegenstände zurück und das nächste Kind ist an der Reihe. Wenn das Kind der Ansicht ist, dass es ein Gleichgewichtspaar gefunden hat, überprüfen die anderen Kinder ebenfalls paarweise manuell, anschließend kann über die versteckte Paarmarkierung überprüft werden, ob es sich bei den beiden Gegenständen wirklich um ein Gleichgewichtspaar handelt. In diesem Fall werden die beiden Gegenstände vom Spielfeld genommen und das Kind darf sich einen Strich machen. Wer die meisten Gleichgewichtspaare gefunden hat, hat gewonnen.

Austausch: Die Kinder berichten, bei welchen Gegenständen ihnen der paarweise manuelle Gewichtsvergleich schwergefallen ist. Gemeinsam wird überlegt, woran das liegt.

Impulse zum Entdecken, Erklären, Begründen und Argumentieren:
- „Wie kann man herausfinden, welcher von zwei oder mehr Gegenständen schwerer/leichter/der schwerste/der leichteste ist?"
- „Sind die größeren Gegenstände auch am schwersten und die kleineren am leichtesten?"
- „Bei welchen Gegenständen hast du dich verschätzt?"
- „Bei welchen Gegenständen wart ihr euch nicht einig?"

Modul 5: Bauen einer Kleiderbügelwaage (ab Klasse 1)

Problemstellung: Der Gewichtsvergleich mit der Handwaage ist nicht immer eindeutig. Hierfür bietet sich der Gewichtsvergleich über eine Tafel- oder Balkenwaage an, da diese Waagentypen ebenfalls einen direkten Vergleich ermöglichen. Gleiches gilt für die selbst herstellbare Kleiderbügelwaage.

Anleitung zum Bau eine Kleiderbügelwaage
Du benötigst einen Kleiderbügel, zwei Tüten und eine Kordelschlaufe. Hänge an jede Seite des Kleiderbügels eine Tüte. Hänge den Bügel in die Kordelschlaufe, sodass der Bügel frei hängt. Du hältst nur die Kordelschlaufe fest. Nun kannst du die Gegenstände jeweils in eine Tüte legen und schauen, welcher Gegenstand schwerer ist.

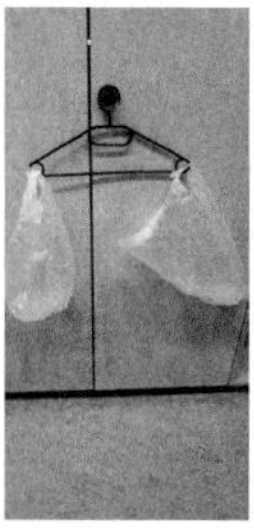

Abb. 8.16: Kleiderbügelwaage

Im Sitzkreis liegen zwei Gegenstände, die annähernd gleich schwer sind, sodass ein manueller Gewichtsvergleich nicht eindeutig durchführbar ist. „Welcher Gegenstand ist schwerer?“

Erarbeitung: „Baut mithilfe der Anleitung eine Kleiderbügelwaage. Vergleicht das Gewicht verschiedener Gegenstände zunächst mit den Händen. Überprüft euer Ergebnis mithilfe der Kleiderbügelwaage. Notiert eure Ergebnisse und Entdeckungen im Größenheft.“

Austausch: Die Kinder berichten, bei welchen Gegenständen ihr paarweiser manueller Vergleich zu einem falschen Ergebnis geführt hat. Es wird überlegt, wodurch das falsche Gefühl entstanden sein könnte.

Impulse zum Entdecken, Erklären, Begründen und Argumentieren:
- „Woran kann man beim Wiegen mit der Kleiderbügelwaage erkennen, welcher Gegenstand der schwerere/leichtere ist?“
- „Bei welchen Gegenständen bist du beim Handvergleich zu einem anderen Ergebnis gekommen als die Kleiderbügelwaage?“
- „Woran kann es gelegen haben, dass der manuelle Vergleich nicht zum richtigen Ergebnis geführt hat?“

8.4.2 Messen

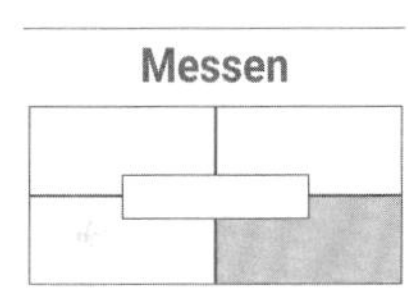

Mit den folgenden Modulen erwerben die Kinder Wissen über verschiedene Waagen; sie sammeln Messerfahrungen und erlernen so den Umgang mit Waagen. Dabei spielt auch der Umgang mit verschiedenen Einheiten sowie das Rechnen mit Maßangaben eine Rolle.

Modul 6: Messwerkzeuge (Waagen) kennenlernen (Klasse 3)

Problemstellung: In der Mitte des Sitzkreises stehen verschiedene Waagen (Tafelwaage, analoge Küchenwaage, digitale Küchenwaage, Briefwaage, Personenwaage, Federwaage) sowie Karten mit den Namen der Waagentypen. Gemeinsam werden die Namen der Messwerkzeuge geklärt.

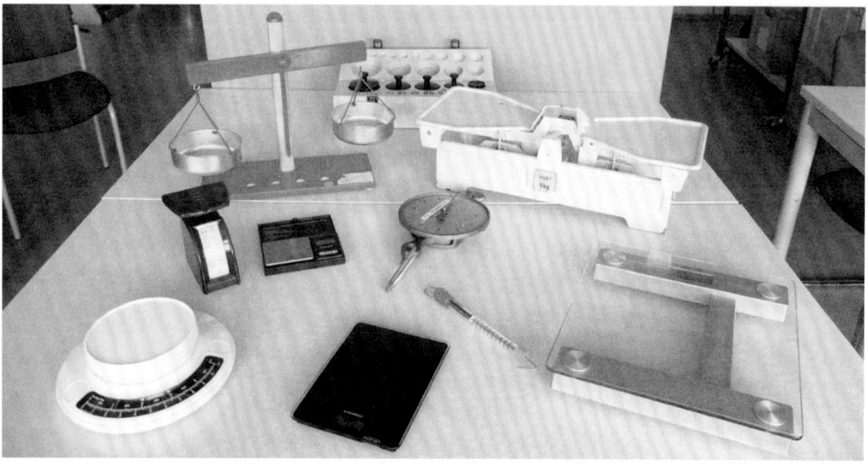

Abb. 8.17: Auswahl an verschiedenen Waagen

Es werden verschiedene Gegenstände ergänzt, deren Gewicht jeweils mithilfe der Waagen bestimmt werden soll. Gemeinsam wird überlegt, welche Waage jeweils geeignet ist. Es werden weitere Gegenstände benannt, die mit den jeweiligen Waagen gewogen werden können.

Erarbeitung 1: „Bestimmt das Gewicht der Gegenstände. Wiegt jeden Gegenstand mit mindestens zwei unterschiedlichen Waagen aus. Dokumentiert in eurem Größenbuch, wie schwer die Gegenstände sind und überlegt, welche Waage ihr jeweils am besten findet."

Zwischenaustausch:
Die Kinder tauschen sich über ihre Erfahrungen aus. Dabei kann u. a. thematisiert werden, was „passiert", wenn man versucht, ein Gummibärchen mit der Personenwage auszuwiegen.

Erarbeitung 2:
„Erstellt ein Infoplakat zu ‚eurer' Waage:
- Wie heißt die Waage?
- Wie nutzt man diese Waage?
- Für welche Gegenstände ist diese Waage besonders gut geeignet?
- Wie kann eine solche Waage noch aussehen?"

Den Kindern sollte in dieser Arbeitsphase neben der zur Verfügung stehenden Waage eine Auswahl an unterschiedlichen Waagenbildern zur Verfügung stehen, die in das Infoplakat integriert werden können.

Austausch: Die Kinder stellen sich gegenseitig die einzelnen Waagen mithilfe der Plakate vor. Dabei kann auch noch einmal für jede Waage geklärt werden, wie man das Gewicht abliest. Es besteht die Möglichkeit für Rückfragen, Ergänzungen und eventuelle Korrekturen.

Impulse zum Entdecken, Erklären, Begründen und Argumentieren:
- „Warum kann man das Gewicht eines Gummibärchens nicht mit der Personenwaage bestimmen?"
- „Gibt es (eine) Waage(n), bei (der) denen es dir leichter fällt, das Gewicht abzulesen? Woran liegt das?"
- „Bei welchen Gegenständen kannst du das Gewicht besonders gut mit einer Balkenwaage/Personenwaage/Briefwaage/... bestimmen?"
- „Wie kann man mit der Waage das Gewicht bestimmen?"

Modul 7: Gewichtsbestimmung von Gegenständen (Klasse 3)

Problemstellung: Es stehen verschiedene Alltagsgegenstände und unterschiedliche Waagentypen zur Verfügung: „Wie schwer sind die einzelnen Gegenstände?"

Erarbeitung (Partnerarbeit): „Bestimmt das Gewicht der Gegenstände mit einer Waage eurer Wahl. Notiert für jeden Gegenstand das erhaltene Gewicht in eurem Größenbuch. Gebt auch an, mit welcher Waage ihr gewogen habt."

Austausch: Die Kinder vergleichen ihre Messergebnisse mit denen eines anderen Paares (die ggf. sogar mit einer anderen Waage gearbeitet haben). Sie tauschen sich über eventuell abweichende Messergebnisse aus.

Im Plenum wird anschließend überlegt werden, warum die Gewichtsangaben manchmal unterschiedlich sind und welche Abweichung als „tolerabel" akzeptiert werden kann.

Impulse zum Entdecken, Erklären, Begründen und Argumentieren:
- „Wie bestimmt man mit der Waage das Gewicht?"
- „Wie kann man (bei einer analogen Waage) die Skaleneinteilung verstehen?"
- „Wie kann es sein, dass zwei Waagen für den gleichen Gegenstand unterschiedliche Gewichte angeben?"
- „Ab welchem Unterschied würdest du sagen, dass es sich um zwei verschiedene Gewichtsangaben handelt?"
- „Gibt es eine Waage, der du mehr vertraust? Woran liegt das und ist das gerechtfertigt?"

Modul 8: Paket packen (ab Klasse 3)

Einstieg: Beim Verschicken von Paketen gibt es preisabhängige Gewichtsklassen. Eine dieser Gewichtsklassen geht bis 5 kg. Gemeinsam soll ein Paket gepackt werden, das in dieser Gewichtsklasse bleibt, also nicht schwerer als 5 kg ist.

Es stehen verschiedene Gegenstände sowie ein Paketkarton zur Verfügung. Die bereitgestellte Waage hat nur einen Wägebereich bis 2 kg (beinhaltet dadurch auch das Rechnen mit Gewichtsangaben).

Erarbeitung: „Packt ein Paket, das nicht schwerer als 5 kg ist. Dokumentiert euer Vorgehen im Größenbuch und notiert, welche Gegenstände in eurem Paket sind."

Austausch: Zwei Gruppen vergleichen jeweils ihre Paketinhalte miteinander und überprüfen, ob das angestrebte Gesamtgewicht von maximal 5 kg eingehalten wurde.

Impulse zum Entdecken, Erklären, Begründen und Argumentieren:
- „Wie kann man herausfinden, wie schwer das Paket insgesamt ist?"
- „Wie kann man beim Packen vorgehen, um sich sicher zu sein, dass das Paket nicht zu schwer wird?"

Modul 9: Waffeln backen (ab Klasse 3)

Problemstellung:

<table>
<tr>
<td>Einmal pro Woche soll es frisch gebackene Waffeln für die ganze Klasse geben. Die Klasse wird in Gruppen eingeteilt, die abwechselnd dieses wöchentliche Waffelbacken übernehmen.

Den Schülerinnen und Schülern stehen ein Waffelrezept für sechs Waffeln, die benötigten Zutaten, Waagen, Schüssel, Rührgerät, Schöpfkelle und ein Waffeleisen zur Verfügung.</td>
<td>Waffelrezept (für sechs Waffeln)
Zutaten:
75 g weiche Butter
50 g Zucker
2 Eier
125 g Mehl
25 g Speisestärke
1 TL Backpulver
1 Prise Salz
150 ml Milch
Zubereitung:
1. Butter, Zucker und Eier schaumig schlagen.
2. Mehl, Speisestärke, Backpulver und Salz miteinander vermischen.
3. Das Mehlgemisch abwechselnd mit der Milch hinzufügen und immer gut verrühren.
4. Etwa 3 Esslöffel pro Waffel ins Waffeleisen geben und backen.</td>
</tr>
</table>

Erarbeitung: „Backt mithilfe des Rezepts Waffeln für die ganze Klasse!“

Austausch: Nach dem Backen kann mit den Gruppen jeweils das Vorgehen reflektiert werden:
- „Wie habt ihr euch überlegt, wie viel Teig ihr zubereiten müsst?“
- „Wie seid ihr beim Berechnen der Mengen vorgegangen?“
- „Habt ihr die Tara-Funktion der Waage genutzt?“

Impulse zum Entdecken, Erklären, Begründen und Argumentieren:
- „Wie viele Waffeln müsst ihr backen, damit sie für die ganze Klasse reichen?“
- „Wie müsst ihr vorgehen, wenn ihr die Tara-Funktion nicht nutzen möchtet?“

8.4.3 Stützpunkte

Stützpunkte

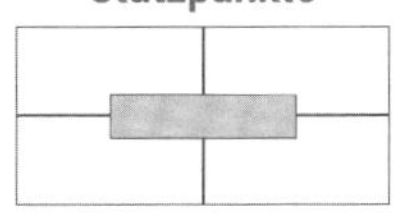

Stützpunktwissen und Stützpunktvorstellungen sind zentrale Voraussetzungen, um Schätzungen (mentale Vergleiche, mentale Messvorgänge) vornehmen zu können. Um diese für Schätzprozesse dauerhaft sowohl als Wissen als auch in der Vorstellung verfügbar zu machen, werden diese in den folgenden Modulen in Form von Repräsentanten-Tischen oder -Plakaten gesammelt und ausgestellt und darüber hinaus auch im Größenbuch (Rink 2014), das über die gesamte Grundschulzeit geführt wird, festgehalten. Ziel ist es, dass jedes Kind sich bewusst entscheidet, welche Repräsentanten es sich für verschiedene Standardgrößen und ggf. Vielfache dauerhaft merken will.

Modul 10: Repräsentanten-Tische (ab Klasse 3)

Problemstellung: In der Mitte des Sitzkreises liegt eine Auswahl an verschiedenen Gegenständen, die als Repräsentanten für 1 g, 10 g, 100 g und 1 kg dienen können sowie Karten, auf denen diese genannten Größen notiert sind.

Erarbeitung (Gruppenarbeit): „Sucht Gegenstände, die (ungefähr) 1 g (10 g), (100 g), (1 kg) wiegen. Überprüft das Gewicht der Gegenstände mit einer Waage. Wenn es passt, legt den Gegenstand auf den Repräsentanten-Tisch.

Notiere die gefundenen Gegenstände in deinem Größenbuch und markiere deinen Lieblingsrepräsentanten mit einem farbigen Stift.“

Abb. 8.18: Repräsentanten-Tische

Austausch: Die Gruppen stellen sich ihre Repräsentanten-Tische (in Anlehnung an Reuter 2015) gegenseitig vor. Dabei sollten sie auch die Repräsentanten nennen, die sie sich unbedingt merken wollen.

Impulse zum Entdecken, Erklären, Begründen und Argumentieren:
- „Wie habt ihr eure Gegenstände gefunden?“
- „Welche Dinge willst du dir zu den Gewichten 1 g, 10 g, 100 g, ... unbedingt merken?“
- „Gab es einen Gegenstand, bei dem ihr vermutet habt, dass er eigentlich leichter/schwerer ist?“

„Vergleicht eure Vermutung zunächst mit einem vorhandenen Repräsentanten durch einen Vergleich mit den Händen.“

Anschlussaktivitäten:
- Jedes Kind hält im Größenbuch auf einer Seite ganz hinten zu verschiedenen Standardgrößen fest, welche Dinge es sich dauerhaft merken will (Lieblingsrepräsentanten).
- Die Kinder suchen zu Hause nach weiteren Repräsentanten und bringen sie in die Schule mit, um sie ebenfalls auf die Repräsentanten-Tische zu legen.
- Die Repräsentanten-Tische können noch für die Größen 50 g, 250 g, 500 g erweitert werden.

Modul 11: Repräsentanten-Plakate (ab Klasse 3)

Problemstellung: Um insbesondere auch für größere Gewichte, die nicht mehr auf Repräsentanten-Tischen gesammelt werden können, Vorstellungen aufbauen zu können, bietet es sich an, in Gruppenarbeit Plakate zu gestalten, die einen Überblick über entsprechende Repräsentanten vermitteln. Hier gibt es zwei Möglichkeiten:
- Plakate zu weiteren Größen: 5 kg, 10 kg, 50 kg, 100 kg, 500 kg, 1 t;
- Plakate zu Gewichtsbereichen: 5 kg bis 10 kg, 10 kg bis 50 kg, 50 kg bis 100 kg, 100 kg bis 500 kg, 500 kg bis 1 t, schwerer als 1 t.

Gemeinsam wird überlegt, nach welchen Objekten gesucht werden kann (z. B. Tiere, Fahrzeuge, Bauobjekte).

Erarbeitung: „Recherchiert in Büchern oder im Internet, welche Objekte ungefähr so schwer sind, dass sie zu eurem Plakat passen. Druckt Bilder der Objekte aus, klebt sie auf das Plakat und beschreibt das Objekt kurz. Notiert auch das angegebene Gewicht."

Austausch: Die Gruppen stellen sich gegenseitig die Plakate vor.

Impulse zum Entdecken, Erklären, Begründen und Argumentieren:
- „Wie seid ihr bei eurer Suche vorgegangen?"
- „Welches Gewicht hat euch überrascht?"

Anschlussaktivität: Es können weitere thematische Plakate entstehen, z. B. „Die schwersten/leichtesten Tiere der Welt". Die Vorstellungen zu den jeweiligen Gewichtsangaben können durch das In-Beziehung-Setzen zu anderen Gewichten ausgebaut werden.

Modul 12: Superschwergewichte (Klasse 4)
Problemstellung: Ausgehend von einem Videoclip (z. B. YouTube), der einen Schwertransport zeigt, wird darüber gesprochen, dass es sehr schwere Gegenstände gibt, die transportiert werden müssen (in Anlehnung an Anders 2008).

Erarbeitung (Gruppenarbeit): „Welche Gegenstände werden mit einem Schwertransporter durch das Land gefahren und wie schwer sind diese Gegenstände? Dokumentiert eure Ergebnisse im Größenbuch.
- Findet Gegenstände, die mit einem Schwertransporter transportiert werden.
- Wie schwer sind diese Gegenstände? Wie groß sind diese Gegenstände?
- Findet ihr das Gewicht im Vergleich zu seiner Größe eher leicht, passend oder eher schwer?
- Findet ihr Dinge, die noch schwerer sind, als die Gegenstände, die mit einem Schwertransporter transportiert werden?
- ..."

Austausch: Die Gruppen tauschen sich über ihre recherchierten Ergebnisse aus. Dabei kann thematisiert werden, dass eine Gewichtseinschätzung in „leicht", „schwer" oder „sehr schwer" abhängig vom Kontext ist.

Impulse zum Entdecken, Erklären, Begründen und Argumentieren:
- „Wie seid ihr bei eurer Recherche vorgegangen?“
- „Welche(s) Gewicht(e) hat (haben) euch überrascht?“
- „Bei welchen Dingen würdest du sagen, dass sie ‚sehr schwer‘ sind?“
- „Kennst du noch andere Dinge, die ‚sehr schwer‘ sind?“

Mögliche Anschlussaktivität:
- Jedes Kind hält im Größenbuch auf einer Seite ganz hinten zu verschiedenen Standardgrößen fest, welche Dinge es sich dauerhaft merken will.

8.4.4 Schätzen

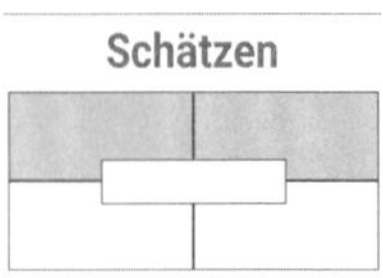

Es wird zwischen qualitativem und quantitativem Schätzen unterschieden. Beim qualitativen Schätzen werden zwei Gewichte mental verglichen (schwerer, leichter, gleich schwer). Beim quantitativen Schätzen wird ein Gewicht durch mentales Messen durch eine ungefähre Gewichtsangabe unter Rückgriff auf Stützpunktvorstellungen bestimmt. Dabei kann das zu schätzende Objekt, das Vergleichsobjekt, beide oder keines vorliegen. Wenn beide Objekte vorliegen, also das Gewicht durch Hochheben (nacheinander!) wahrgenommen werden kann, dann ist das Schätzen einfacher, als wenn nur eines der Objekte oder keines vorliegt. Der Vergleichs- oder Messvorgang muss aber in jedem Fall mental vorgenommen werden, sonst sprechen wir nicht von Schätzen, sondern von Vergleichen oder Messen. Wird beim qualitativen und quantitativen Schätzen nicht auf Stützpunkte zurückgegriffen, handelt es sich um Raten. Deswegen ist es wichtig, dass die Kinder dazu angeregt werden, sich ihre Lieblingsrepräsentanten aus den vorangegangenen Modulen beim Schätzen mental vorzustellen.

In den folgenden Modulen werden sowohl grundständige als auch eine eingebettete Schätzaufgabe vorgestellt.

Modul 13: Gewichte schätzen 1 (ab Klasse 3)

Problemstellung: Es stehen verschiedene Gegenstände im Gewichtsbereich bis 5 kg zur Verfügung. Dieses Modul sollte wiederholt mit verschiedenen Gegenständen angeboten werden: *Wie schwer sind die einzelnen Gegenstände?* Bevor die Kinder mit der Schätzaufgabe beginnen, wird das Vorgehen beim Schätzen thematisiert. Bei den ersten Schätzungen können die Kinder zunächst noch ihre Lieblingsrepräsentanten hochheben (vgl. Modul 10), um sich die Gewichtsvorstellung in Erinnerung zu rufen – es darf jedoch kein gleichzeitiges (paarweises) Hochheben erfolgen, da es sich sonst um einen konkreten Vergleich handelt. Wenn die Kinder bereits über gute Gewichtsvorstellungen zu ihren Lieblingsrepräsentanten verfügen, sollte dazu übergegangen werden, dass die Kinder sich das Gewicht des Lieblingsrepräsentanten nur noch vorstellen.

Erarbeitung: „Schätze das Gewicht der einzelnen Gegenstände. Nutze dafür deine Lieblingsrepräsentanten. Notiere das geschätzte Gewicht in deinem Größenbuch. Überprüfe anschließend das Gewicht des Gegenstandes mit einer Waage. Wie gut hast du geschätzt?“

Austausch: Die Kinder tauschen sich über ihre Schätzstrategien aus. Außerdem sollte über die Schätzgenauigkeit und mögliche Gründe für eine Abweichung gesprochen werden.

Impulse zum Entdecken, Erklären, Begründen und Argumentieren:
- „Welchen Lieblingsrepräsentanten hast du für das Schätzen des Gegenstandes ausgewählt?“
- „Was hast du dir vorgestellt/überlegt, als du deinen Lieblingsrepräsentanten mit dem Gegenstand verglichen hast?“
- „Welchen Lieblingsrepräsentanten wählst du aus? Warum denkst du, dass er passend ist?“
- „Wann denkst du, dass du gut geschätzt hast?“
- „Was könnte ein Grund dafür sein, dass deine Schätzung so stark abweicht?“

Mögliche Anschlussaktivität:
- Das Modul kann auch mit Alltagsgegenständen im unteren Gewichtsbereich (bis ungefähr 50 g) durchgeführt werden (Abb. 8.19).

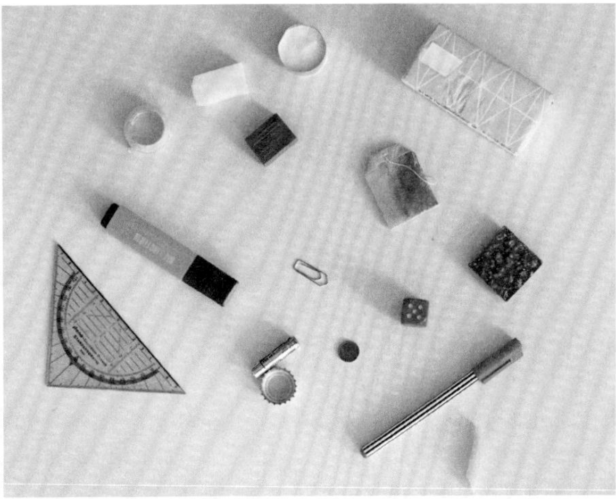

Abb. 8.19:
Übersicht über mögliche Gegenstände im unteren Gewichtsbereich

Modul 14: Sandtüten füllen (ab Klasse 3)

Problemstellung: Den Kindern stehen leere Tüten, Sand und ein Esslöffel zur Verfügung: Wie schwer ist 1 kg (1 g/10 g/100 g/500 g)?

Erarbeitung:
„Fülle in eine Tüte so viel Sand, dass die Tüte 1 kg (1 g/10 g/100 g/500 g) schwer ist. Wenn du alle Tüten befüllt hast: Überprüfe das Gewicht der ‚100g-Tüte'. Um wie viel hast du dich verschätzt?"

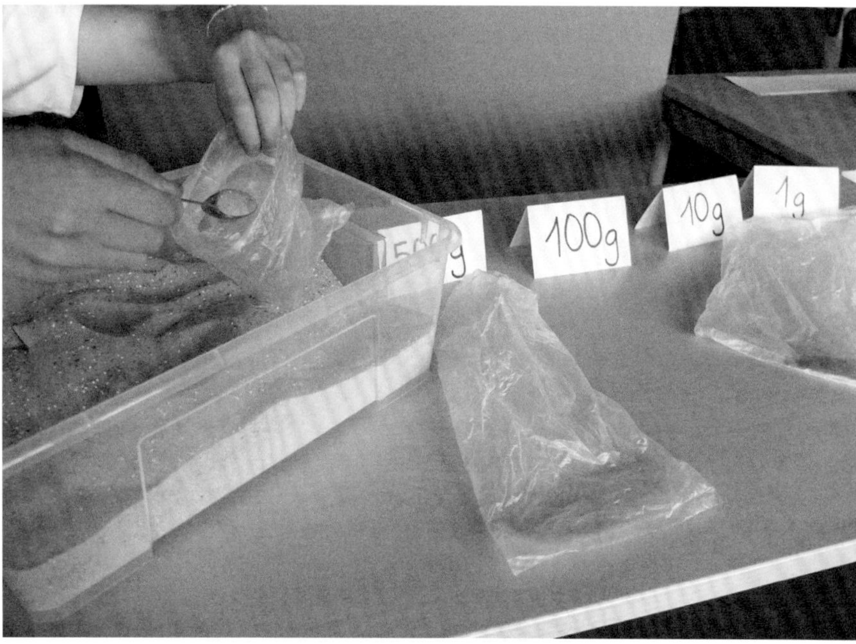

Abb. 8.20: Abfüllen der Sandmengen

„Korrigiere mithilfe der Waage das Gewicht in der ‚100g-Tüte'. Versuche nun, das Gewicht in den anderen Tüten zunächst ohne Waagennutzung anzupassen.

Überprüfe anschließend das Gewicht von allen Tüten mit einer Waage und notiere das jeweilige Gewicht in deinem Größenbuch: Um wie viel hast du dich verschätzt?"

Austausch: Die Kinder tauschen sich über ihre Schätzstrategien inklusive der genutzten Stützpunktrepräsentanten aus. Darüber hinaus kann thematisiert werden, welche Abweichung als passend akzeptiert werden kann.

Impulse zum Entdecken, Erklären, Begründen und Argumentieren:

- „Denkst du beim Abfüllen an das Gewicht eines anderen Gegenstandes?"
- „Welchen Gegenstand kannst du dir beim Abfüllen vorstellen, sodass es dir hilft?"
- „Kennst du etwas, das ungefähr 1 kg (1 g/250 g/500 g) wiegt?"
- „Vergleiche die Sandmengen der ‚1g-Tüte' und der ‚1kg-Tüte' (‚500 g-Tüte' vs. ‚1kg-Tüte'/‚250-Tüte' vs. ‚1 kg-Tüte') – passt das Verhältnis?"
- „Wie viel leichter oder schwerer darf die ‚1kg-Tüte' sein, damit man sagen kann, dass sie ‚ungefähr' 1 kg wiegt? Wie sieht das bei der ‚1g-Tüte' aus?"

Modul 15: Kann das stimmen? (ab Klasse 3)

Es gibt viele verschiedene „Kann-das-stimmen-Aufgaben", bei denen der Umgang mit dem Größenbereich *Gewichte* im Vordergrund steht.[39] Ein möglicher Bearbeitungsablauf wird im Folgenden an einer Aufgabe vorgestellt.

Problemstellung: Im Klassenplenum wird eine Kann-das-stimmen-Aufgabe vorgestellt: „Das Toilettenpapier, das in deiner Schule im Jahr verbraucht wird, wiegt mehr als 1000 Kilogramm. Kann das stimmen?" (Ruwisch & Schaffrath 2009). Es werden erste Vermutungen gesammelt und Begründungen für die Vermutungen erfragt. Dabei kann auch eine Packung Toilettenpapier gezeigt und gemeinsam überlegt werden, wie schwer eigentlich 1000 Kilogramm sind.

Erarbeitung: „Findet heraus, ob die Aussage stimmt."
Die Kinder bearbeiten die Aufgaben zu zweit. Dabei müssen zunächst verschiedene Angaben geschätzt oder recherchiert werden, die z. B. folgende Fragen beantworten:

- „Wie schwer ist eine Rolle Toilettenpapier?"
- „Wie häufig geht ein Kind am Tag auf die Toilette?"
- „Wie viel Toilettenpapier wird jedes Mal verbraucht?"
- „Wie viele Kinder besuchen unsere Schule?"
- ...

Die geschätzten Angaben müssen anschließend passend miteinander verrechnet werden. Die Bearbeitung wird im Größenbuch festgehalten.

Austausch: Die Kinder stellen ihre Ergebnisse vor (ggf. mithilfe einer Dokumentenkamera). Es wird über die verschiedenen Annahmen (geschätzte und recherchierte Zahlen) gesprochen und diskutiert, inwieweit diese passend sind mit dem Ziel, die jeweiligen Ergebnisse auf ihre Angemessenheit

39 In der Kartei Ruwisch & Schaffrath (2022) finden sich zahlreiche weitere Aufgaben zu Gewichten.

zu überprüfen. Darüber hinaus kann überlegt werden, warum das Ergebnis ggf. von der eingangs getroffenen Vermutung abweicht.

Impulse zum Entdecken, Erklären, Begründen und Argumentieren:
- „An wie vielen Tagen geht ihr nicht zur Schule?“
- „Gehen nur die Kinder zur Toilette?“
- „Wie kommst du zu deiner Annahme von ...?“
- „Wie kann man diese Annahme begründen?“
- „Wie kann man diese Annahme überprüfen?“
- „Warum findest du die Vorgehensweise von ... überzeugend/nicht überzeugend?“

Modul 16: Gewicht von Tierkindern (ab Klasse 4)
Vorbereitetes Material:
- Bilder von ausgewachsenen Tieren: Eisbär, Hauskaninchen, Kaiserpinguin, Känguru, Katze, Schwarzbär, Schwein, Tiger; Tierbabys der Tiere;
- Repräsentanten für das Geburtsgewicht: Büroklammer, Tafel Schokolade (100 g), mit Wasser gefüllte Tasse (350 g), Tube Klebstoff (40 g), Locher (400 g), Packung Nudeln (500 g), mit Wasser gefüllte 0,75 l-Glasflasche (1,4 kg);
- Übersicht, aus der hervorgeht, welcher Gegenstand das jeweilige Geburtsgewicht repräsentiert (kann der Übersicht in Abb. 8.21 entnommen werden);
- Übersicht, die die Gewichte der jeweils ausgewachsenen Tiere enthält (kann der Übersicht in Abb. 8.21 entnommen werden).

Tier	Ungefähres Geburtsgewicht	Möglicher Repräsentant für das Geburtsgewicht	Ungefähres Gewicht des ausgewachsenen Tieres
Känguru	0,8 g	10€-Geldschein	45 kg
Hauskaninchen	40 g	Klebestift	3 kg
Katze	100 g	Tafel Schokolade	4 kg
Schwarzbär	350 g	mittelgroßes Buch	120 kg
Kaiserpinguin	400 g	gefülltes Marmeladenglas	30 kg
Eisbär	500 g	Packung Nudeln	650 kg
Schwein	1,4 kg	großes Buch	220 kg
Tiger	1,4 kg	gefüllte 0,75 l Glasflasche	320 kg

Abb. 8.21: Übersicht über mögliche Tiere, ihr jeweiliges (Geburts-)Gewicht sowie mögliche Repräsentanten für das Geburtsgewicht

Problemstellung: In der Kreismitte liegen die Bildkarten der ausgewachsenen Tiere sowie die Repräsentanten für das Geburtsgewicht: *Wie schwer waren diese Tiere* (Bildkarten) *bei ihrer Geburt?* (in Anlehung an Rink & Lemensiek 2018)

Erarbeitung 1: „Überlegt, welches Tier bei seiner Geburt so schwer wie eine Büroklammer war? Welches Tier war so schwer wie ...? Notiert eure Zuordnung im Größenbuch und vergleicht sie mit dem Kontrollzettel. Korrigiert eure Zuordnung, wenn nötig.

Schätzt das Gewicht der Gegenstände. Notiert eure Schätzung im Größenbuch und überprüft sie anschließend mit einer Waage."

Austausch 1: Die Kinder tauschen sich darüber aus, wie sie beim Zuordnen vorgegangen sind und welche Geburtsgewichte sie überrascht haben. Darüber hinaus kann ein Austausch über Schätzstrategien erfolgen.

Erarbeitung 2: „Wie schwer sind die ausgewachsenen Tiere? Notiere deine Schätzungen im Größenbuch und vergleiche sie anschließend mit dem angegebenen Gewicht auf den Infokarten. Wie gut hast du geschätzt?

Rechne aus: Wie viel haben die Tiere jeweils zugenommen? Welches Tier hat am meisten zugenommen? Welches Tier hat am wenigsten zugenommen?"

Austausch 2: Die Kinder tauschen sich darüber aus, wie viel die Tiere jeweils zugenommen haben.

Abschließende Problemstellung: Abschließend wird ein Bezug zum eigenen Geburtsgewicht der Kinder hergestellt:

Das Känguru ist, wenn es ausgewachsen ist, 50.000-mal so schwer wie bei seiner Geburt. Mithilfe eines Taschenrechners rechnet jedes Kind für sich aus, wie schwer es selbst würde, wenn es so viel zunähme wie ein Kängurubaby (die Rechnung wird vorgegeben: Geburtsgewicht in kg mal 50.000). Welcher Gegenstand ist so schwer?

Erarbeitung 3: „Recherchiert in Büchern oder im Internet, welche Objekte ungefähr 175 t wiegen. Druckt oder malt ein Bild von dem Objekt und klebt es in euer Größenbuch unter die Überschrift: ‚Wenn ich so viel zunähme wie ein Kängurubaby, wäre ich, wenn ich erwachsen bin, so schwer wie ein ...'"

Impulse zum Entdecken, Erklären, Begründen und Argumentieren:

- „Welche Repräsentanten nutzt du für die Schätzungen?“
- „Wie gehst du beim Schätzen vor?“
- „Ordne die Bildkarten der ausgewachsenen Tiere nach dem Gewicht, bevor du das Gewicht schätzt.“
- „Welches Gewicht findest du besonders überraschend?“
- „Ist das Tier, das bei der Geburt am leichtesten/schwersten war, auch am leichtesten/schwersten, wenn es ausgewachsen ist?“

Weitere Unterrichtsideen zu Gewichten finden sich in

Grundschule Mathematik, H. 19, 2008, Größen und Sachrechnen: Gewichte
Mathematik differenziert, H. 4, 2015, Gewichte – Wie schwer ist die Welt?

Einzelartikel

Rink, R. & Lemensiek, A. (2018). „Wie viel Nahrung sammelt ein Eichhörnchen für den Winter?“ Gemeinsam Größenvorstellungen im Größenbereich Gewicht aufbauen. In: Benölken, R., Berlinger, N. & Veber, M. (Hrsg.). Alle zusammen! Offene, substantielle Problemfelder als Gestaltungsbaustein für inklusiven Mathematikunterricht. Münster: WTM Verlag, S. 218–239.

Größenbereichsübergreifende Themenhefte

Grundschule Mathematik
H. 41, 2014, Vom Raten zum Schätzen
H. 47, 2015, Größen messen
H. 58, 2018, Üben in Sachstrukturen
H. 61, 2019, Längen in Bezug zu anderen Größen
H. 69, 2021, Stützpunktvorstellungen

Mathematik differenziert
H. 3, 2020, Größen schätzen, messen, rechnen

Grundschulunterricht Mathematik
H. 2, 2019, Größenvorstellungen entwickeln

Mirwald, E. & Rink, R. (2021). Zahlen und Größen gemeinsam unterrichten und für besseres Verstehen sorgen. Klassen 1 bis 4. Berlin: Cornelsen Verlag.

Literatur

Ale, S. O. (1989). Estimation abilities: an investigation of competence in the basics. In: International Journal of Mathematical Education in Science and Technology, 20(4), S. 543–549.

Anders, K. (2008): Auf der Suche nach Superschwergewichten. In: Grundschule Mathematik, H. 19, S. 32–35.

Assmus, Daniela (2012). Arbeitsmittel zum Thema „Zeit". Im Unterricht selbst Arbeitsmittel herstellen. In: Mathematik differenziert, 3 (4), S. 36–41.

Baireuther, P. (1999). Mathematikunterricht in den Klassen 1 und 2. Donauwörth: Auer Verlag.

Balins, M., Dürr, R., Franzen-Stephan, N., Gerstner, P., Plötzer, U., Strothmann, A. et al. (2015). Fredo 2 Mathematik. Schülerbuch. München: Oldenbourg Schulbuchverlag.

Battista, M. (2003). Understanding Students' Thinking about Area and Volume Measurement. In: D. H. Clements & G. Bright (Hrsg.). Learning and Teaching Measurement. Nationale Council of Teachers and Mathematics, Yearbook. Reston, S. 122–142.

Battista, M. (2012). Cognition-based assessment and teaching of geometric measurement: Building on students' reasoning. Portsmouth, NH: Heinemann.

Becker, N. (2009). Entwicklung des Größenverständnisses von Vor- und Grundschulkindern. Offenburg: Mildenberger.

Benz, C. & Cheeseman, J. (2015). „Tricky" Party Bags. Kinder vergleichen und ordnen Gewichte. In: Mathematik differenziert, H. 4, S. 16–21.

Benz, C., Peter-Koop, A. & Grüßing, M. (2015). Frühe mathematische Bildung. Mathematiklernen der Drei- bis Achtjährigen. Berlin, Heidelberg: Springer.

Bönig, D. (2001). „Das Ungefähre der richtigen Antwort". Zur Bedeutung des Schätzens beim Umgang mit Größen. In: Die Grundschulzeitschrift, H. 141(15), S. 43–45.

Bönig, D. (2008). Schätzen – der Anfang guter Aufgaben. In S. Ruwisch & A. Peter-Koop (Hrsg.). Gute Aufgaben im Mathematikunterricht (S. 102–110). Offenburg: Mildenberger.

Bönig, D. & Thöne, B. (2011). Längenvorstellungen entwickeln. Arbeit mit dem Bilderbuch „Der 99-Zentimeter-Peter". In: Mathematik differenziert, H. 2 (2011) 4, S. 12–17.

Boulton-Lewis, G., Wilss, L. & Mutch, S. (1996). Analysis of young children's strategies and the use of devices for measurement. In: Journal of Mathematical Behavior, H. 3, S. 329–347.

Bräunling, K. & Reuter, D. (2022). Messen und Größen. In: J. Leuders & K. Philipp (Hrsg.). Mathematik – Didaktik für die Grundschule (6. Auflage) (S. 45–59). Berlin: Cornelsen.

Bruder, R., Hefendehl-Hebeker, L., Schmidt-Thieme, B. & Weigand, H.-G. (2015). Handbuch der Mathematikdidaktik. Berlin, Heidelberg: Springer.

Bruner, J. S. (1973). Der Prozeß der Erziehung (3. Aufl.). Berlin: Berlin Verlag.

Burny, E., Valcke, M. & Desoete, A. (2012). Clock Reading: An Underestimated Topic in Children With Mathematics Difficulties. In: Journal of Learning Disabilities, H. 45 (4), S. 351–360.

Carle, E. (2011). Der kleine Käfer Immerfrech. Hildesheim: Gerstenberg Verlag.

Carpenter, T. P. (1975). Measurement concepts of first- and second-grade students. In: Journal for Research in Mathematics Education, H. 6 (1), S. 3–13.

Claar, A. (1996). Was kostet die Welt? Berlin, Heidelberg: Springer.

Clements, D. H. & Sarama, J. (2014). Early childhood mathematics education research. Learning trajectories for young children. Second Edition. New York [u. a.]: Routledge.

Corle, C. G. (1960). A Study of the Quantitative Values of Fifth and Sixth Grade Pupils. In: The Arithmetic Teacher, H. 7(7), S. 333–340.

Crawford, B. M. & Zylstra, E. W. (1952). A Study of High School Seniors Ability to Estimate Quantitative Measurements. In: The Journal of Educational Research, H. 46(4), S. 241–248.

Curry, M. & Outhred, L. (2005). Conceptual Understanding of Spatial Measurement. In: P. Clarkson, A. Downton, A. McDonough, R. Pierce, A. Roche, M. Horne & D. Gronn (Hrsg.). MERGA 28 Building Connections: Theory, Research and Practice. In: Mathematics Education Research Group of Australasia, S. 265–272.

Deutscher, T. (2012). Arithmetische und geometrische Fähigkeiten von Schulanfängern: Eine empirische Untersuchung unter besonderer Berücksichtigung des Bereichs Muster und Strukturen. Wiesbaden: Vieweg+Teubner Verlag.

Emmrich, A. (2008). Ein Vortest zu Gewichtsvorstellungen. In: Grundschule Mathematik, H. 19, S. 14–19.

Forrester, M. A. & Shire, B. (1994). The Influence of Object Size, Dimension and Prior Context on Children's Estimation Abilities. In: Educational Psychology, H. 14 (4), S. 451–465.

Fraedrich, A. M. (1991). Flächenauslegen in der 1./2. Klasse. In: Grundschule, 23(2), S. 20–24.

Franke, M. (2003). Didaktik des Sachrechnens in der Grundschule. Heidelberg: Spektrum.

Franke, M. & Kurz, A. (2003). Beim Einkaufen kenne ich mich aus – wirklich? In: Journal für Mathematik-Didaktik, H. 3/4, S. 190–210.

Franke, M. & Reinhold, S. (2016). Didaktik der Geometrie in der Grundschule. Berlin, Heidelberg: Springer Spektrum.

Franke, M. & Ruwisch, S. (2010). Didaktik des Sachrechnens in der Grundschule. Heidelberg: Spektrum.

Frenzel, L. & Grund, K.-H. (1991a). Umgang mit Größen: Fachlich exakt – trotzdem schülergemäß. In: Mathematik lehren, H. 45, S. 10–13.

Frenzel, L. & Grund, K.-H. (1991b). Wie „groß" sind Größen? In: Mathematik lehren, H. 45, S. 14–24.

Gatzka, S. & Levenig, A. (2009). Interviewleitfaden zur Erfassung von Stützpunktvorstellungen von Zweit- und Viertklässlern am Beispiel Längen. Verfügbar unter https://sli-dex.tips/download/sttzpunktvorstellungen-am-beispiel-lngen (Zugriff: 12.09.2019).

Grassmann, M. (2000). Kinder wissen viel: zusammenfassende Ergebnisse einer mehrjährigen Untersuchung zu mathematischen Vorkenntnissen von Grundschulkindern. Hannover: Schroedel.

Grassmann, M. (2001). „Fast jede Sache auf der Welt wiegt irgendetwas": Zum Umgang mit Gewichten. In: Die Grundschulzeitschrift, H. 141(15), S. 20–22.

Grassmann, M., Klunter, M., Köhler, E., Mirwald, E. & Raudies, M. (2005). Kinder wissen viel – auch über die Größe Geld? (Teil 1). Potsdam: Universitätsverlag Potsdam.

Grassmann, M., Klunter, M., Köhler, E., Mirwald, E. & Raudies, M. (2006). Kinder wissen viel. Auch über die Größe Geld? (Teil 2). Potsdam: Universitätsverlag Potsdam.

Grassmann, M., Klunter, M., Köhler, E., Mirwald, E., Raudies, M. & Thiel, O. (2008). Kinder wissen viel – auch über die Größe Geld? (Teil 3). Potsdam: Universitätsverlag Potsdam.

Grund, K.-H. (1992). Größenvorstellungen – eine wesentliche Voraussetzung beim Anwenden von Mathematik. Grundschule, H. 12(24), S. 42–44.

Hasemann, K. & Gasteiger, H. (2020). Anfangsunterricht Mathematik (4. Aufl.). Berlin: Springer Spektrum.

Heid, L.-M. (2018). Das Schätzen von Längen und Fassungsvermögen. Eine Interviewstudie zu Strategien mit Kindern im 4. Schuljahr. Wiesbaden: Springer Fachmedien Wiesbaden. DOI 10.1007/978-3-658-18874-0.

Hinze, G. (2007): Selbst gebaute Zeitmesser. In: Grundschule Mathematik, H. 13, S. 10–13.

Hinze, G. (2008). Leichter oder schwerer? In: Grundschule Mathematik, H. 19, S. 10–13.

Hinze, G. (2012). Stützpunktvorstellungen aufbauen. In: Grundschule Mathematik, H. 34, S. 18–23.

Hoth, J., Heinze, A., Weiher, D. F., Ruwisch, S., Huang, H.-M. E. (2020). Ob lang oder kurz, berührbar oder nicht: Ist die Längenschätzkompetenz eindimensional? In: H.-S. Siller, W. Weigel & J. F. Worler (Hrsg.). Beiträge zum Mathematikunterricht 2020. Münster: WTM-Verlag, doi: 10.37626/GA9783959871402.0.

Jacobey, S. (2019). Wir untersuchen Waagen und ihre Skalen. Skalen an Waagen analysieren und erstellen. In: Grundschule Mathematik, H. 61, S. 14–17.

Kamii, C. & Clark, F. B. (1997). Measurement of Length: The Need for a Better Approach to Teaching. In: School Science and Mathematics, H. 97 (3), S. 116–121.

Kamii, C. & Russell, K. A. (2012). Elapsed Time: Why Is It So Difficult to Teach? In: Journal for Research in Mathematics Education, H. 43 (3), S. 296–315.

Kirschner, A. & Reinhold, S. (2012). Raumvorstellung schulen beim Umgang mit der Zeit. In: Mathematik differenziert, H. 3 (4), S. 28–35.

Klunter, M., Raudies, M. & Penk, J. (2010): Wie schwer ist ein Apfel? Größenvorstellungen bei Drittklässlern. In: Grundschulunterricht Mathematik, H. 4 (57), S. 8–12.

(KMK) Ständige Konferenz der Kultusminister (2022). Bildungsstandards im Fach Mathematik Primarbereich. Berlin, Bonn. Verfügbar unter https://www.kmk.org/themen/qualitaetssicherung-in-schulen/bildungsstandards.html (Zugriff: 12.01.2023).

Krauthausen, G. (2018). Einführung in die Mathematikdidaktik – Grundschule. 4. Auflage. Berlin: Springer.

Lafrenz, H. & Eichler, K. P. (2004). Vorerfahrungen von Schulanfängern zum Vergleichen und Messen von Längen und Flächen. In: Grundschulunterricht, H. 7/8, S. 42–47.

Lobemeier, K. R. (2005). Welche Leistungen erbringen Viertklässler bei Aufgaben zum Thema Größen? Untersuchungen zur mathematisch-naturwissenschaftlichen Kompetenz im Grundschulalter im Rahmen von IGLU. Verfügbar unter https://d-nb.info/977261212/34 (Zugriff: 12.09.2019).

Lörcher, G. A. (2000). Zur Entwicklung der Zahlvorstellung. Beiträge zum Mathematikunterricht 2000 (S. 402–404). Hildesheim: Franzbecker.

Lorenz, J. H. (2005). Länge – Größe und Denkformat. In: Grundschule Mathematik, H. 5 (2), S. 4–6.

Lorenz, J. H. (2012). Kinder begreifen Mathematik. Frühe mathematische Bildung und Förderung. Stuttgart: Kohlhammer.

Lüken, M. (2012). Der kleine Käfer Immerfrech. Die volle Stunde im fächerübergreifenden Anfangsunterricht. In: Mathematik differenziert, H. 3 (4), S. 14–18.

Mirwald, E. & Rink, R. (2021). Zahlen und Größen gemeinsam unterrichten und für besseres Verstehen sorgen. Berlin: Cornelsen.

Möller, R. (1997). Zur Entwicklung von Preisvorstellungen bei Kindern. In: Journal für Mathematik-Didaktik, H. 4, S. 285–316.

Nührenbörger, M. (2001). „Jetzt wird's schwer. Mit Stäben messen, kenn' ich nicht": Messgeräte und Maßeinheiten von Anfang an. In: Die Grundschulzeitschrift, H. 141(15), S. 16–19.

Nührenbörger, M. (2002). Denk- und Lernwege von Kindern beim Messen von Längen. Theoretische Grundlegung und Fallstudien kindlicher Längenkonzepte im Laufe des 2. Schuljahres. Hildesheim; Berlin: Franzbecker.

Nührenbörger, M. (2004). Das Mess-Denken von Kindern im Kontext von Längen. Herausforderungen und Anreiz für den Unterricht. In: P. Scherer & D. Bönig (Hrsg.). Mathematik für Kinder, Mathematik von Kindern (S. 39–49). Frankfurt a. M.: Grundschulverband – Arbeitskreis Grundschule.

Nührenbörger, M. (2005). Das Vorwissen von Kindern zum Umgang mit Längen. In: Grundschule Mathematik, H. 2(5), S. 18–23.

Nunes, T., Light, P. & Mason, J. (1993). Tools for Thought: The Measurement of Length and Area. In: Learning and Instruction, H. 3(1), S. 39–54.

Peter-Koop, A. (2001). Authentische Zugänge zum Umgang mit Größen. In: Die Grundschulzeitschrift, H. 141(15), S. 6–11.

Peter-Koop, A. (2008). Eine unbekannte Größe? Entwicklung von Kompetenzen im Bereich Größen und Messen. In: Grundschule, H. 4(40), S. 20–22.

Peter-Koop, A. & Nührenbörger, M. (2008). Größen und Messen. In: G. Walther, M. van den Heuvel-Panhuizen, D. Granzer & O. Köller (Hrsg.). Bildungsstandards für die Grundschule: Mathematik konkret (S. 87–115), Berlin: Cornelsen Scriptor.

Piaget, J. & lnhelder, B. (1969). Die Entwicklung der physikalischen Mengenbegriffe beim Kinde. Stuttgart: Klett.

Piaget, J., Inhelder, B. & Szeminska, A. (1974). Die natürliche Geometrie des Kindes. Stuttgart: Klett.

Radatz, H. & Rickmeyer, K. (1991). Handbuch für den Geometrieunterricht an Grundschulen. Hannover: Schroedel.

Radatz, H. & Schipper, W. (1983). Handbuch für den Mathematikunterricht an Grundschulen. Hannover: Schroedel.

Rasch, R. (2010). Offene Aufgaben für individuelles Lernen im Mathematikunterricht der Grundschule 1+2. Aufgabenbeispiele und Schülerbearbeitungen. Stuttgart: vpm.

Rasch, R. (2011). Offene Aufgaben für individuelles Lernen im Mathematikunterricht der Grundschule 3+4. Aufgabenbeispiele und Schülerbearbeitungen. Stuttgart: vpm.

Rathgeb-Schnierer, E., Schuler, S. & Schütte, S. (2022; i. Vorb.). Mathematikunterricht in der Grundschule – Lernangebote fachorientiert, kindorientiert und differenziert gestalten. Berlin: Springer Spektrum.

Rechtsteiner, C. (2018). Größenvorstellungen entwickeln. Zwei Modelle im Vergleich. In: Die Grundschulzeitschrift, H. 312(32), S. 6–11.

Reece, C. S. & Kamii, C. (2001). The Measurement of Volume: Why Do Young Children Measure Inaccurately? In: School Science and Mathematics, H. 101 (7), S. 356–361.

Reuter, D. (2006). Was ist leichter? Was ist schwerer? Entdeckendes Lernen mit der Größe Gewicht. In: Grundschule, H. 5, S. 36–37.

Reuter, D. (2008). Die Größe Gewicht. In: Grundschule Mathematik, H. 19, S. 40–43.

Reuter, D. (2011). Kindliche Konzepte zur Größe Gewicht und ihre Entwicklung. Theoretische Modellierung und zwei Einzelfallstudien mit Drittklässlern. Berlin: Humboldt Universität zu Berlin. Verfügbar unter https://nbn-resolving.org/urn:nbn:de:kobv:11–100191661 (Zugriff: 20.01.2023).

Reuter, D. (2015). Wie schwer sind eigentlich 200 g? Stützpunktvorstellungen aufbauen und anwenden. In: Mathematik differenziert, H. 4(6), S. 32–37.

Reuter, S. (2010). „Was hat ungefähr die Länge von 1 m?" Kompetenzen von Viertklässlern beim Bearbeiten von Aufgaben zu Größenvorstellungen. In: Grundschulunterricht Mathematik, H. 4, S. 13–15.

Reuter, D. & Schuler, S. (2022). „In einem Jahr hast du an mehr als 250 Tagen Schule". Validieren lernen mit „Kann das stimmen?-Aufgaben. In: Die Grundschulzeitschrift, H. 334, S. 36–39.

Rink, R. (2014). Was brauchen die Kinder zum Schätzen? Über die Bedeutung von Größen und Stützpunktwissen. In: Grundschule Mathematik, H. 42, S. 6–9.

Rink, R. (2015). „Das kann ich damit doch nicht messen, oder?" Messkompetenzen erheben. In: Grundschule Mathematik, H. 47. S. 28–31

Rink, R. (2017). Mein Größenbuch: Stützpunktvorstellungen, Fachbegriffe und fachgebundene Redemittel im Inhaltsbereich Größen und Messen. In: Grundschulunterricht Mathematik, H. 64(3), S. 26–28.

Rink, R. & Lemensiek, A. (2018): Springst du so weit wie ein Floh? – Gemeinsam Sachrechnen mit Längen. In: M. Veber, N. Berlinger, R. Benölken (Hrsg.). Alle zusammen! Und jeder wie er will! – Offene, substanzielle Problemfelder als Gestaltungsbaustein für inklusiven Mathematikunterricht (S. 240–250). Münster: WTM Verlag.

Ruwisch, S. (2008). Gute Aufgaben für die Arbeit mit Größen: Erkundungen zum Größenverständnis von Grundschulkindern als Ausgangsbasis. In: S. Ruwisch & A. Peter-Koop (Hrsg.). Gute Aufgaben im Mathematikunterricht der Grundschule (S. 211–227). Offenburg: Mildenberger.

Ruwisch, S. (2012). Hohlmaß, Fassungsvermögen, Rauminhalte oder Volumen. In: Grundschule Mathematik, H. 34, S. 40–43.

Ruwisch, S. (2014a). Das Ungefähre zu schätzen wissen. Die Bedeutung des Ungefähren und wie man sich ihm nähert. In: Grundschule Mathematik, H. 42, S. 4–5.

Ruwisch, S. (2014b). Reichhaltiges Schätzen. Schätzaufgaben und Schätzstrategien systematisiert. In: Grundschule Mathematik, H. 42, S. 40–43.

Ruwisch, S. (2019a). Leichte Länge, schweres Gewicht. Längen als Vorstellung für andere Größen. In: Grundschule Mathematik, H. 61, S. 2–3.

Ruwisch, S. (2019b). Größen bauen auf Längen. Auch das Gewichts- und Zeitverständnis nutzt Längen zur Veranschaulichung abstrakterer Größenvorstellungen. In: Grundschule Mathematik, H. 61, S. 32–35.

Ruwisch, S. & Schaffrath, S. (2009). Fragenbox Mathematik. Kann das stimmen? Stuttgart: Klett.

Ruwisch, S. & Schaffrath, S. (2022). Fermi-Karten für die Grundschule. Mit „Kann das stimmen?"-Aufgaben prozessbezogene Kompetenzen fördern. Seelze: Kallmeyer.

Schipper, W. (2009). Handbuch für den Mathematikunterricht an Grundschulen. Braunschweig: Schroedel Westermann.

Schmidt, S. & Weiser, W. (1986). Zum Maßzahlverständnis von Schulanfängern. In: Journal für Mathematik-Didaktik, H. 2/3(7), S. 121–154.

Schrameyer, H. (2021). Größer? Kleiner? Gleich? Durch (Aus-)Legen mit Mosaikplättchen Stützpunktvorstellungen entwickeln. In: Mathematik Grundschule, H. 69, S. 20–23.

Schütte, S. (2008). Qualität im Mathematikunterricht der Grundschule sichern. München: Oldenbourg.

Schütte, S. (Hrsg.) (2004). Die Matheprofis 2. Schülerbuch. München: Oldenbourg.

Schütte, S. (Hrsg.) (2005). Die Matheprofis 3. Schülerbuch. München: Oldenbourg.

Selter, C. (1999). Geschickt rechnen – Schätzend rechnen. In: Die Grundschulzeitschrift, H. 13 (125), S. 23–38.

Smith, C., Carey, S. & Wiser, M. (1985). On differentiation: A case study of development of the concepts of size, weight, and density. In: Cognition, H. 21, S. 177–237.

(VERA) Landesinstitut für Schulqualität und Lehrerbildung Sachsen-Anhalt (Hrsg.) (2013). Auswertung der Vergleichsarbeit im Fach Mathematik. Schuljahrgang 3, Schuljahr 2012/2013, Verfügbar unter https://www.bildung-lsa.de/pool/zentrale_leistungserhebung/vergleichsarbeiten/8_2013/vera13_ma_3_auswb.pdf (Zugriff: 18.10.2022).

Voulgaris, S. & Evangelidou, A. (2003). Volume conception in late primary school children in Cyprus. 3rd Mediterranean Conference on Mathematical Education. Athens, Greece, 2003.

Weigand, H.-G., Filler, A., Hölzl, R., Kuntze, S., Ludwig, M., Roth, J., Schmidt-Thieme, B. & Wittmann, G. (2014). Didaktik der Geometrie für die Sekundarstufe I. Berlin: Springer Spektrum.

Weiher, D. F. & Ruwisch, S. (2018). Kognitives Schätzen aus Sicht der Mathematikdidaktik: Schätzen von visuell erfassbaren Größen und dazu erforderliche Fähigkeiten. In: mathematica didactica, H. 41, S. 1–27.

Winter, H. (1992). Sachrechnen in der Grundschule: Problematik des Sachrechnens: Funktionen des Sachrechnens: Unterrichtsprojekte (2. Aufl.). Frankfurt am Main: Cornelsen Scriptor.

Wittmann, E. C. & Müller, G. N. (2012). Das Zahlenbuch 1. Stuttgart: Klett.

Wittmann, E. C., Müller, G. N., Nührenbörger, M. & Schwarzkopf, R. (2017). Das Zahlenbuch 2. Schülerbuch. Stuttgart, Leipzig: Klett.

Wittmann, E. C., Müller, G. N., Nührenbörger, M. & Schwarzkopf, R. (2018). Das Zahlenbuch 3. Schülerbuch. Stuttgart, Leipzig: Klett.

Wollring, B. (2011). Skalen für Längenmessungen selbst herstellen. In: Mathematik differenziert, H. 4, S. 32–38.

Wollring, B., Peter-Koop, A., Haberzettl, N., Becker, N. & Spindeler, B. (2011). Elementarmathematisches Basisinterview. Größen und Messen, Raum und Form. Offenburg: Mildenberger.

Glossar

Größen
Größen sind, in der Regel, objektiv messbare Eigenschaften von Objekten oder Vorgängen und die Ergebnisse von Messprozessen. Größen als Eigenschaften von Objekten sind, bis auf den Geldwert von Waren, sinnlich wahrnehm- und erfahrbar. Eine Größe ist ein Element eines Größenbereichs und umfasst eine sogenannte Klasse von Repräsentanten. So umfasst die Größe 5 cm alle tatsächlichen und denkbaren Gegenstände, die 5 cm lang, breit oder hoch sind.

Größenbereich
Ein Größenbereich ist eine Menge gleichartiger Größen. Innerhalb eines Größenbereichs gilt: Man kann zwei Größen stets eindeutig vergleichen; man kann zwei Größen addieren und subtrahieren; man kann eine Größe vervielfachen und teilen sowie eine Größe mit einer zweiten ausmessen.

Die sechs in der Grundschule relevanten Größenbereiche sind: Längen, Flächeninhalte, Rauminhalte, Geldwerte, Zeitspannen und Gewichte.

Größenvorstellungen
In der Literatur wird dieser Begriff unterschiedlich umfassend verstanden. Wir verzichten in diesem Buch auf den Begriff Größenvorstellungen. Stattdessen verwenden wir die Begriffe Größenverständnis, Stützpunktvorstellungen und Stützpunktwissen.

Größenverständnis
Der Aufbau eines Größenverständnisses ist das Ziel der Behandlung von Größenbereichen im Unterricht. Ein Größenverständnis in allen Größenbereichen wird in einem kontinuierlichen Prozess über mehrere Schuljahre hinweg – unter Berücksichtigung der jeweiligen alterstypischen Vorkenntnisse – entwickelt und vollständig ausgebildet. Die Kerntätigkeiten zum Aufbau eines Größenverständnisses sind Vergleichen, Messen und Schätzen. Ergänzt wird das Größenverständnis durch Stützpunktwissen und Stützpunktvorstellungen; sie sind das Bindeglied, das den Übergang von konkreten zu mentalen Vergleichen, also vom Vergleichen und Messen zum Schätzen ermöglicht.

Invarianz
Größen zeichnen sich dadurch aus, dass eine Veränderung in Form oder Lage ohne Auswirkung ist. Ein Faden behält seine Länge unabhängig davon, ob er

gerade ausgelegt oder aufgewickelt wird. Man spricht in diesem Zusammenhang von der sogenannten Invarianz – der Unveränderlichkeit der Größeneigenschaft. Diese Unveränderlichkeit gilt auch für die anderen Größenbereiche.

Messen

Messen kann als Herzstück des Aufbaus eines Größenverständnisses bezeichnet werden. Messen erfolgt durch indirektes Vergleichen eines Objekts mit einer nichtstandardisierten oder standardisierten Maßeinheit. Dabei sind drei Grundideen wesentlich: das Auswählen einer geeigneten Einheit, das wiederholte sachgerechte Verwenden dieser Einheit mit Rückgriff auf die Idee des Vervielfachens sowie das Zerlegen einer Einheit in Untereinheiten.

Repräsentant

Wir unterscheiden zwischen Objekten, den sogenannten Repräsentanten, und ihren Eigenschaften, den Größen. Eine Größe ist ein Element eines Größenbereichs und umfasst eine ganze Klasse von Repräsentanten. So umfasst die Größe 5 cm alle tatsächlichen und denkbaren Gegenstände, die 5 cm lang, breit oder hoch sind; jeder dieser Gegenstände ist ein Repräsentant für die Größe 5 cm. Im Rahmen der Unterrichtsmodule liegt der Schwerpunkt auf der Auseinandersetzung mit sinnlich erfahrbaren Repräsentanten. Einzelne Repräsentanten dienen als Stützpunkte.

Schätzen

Schätzen ist ein mentaler Vergleichsvorgang, bei dem zwei Repräsentanten in Hinblick auf eine Größe verglichen werden. Werden zwei Repräsentanten mental qualitativ miteinander verglichen, spricht man von qualitativem Schätzen. Wird ein Objekt mittels eines anderen Objekts gedanklich ausgemessen, spricht man von quantitativem Schätzen. Schätzen greift auf Stützpunktvorstellungen zurück. Eine Schätzung ist nicht mit richtig oder falsch zu bewerten, sondern mit (nicht) angemessen oder (nicht) brauchbar.

Stützpunkt

Stützpunkte sind Repräsentanten, die beim Schätzen als mentale Vergleichsobjekte herangezogen werden. Wissen über diesen Repräsentanten wird als Stützpunktwissen bezeichnet. Stützpunkte stellen das Bindeglied zwischen konkreten und mentalen Vergleichen dar.

Stützpunktvorstellungen

Bei Stützpunktvorstellungen handelt es sich um mental gespeicherte Sinneserfahrungen zu Größeneigenschaften von Repräsentanten. Durch ein visuell gespeichertes Bild einer Länge oder ein mental gespeichertes gefühltes Gewicht wird Stützpunktwissen zu Stützpunktvorstellungen erweitert. Stützpunkte in Form von Vorstellungen können dann als mentale Vergleichsobjekte zum sinnvollen und realistischen Schätzen einer Größe herangezogen werden.

Stützpunktwissen
Stützpunktwissen ist theoretisches und auswendig gelerntes Wissen über einzelne Repräsentanten einer Größe, z. B. das Wissen, dass eine Zuckerpackung 1 kg wiegt bzw. dass eine handelsübliche Zuckerpackung ein Repräsentant für die Größe 1 kg ist. Stützpunktwissen allein reicht für erfolgreiches Schätzen meist nicht aus. Hierzu muss auch über Stützpunktvorstellungen verfügt werden.

Transitivität
Größen eines Größenbereichs kann man stets eindeutig vergleichen. Größen können also auf einer Skala angeordnet werden. Entsprechend gilt innerhalb eines Größenbereichs auch die Transitivitätsrelation: Wenn Größe 1 größer ist als Größe 2 und Größe 2 größer ist als Größe 3, dann kann hieraus ohne weiteres Überprüfen geschlussfolgert werden, dass Größe 1 auch größer ist als Größe 3.

Vergleichen
Größen eines Größenbereichs kann man stets eindeutig vergleichen. Wir unterscheiden direktes vs. indirektes Vergleichen; qualitatives vs. quantitatives Vergleichen; konkretes vs. mentales Vergleichen.

Beim direkten Vergleichen werden zwei Gegenstände in Hinblick auf den zugehörigen Größenbereich durch gleichzeitiges Wahrnehmen der Größeneigenschaft – z. B. bei Längen durch das Nebeneinanderlegen zweier Stäbe – miteinander verglichen. Bei einem indirekten Vergleich wird ein Mittler genutzt, der entweder die Größe eines der Repräsentanten hat und dann mit dem anderen qualitativ verglichen wird, oder beide Repräsentanten werden mit einem kleineren Mittler ausgemessen (quantitativer Vergleich).

Qualitative Vergleiche kommen ohne Zahlen aus: Gegenstand A ist länger/kürzer als bzw. gleich lang wie Gegenstand B. Beim quantitativen Vergleichen wird das Ergebnis auf Basis von Zahlenverhältnissen formuliert: Gegenstand A ist dreimal so lang wie Gegenstand B.

Beim konkreten Vergleichen liegen die Repräsentanten physisch vor; mentale Vergleiche werden als Schätzen bezeichnet.